세계사를 바꾼 전쟁의 신

지도로 읽는다

세계사를 바꾼 전쟁의 신

김정준 지음

이다미디어

시작하는 글

명장과 전쟁이 빚어낸,
드라마가 있는 세계사

"인간의 갈등은 정치가 해결하고,
정치의 갈등은 전쟁이 해결한다"

흔히 인류의 역사는 전쟁의 역사라고 한다. 전쟁을 통해 흥하는 나라가 있고 망하는 나라가 있다. 전쟁은 인류의 문명을 파괴하기도 하고 재창조하기도 한다. 인간의 분쟁을 해결하는 과정에서 전쟁이라는 최후의 수단에 의지하기 때문에 인간과 전쟁은 역사의 영원한 테마이기도 하다.

유사 이래 세계사의 물줄기를 바꾼 주역은 대개 장군들이다. 그들은 전쟁을 통해 새로운 왕조를 개창하거나, 하나의 문명권을 형성하는 제국을 창업해 역사의 주역으로 남았다. 세계사의 변곡점에서 인구에 회자하는 전쟁과 전투의 승패를 가리며 역사의 한 페이지를 화려하게 장식하는 주인공으로 등장하는 것이다.

우리가 시중에서 접할 수 있는 역사서는 대개 인물 중심이 아닌 시대별 흐름에 따라 사건을 나열하거나 인물을 적당히 버무려 넣는 서술 방식을 취하고 있다. 아마 통사적 접근방식이 역사를 이해하는데 가장 손쉬운 방법이기 때문일 것이다.

특히 필자가 천착하고 있는 전쟁사 분야에서는 전쟁 영웅에 대한 서사나 시대 상황에 대한 통찰을 담은 역사서를 만나기가 쉽지 않다. 대개 전쟁사 서적들은 전쟁과 관련된 전략과 전술, 그리고 무기 체계를 연대기별로 소개하고 있다. 그래서 전문가나 마니아가 아닌 일반 독자가 전쟁 관련 서적에 관심과 흥미를 가지고 접근하기가 쉽지 않다.

이 책은 세계사의 물줄기를 바꾼 전쟁 영웅과 그들이 치른 역사적인 전투, 즉 인간과 전쟁을 씨줄과 날줄로 삼아 정리한 전쟁사다. 시대가 영웅을 만들고, 영웅이 시대를 만드는 법이다. 장군, 제왕, 황제 등 개인과 국가의 운명을 새롭게 개척한 전쟁 영웅들의 서사는 언제나 드라마틱하다. 그들이 승자와 패자가 극명하게 갈리는 전쟁터를 일생의 무대로 삼았기 때문일 것이다.

이 책을 집필하게 된 동기도 역사 속의 인물과 사건의 단순한 나열이 아니라 영웅과 전쟁이 함께 빚어내는 흥미진진한 세계사를 독자에게 소개하고 싶었기 때문이다. 역사의 극적인 반전이나 뜻밖의 사건에는 대개 전쟁이 동원되고, 예상을 뒤엎는 전쟁의 승패가 영웅 탄생으로 이어진다. 역사가 바뀌는 순간에 펼쳐지는 명장의 활약과 전투 장면을 입체적으로 묘사한 전쟁사는 세계사를 더 깊고 더 넓게 이해하려는 독자들에게 큰 영감을 줄 것이라고 확신한다.

독자에게 읽는 역사가 아니라
보는 역사를 경험하게 하고 싶었다

이 책에 등장하는 23명의 명장은 단연코 시대의 한계를 뛰어넘어 변화와 혁신을 주도한 주인공들이다. 알렉산더, 한니발, 카이사르, 칭기즈칸, 이순신, 나폴레옹 등 모두 동서양을 초월해 인류의 역사에 큰 발자취를 남긴 위인들이다. 이들이 태어난 가문과 성장 과정, 그리고 지역적 배경은 위인들의 일대기를 구성하는 뼈대나 다름없다. 그리고 자신에게 주어진 삶의 조건과 변화무쌍한 시대 상황을 어떻게 극복하고 역사를 재창조해 나갔는지 살펴보는 것도 의미 있는 일이다.

전쟁 중심의 세계사를 집필하는 동안 재미있는 역사책을 만들기 위해 입체적인 시각 자료를 최대한 활용하는 것을 원칙으로 삼았다. 독자에게 읽는 역사가 아니라 보는 역사를 경험하게 하고 싶었기 때문이다. 역사에 이름을 남긴 위인들의 초상화와 역사적 장면을 그린 명화들, 그리고 전투 장면을 상세하게 묘사한 그림들은 세계사의 흐름에 대한 이해를 도울 뿐만 아니라 더욱 깊은 흥미를 가지게 할 것이다.

전쟁은 필연적으로 전투를 수반하게 된다. 역사적인 전투에는 시대를 대표하는 명장들이 수만 또는 수십만 명의 군사를 동원해 개인과 국가의 명운을 걸고 사투를 벌이는 파란만장한 스토리가 담겨 있다. 이 책에 소개하는 전쟁과 전투는 역사의 물줄기를 가르고, 한 민족과 국가의 흥망성쇠를 결정하는 결전의 장이다. 전쟁의 승패에 따라 국경이 바뀌거나, 신 왕조의 등장과 구 왕조의 멸망으로 이어지거나, 여러 왕조를 통합한 거대한 제국이 출현하기도 한다.

이러한 역사의 대전환을 이해하기 쉽게 구체적으로 설명하는데 지도는 최고의 시각 자료를 제공한다. 왕조와 국가를 창업하는 제왕과 황제의 활약상을 각 지역의 전투와 연결해 지도 위에서 한눈에 파악할 수 있다. 그리고 각 진영의 명장들이 펼치는 전략과 전술, 신형무기의 등장에 따른 전투 스타일의 변천 과정도 확인할 수 있다. 복잡다단한 각각의 전투 장면에 나오는 전술과 전투 대형의 특징을 단계별 도해로 상세하게 설명해 쉽게 이해할 수 있다.

이 책은 세계사의 주역인 영웅의 일대기와 그들이 치른 역사적인 전투를 중심으로 서술해 드라마가 있는 전쟁사라 할 만하다. 독자들은 이 책을 읽는 동안 세계사의 뼈대를 이루는 명장과 명전투를 통해 역사의 드라마틱한 현장을 직관하는 경험을 하게 될 것이다.

김정준

차례

2장 · 5세기~16세기
중세 세계 전쟁의 신들

3장 · 17세기~20세기

근현대 세계 불멸의 명장들

1장

B.C.6세기 ~ B.C.1세기

고대 세계 제국 창업자들

가우가멜라 전투는 알렉산더의 군사적 천재성을 드러낸 일생 최대의 전투였다. 비록 병력은 열세했지만, 수동적 · 방어적 전략을 거부하고 오히려 능동적 · 역동적인 움직임으로 적을 삼분한 후 격파했기 때문이다. 즉 전형적인 망치와 모루 전술대로 모루인 보병이 사선대형으로 진격해 정면의 적을 견제하는 사이 망치인 왕실 기병대가 우회 기동을 실행하며 승부에 쐐기를 박았다.

키루스 2세

(생몰 B.C.585(?)~530, 재위 B.C.559~530)

오리엔트 세계를 통일한 페르시아 제국의 창업자

이란 서북부의 10여 개 유목민 부족을 B.C. 8세기경 아케메네스가 처음으로 통일

키루스 2세(이하 키루스로 표기)는 사상 최초로 아시아 · 유럽 · 아프리카 3대륙을 지배한 페르시아 제국의 창시자이다. 당시 오리엔트 세계의 4대 강국(메디아 · 리디아 · 바빌로니아 · 이집트) 중 3개국을 멸망시키며 전대미문의 대제국을 이룬 키루스가 정복한 영토는, 이집트를 제외하면 고대 최고의 정복자 알렉산더 대왕과 비교해도 전혀 뒤지지 않는다. 하지만 키루스에 대한 기록은 그리스인들이 남긴 것뿐이다. 알렉산더 대왕이 동방 원정 당시 페르시아의 수도 페르세폴리스를 불태웠는데, 이때 페르시아 측의 기록이 전부 불타버

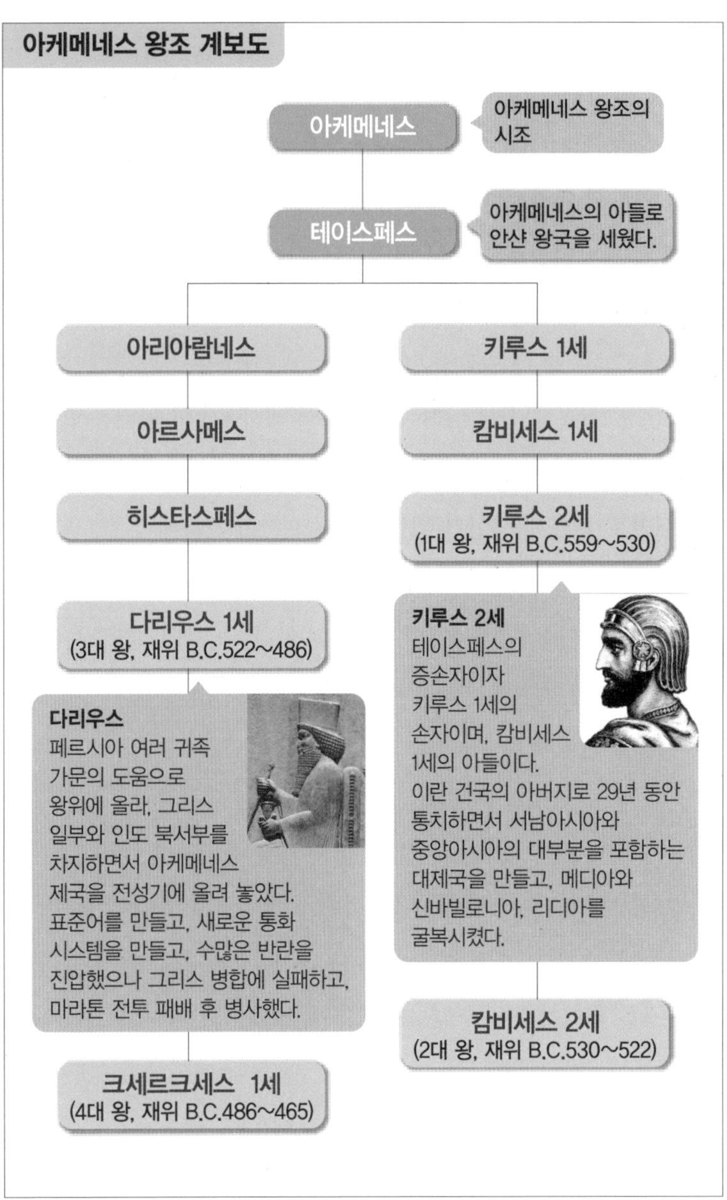
아케메네스 왕조 계보도
아케메네스
아케메네스 왕조의 시조
테이스페스
아케메네스의 아들로 안샨 왕국을 세웠다.
아리아람네스
아르사메스
히스타스페스
다리우스 1세 (3대 왕, 재위 B.C.522~486)
다리우스
페르시아 여러 귀족 가문의 도움으로 왕위에 올라, 그리스 일부와 인도 북서부를 차지하면서 아케메네스 제국을 전성기에 올려 놓았다. 표준어를 만들고, 새로운 통화 시스템을 만들고, 수많은 반란을 진압했으나 그리스 병합에 실패하고, 마라톤 전투 패배 후 병사했다.
크세르크세스 1세 (4대 왕, 재위 B.C.486~465)
키루스 1세
캄비세스 1세
키루스 2세 (1대 왕, 재위 B.C.559~530)
키루스 2세
테이스페스의 증손자이자 키루스 1세의 손자이며, 캄비세스 1세의 아들이다.
이란 건국의 아버지로 29년 동안 통치하면서 서남아시아와 중앙아시아의 대부분을 포함하는 대제국을 만들고, 메디아와 신바빌로니아, 리디아를 굴복시켰다.
캄비세스 2세 (2대 왕, 재위 B.C.530~522)

렸기 때문이다.

지금의 이란 서북쪽에서 10여 부족으로 나뉘어 유목 생활을 하던 페르시아인들은 B.C.700년쯤 부족장 아케메네스에 의해 통일을 이루며 역사에 등장한다. 또한 아케메네스의 아들 테이스페스는 남쪽의 엘람 왕국이 아시리아의 침공으로 약화한 틈을 타 페르시아인들을 이끌고 남하했다. 테이스페스가 엘람의 수도 안샨을 정복한 후 그곳에 정착하면서 페르시아인들은 안샨 왕국을 수립했다. 그러나 이들은 맨 처음에 같은 아리아인 계통인 메디아인의 지배를 받았다.

한번은 메디아 왕 아스티아게스가 꿈을 꿨다. 그의 딸인 만다네가 소변을 보자 아시아가 뒤덮히는 꿈과, 딸의 몸에서 포도나무가 자라 아시아를 뒤덮는 꿈이었다. 사제들은 만다네의 자식이 메디아 왕위를 차지한다고 해몽했다. 이에 겁이 난 아스티아게스는 딸을 메디아의 명문 집안이 아닌 속국이던 안샨의 왕자이자 테이스페스의 손자인 캄비세스에게 시집보냈다.

얼마 후 만다네가 아이(키루스 2세)를 낳자, 아스티아게스는 신임하던 신하인 하르파구스를 불러 그 아이를 죽이라고 명령했다. 하지만 하르파구스는 아이를 직접 죽이지 못하고 아스티아게스의 소치기에게 그 일을 떠넘겼다. 하지만 선한 소치기도 갓난아기였던 키루스를 죽이지 못하고 남몰래 친자식처럼 키웠다.

무럭무럭 자란 키루스는 이미 10세 때 동네 아이들과 놀면서 왕으로 뽑혔다. 그런데 문제는 키루스가 놀이 중 왕의 자격으로 귀족 아이를 때린 일이다. 나중에 이 사실을 알게 된 아이의 아버지가 분

메디아의 왕 아스티아게스가 하르파구스 장군에게 어린 키루스를 죽이라고 하는 장면, 18세기 중반, 장 샤를 니케즈 페렝, 개인 소장.

개하여 아스티아게스에게 키루스를 처벌해달라고 간청했다.

"왕이시여, 저의 자식이 폐하의 노예인 소치기 아들에게 모욕과 구타를 당했습니다."

결국 키루스와 양아버지인 소치기는 아스티아게스 앞에 불려 나가게 되었다. 이때 키루스는 자신을 당당하게 변호했다.

"폐하, 제가 그 아이를 처벌한 일은 정당합니다. 놀이 중이지만 마을 아이들은 합심해 저를 왕으로 삼고 제 명령에 복종했습니다. 하지만 그 아이는 저를 무시했습니다. 그래서 때린 것입니다. 그것이 잘못이라면 제가 벌을 달게 받겠습니다."

아스티아게스는 패기 넘치고 논리정연하게 항변하는 아이를 보자 문득 자신이 없애버린 외손자가 생각났다. 그 아이가 범상치 않다고 여긴 것이다. 결국 그는 함께 있던 소치기를 의심하여 심문했는데, 예감처럼 그 아이가 10년 전 죽은 줄 알았던 자신의 외손자였다.

당황한 아스티아게스는 다시 사제들을 찾았다. 사제들은 키루스가 놀이에서 이미 왕이 되었으니 메디아 왕위를 위협하는 일은 없을 것이라고 했다. 이에 아스티아게스는 키루스를 친부모인 캄비세스와 만다네에게 돌려보냈다. 다만 아스티아게스는 자신의 명을 거역한 하르파구스를 용서치 않고 그의 아들을 죽였다. 한편 이 일로 하르파구스는 아스티아게스에게 깊은 원한이 생겼지만, 묵묵히 참으며 복수할 때를 기다렸다.

안샨의 왕이 된 키루스는 반란을 일으켜 메디아를 멸망시키고 페르시아 건국 선포

B.C.559년, 키루스는 캄비세스 1세에 이어 안샨의 왕위에 올랐다. 역사가들은 이것을 아케메네스 페르시아 제국의 시작으로 본다. 전부터 메디아 중신들을 몰래 포섭해 왔던 하르파구스는 키루

스에게 서한을 보내 반란을 부추겼다.

키루스는 어떻게 보면 생명의 은인이기도 한 하르파구스의 제안에 호응하기로 했다. 그는 우선 백성들부터 설득하기로 하고, 어느 날 백성들에게 낫을 들고 불모지에 모이도록 했다. 키루스는 백성들에게 땅을 개간하라고 명령했고, 그들은 뜨거운 태양 아래 땀을 흘리며 일을 끝냈다. 그다음 키루스는 백성들에게 목욕하고 새 옷을 입은 후 다음날 다시 모이라고 명령했다. 이번에 백성들을 기다린 것은 키루스가 준비한 술과 온갖 진수성찬이었다. 모두 배불리 먹고 마셨을 때 키루스가 물었다.

"페르시아인들이여! 그대들은 어제의 삶이 좋은가? 오늘의 삶이 좋은가?"

모두 같은 소리로 대답했다.

"오늘의 삶이 좋습니다."

"그대들이 내 말을 따르지 않는다면 매일 어제처럼 노예의 삶을 살 것이요, 내 말을 따른다면 매일 오늘처럼 즐겁게 살 것이다. 위대한 페르시아인들이여, 모두 함께 궐기하여 아스티아게스의 압제에서 벗어나자!"

결국 페르시아인들은 키루스를 중심으로 메디아에 반란을 일으켰다. 메디아와 페르시아인들의 전쟁은 3년 동안이나 지속되었다. 이 교착 상태를 타개하기 위해 아스티아게스가 새로이 임명한 토벌대 사령관은 하르파구스였다. 하지만 하르파구스가 배반하여 키루스 편에 붙으면서 B.C.549년, 키루스는 메디아의 수도 엑바타나를 함락했다. 이렇게 해서 키루스는 메디아의 멸망과 페르시아의 건국을 선포했다.

B.C.547년의 팀브라 전투에서 승리한 키루스, 크로이소스의 리디아 왕국도 종말을 고했다

한편 페르시아가 강성해지자 리디아 국왕 크로이소스가 페르시아를 침공했다. 크로이소스의 매제가 아스티아게스였기에 키루스를 무찔러 원수를 갚기 위해서였다. 리디아군이 카파도키아 지역을 공격하자 키루스 또한 몸소 출정하여 프테리아에서 충돌했다. 전투 결과는 질에서 앞서는 리디아군과 양에서 앞서는 페르시아군의 무승부였다.

크로이소스는 리디아군이 승리하지 못한 것은 병력 부족이라고 판단했다. 그래서 그는 이듬해 봄에 동맹국인 신바빌로니아 · 이집트 · 스파르타를 끌어들여 페르시아를 공격하기로 했다. 그는 굳이 전투를 서두를 이유가 없다면서 수도인 사르디스로 철군하기로 했다. 적지 않은 타격을 입은 키루스가 강추위를 무릅쓰고 추격해올 것이라고는 생각하지 않았기 때문이다.

하지만 크로이소스의 의도를 간파한 키루스는 즉시 사르디스를 향해 강행군했다. 크로이소스는 깜짝 놀랐지만 이내 정신을 가다듬고 급히 대군을 모아 키루스에게 맞섰다. 이들이 마주친 곳은 사르디스 인근의 팀브라 평원이었다.

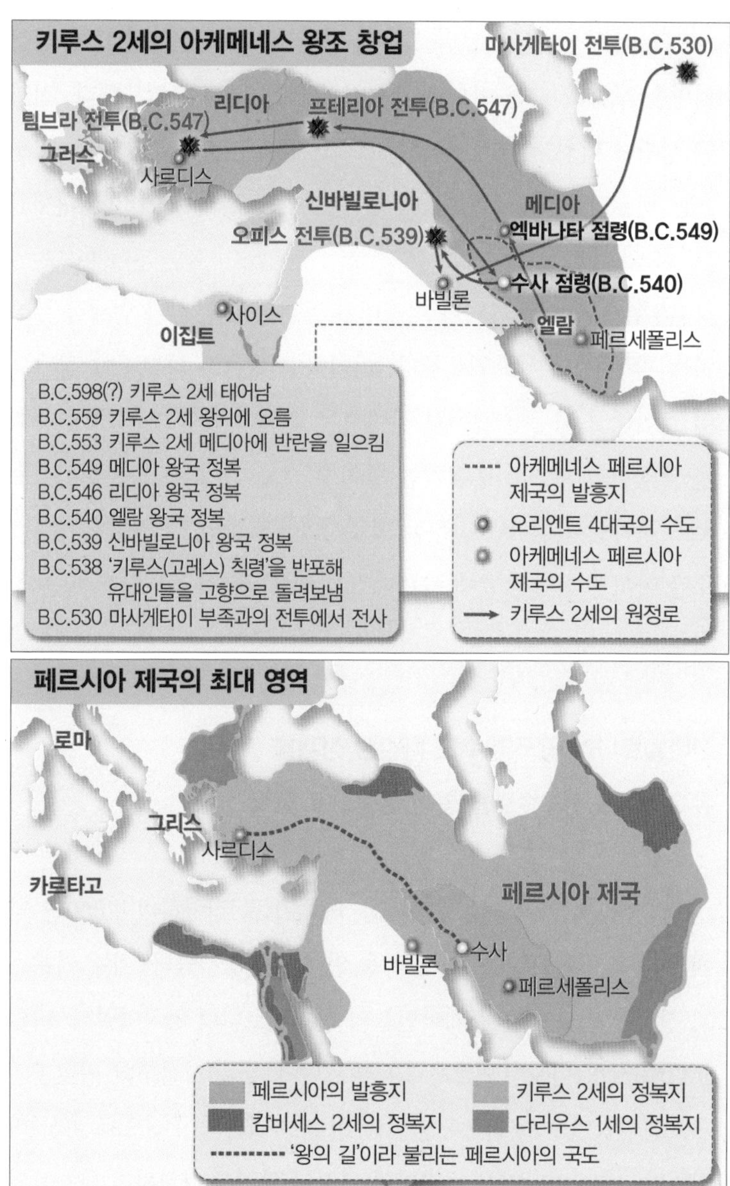
키루스 2세의 아케메네스 왕조 창업
마사게타이 전투(B.C.530)
리디아
프테리아 전투(B.C.547)
팀브라 전투(B.C.547)
그리스
사르디스
신바빌로니아
메디아
오피스 전투(B.C.539)
엑바나타 점령(B.C.549)
수사 점령(B.C.540)
바빌론
사이스
이집트
엘람
페르세폴리스
B.C.598(?) 키루스 2세 태어남
B.C.559 키루스 2세 왕위에 오름
B.C.553 키루스 2세 메디아에 반란을 일으킴
B.C.549 메디아 왕국 정복
B.C.546 리디아 왕국 정복
B.C.540 엘람 왕국 정복
B.C.539 신바빌로니아 왕국 정복
B.C.538 '키루스(고레스) 칙령'을 반포해 유대인들을 고향으로 돌려보냄
B.C.530 마사게타이 부족과의 전투에서 전사
아케메네스 페르시아 제국의 발흥지
오리엔트 4대국의 수도
아케메네스 페르시아 제국의 수도
키루스 2세의 원정로
페르시아 제국의 최대 영역
로마
그리스
사르디스
카르타고
페르시아 제국
바빌론
수사
페르세폴리스
페르시아의 발흥지
키루스 2세의 정복지
캄비세스 2세의 정복지
다리우스 1세의 정복지
'왕의 길'이라 불리는 페르시아의 국도

B.C.547년 12월, 팀브라 전투에 임한 리디아군은 6만 명이 넘는 기병을 포함해 42만 명으로 페르시아군 20만 명을 압도했다. 전과는 상황이 바뀐 셈이다. 크로이소스가 정예 기병을 앞세우자, 키루스는 하르파구스의 조언에 따라 300마리의 낙타를 전면에 내세웠다.

전투가 시작되자 리디아 기병대가 돌격했지만, 낙타 냄새를 싫어하는 말들이 전진을 거부했다. 리디아 기병들은 페르시아 궁수들이 쏘아대고 이동식 탑에서 날아오는 화살에 맞아 쓰러졌다. 승기를 포착한 키루스가 총공격을 명하자 크로이소스가 사르디스성으로 도주하면서 팀브라 전투는 페르시아군의 승리로 끝났다. 이후 2주간 이어진 공성전 끝에 사르디스가 함락되면서 리디아 왕국은 종말을 고했다.

신바빌로니아 왕국의 수도 바빌론 성채를 유프라테스강의 수로를 통한 공성으로 함락

B.C.540년, 키루스는 수사(Susa, 현 슈시)를 점령하여 2,000년 넘게 명맥을 이어오던 엘람 왕국을 완전히 멸망시켰다. 이어 키루스가 창끝을 겨눈 곳은 칼데아인들의 신바빌로니아 왕국이었다. 바빌로니아 국왕 나보니두스는 고바빌로니아 왕국 시절부터 바빌론의 수호신이었던 '마르둑' 대신 달의 신을 바빌론의 주신으로 바꾼 바 있었다. 이는 찬탈자로 여겨지던 자신의 왕권을 강화하고 사제들의

나보니두스의 아들 벨사살의 연회
(바빌론이 페르시아 키루스에 의해 멸망할 것이라는 신의 계시를 그린 종교화),
1635~1638년, 렘브란트, 런던 내셔널갤러리.

권력을 억누르려는 조치였다. 하지만 민심을 잃은 종교 정책으로 백성들은 나보니두스에게 등을 돌리고 있었다.

나보니두스는 일단 티그리스강 언저리에서 페르시아군을 막아내려 했지만 오피스Opis 전투에서 완패한 후 수도 바빌론으로 후퇴했다. 페르시아의 침략을 예측하고 주변에서 식량을 긁어모아 성으로 옮긴 나보니두스는 높은 성벽에 의지하는 농성을 벌였다.

알려졌다시피 바빌론은 고대 최고의 도시이자 성채이다. 훗날 세계를 정복한 알렉산더가 제국의 수도로 정한 곳도 바빌론이었다.

드넓은 평야에 있는 바빌론은 한 변의 길이가 23km에 달하는 정사각형 모양이었으며, 100개의 청동 문이 있었다. 7m 너비의 외벽, 8m 너비의 1차 내벽, 4m 너비의 2차 내벽, 이렇게 3중의 방어벽으로 둘러싸인 도시는 난공불락을 자랑했다. 성벽 주변에는 깊은 해자가 있어 도시를 보호했으며, 넓고 깊은 유프라테스강이 도시 한가운데로 흘러 식수 걱정도 없었다.

키루스는 드높은 바빌론 성벽을 어떻게 공략해야 할지 몰라 한동안 고민했다. 결국 대규모 배수로 공사로 유프라테스강의 물줄기를 사람이 걸어서 다닐 만큼 낮추고, 바빌론 축제일에 도시가 어수선한 틈을 타 병사들을 강물이 흐르던 문으로 잠입시켰다. 이때 성벽의 수비병들이 이를 지켜봤다면 페르시아군은 입성하는 순간 몰살될 판국이었다. 그런데도 페르시아군이 별 탈 없이 바빌론을 점령한 것을 보면 내부에 배신자가 있었음을 유추할 수 있다.

'바빌론 유수'로 끌려온 포로들을 석방하자 유대인들은 키루스를 메시아로 불렀다

이제껏 없었던 대제국을 이룬 키루스는 '바빌론의 왕', '수메르와 아카드의 왕', '세상 사면四面의 왕'을 자처했다. 그런데도 키루스는 아시리아와 바빌론의 멸망을 교훈 삼아 제국 전역에 관용과 포용 정책을 펼쳤다. 각지의 종교와 풍습은 존중되었으며 피정복

바빌로니아에 잡혀 있던 유대인을 해방하는 키루스 2세,
1470년경, 장 푸케, 프랑스 국립도서관.

민들과 노예의 인권 또한 존중되었다. 대표적인 예가 바빌론유수(B.C.597~B.C.538, 유대인들이 신바빌로니아의 포로로 3차에 걸쳐 잡혀간 사건)로 타지에 살던 유대인들을 '고레스 칙령(키루스 칙령, B.C.538년)'을 공표해 고국으로 돌려보낸 것이다.

키루스의 목을 받는 마사게타이의 토미리스 여왕, 1680년경, 마티아 프레티, 루브르박물관.

키루스가 이런 선정을 베풀자 유대인들은 그를 메시아라고 불렀으며, 바빌로니아인은 그를 해방자라고 환영했다. 심지어 타민족이라면 무조건 야만인이라고 배척하던 그리스인들조차도 키루스를 공명정대한 왕이라고 칭송하기에 이르렀다. 특히 소크라테스의 제자이자 역사가였던 크세노폰은 키루스를 이상적인 통치자로 그리며 그의 일대기를 저술했다. 이 책이 《키루스의 교육》이다. 훗날 어렸을 때부터 《키루스의 교육》을 읽고 키루스를 존경하게 된 알렉산더는 페르시아를 정복한 후 그의 무덤을 찾아 경의를 표한 일화도 있다.

키루스의 죽음은 확실하지 않다. 헤로도토스는 북방 스키타이 일족의 한 갈래인 마사게타이 부족을 매복으로 공격하다가 전사했다고 하고, 크세노폰은 왕궁에서 아들들이 지켜보는 가운데 평화롭게 죽었다고 하고, 크테시아스는 반란군을 진압하는 과정에서 사망했다고 주장했기 때문이다.

손무

(생몰 B.C.544(?)~496(?))

춘추시대 《손자병법》을 지은 오나라의 군사이자 명장군

삼국지의 조조가 주석을 단 《손자병법》이 동서고금의 최고 병법서로 인정받는 이유

동서고금을 불문하고 《손자병법孫子兵法》만큼 널리 읽히는 병법서는 없을 것이다. 중국의 조조曹操와 마오쩌둥, 일본의 다케다 신겐, 미국의 콜린 파월과 노먼 슈워츠코프와 같은 군인은 물론, 빌 게이츠와 손정의 같은 경영자들도 《손자병법》의 애독자로 알려져 있다. 오늘날까지 《손자병법》이 이렇게 사랑받는 이유도 이 책에는 시대와 무기가 변했음에도 보편적으로 적용 가능한 군사적 원리가 있으며, 정치 · 외교 · 경제 · 사회에 전쟁이 미치는 영향을 저자의 철학과 통찰로 정리했기 때문이다.

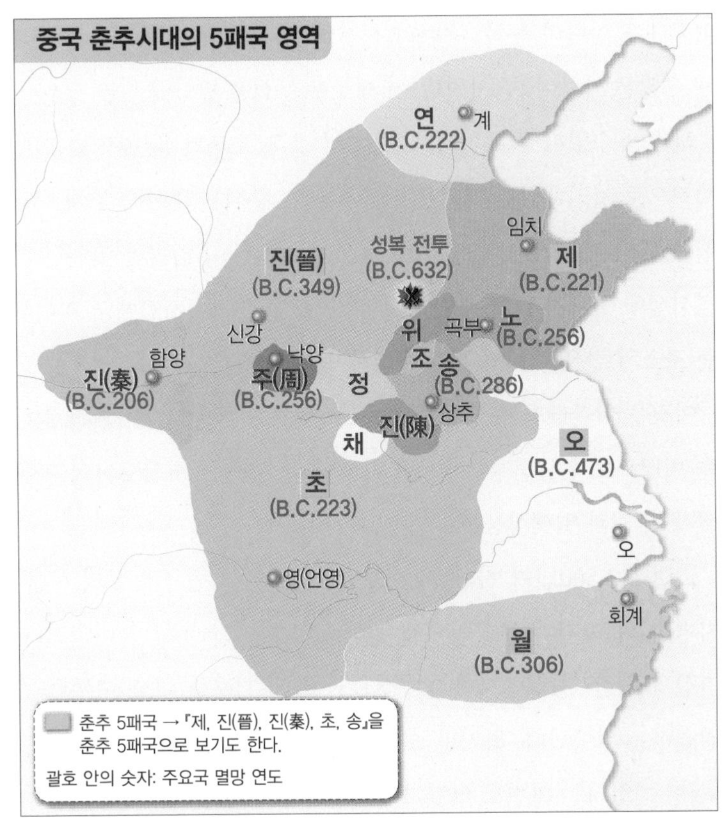

훗날 위나라 무제가 되는 후한의 조조는 "수많은 병법서를 읽었지만, 《손자병법》이 가장 의미심장하다"라면서 스스로 《손자병법》에 주석을 달기도 했다. 지금 사람들이 읽는 《손자병법》의 원본 또한 춘추전국시대에 만들어진 것이 아니라 위 무제 조조가 주해를 붙였다 해서 위무주손자魏武註孫子로 불리는 《손자병법》 13편이다.

이후에도 당나라 두목, 송나라 길천보, 심지어 조선의 세조를 비롯해 수많은 사람이 《손자병법》에 새로운 주석을 달았다.

하지만 수없이 많은 병법서 중에서 유독 조조의 《손자병법》만이 고전으로 자리매김한 까닭은 다른 이들의 주석 수준이 조조에 이르지 못했기 때문이다. 즉 다른 이들은 실전경험이 없거나 일천한 백면서생에 지나지 않아 후한 말엽의 통일 전쟁을 최전선에서 지휘했던 조조와 같은 깊이와 통찰이 글에 묻어날 수 없었다.

이것은 나폴레옹 전쟁을 두 눈으로 목격한 클라우제비츠의 경험을 바탕으로 쓴 《전쟁론》이 《손자병법》과 함께 군사학도들의 필독서가 된 것과 일맥상통한다.

그런데 2,500년이 지난 지금까지도 최고의 병법서라 불리는 《손자병법》의 저자가 누구인지에 관해서는 기나긴 논쟁만 이어졌다. 가장 유력한 견해는 사마천이 《사기史記》에 기록한 대로 손무孫武가 지었다는 설이었다. 하지만 손무의 후손으로서 병법의 대가인 손빈孫臏이 지었다는 의견도 있었다.

또는 강태공이 지었다는 병법서인 육도삼략(六韜三略, 6가지 지혜로 얻는 3가지 전략)이 위작으로 의심받는 것과 마찬가지로 후대의 누군가가 단지 손무의 이름을 빌려서 쓴 것이라는 주장도 만만찮았다. 그러던 차에 1972년 산동성 임기현 은작산에 있는 전한 무제 때의 것으로 추정되는 묘에서 《손자병법》과 《손빈병법》이 따로 발굴되면서 손무가 《손자병법》의 저자인 것이 역사적 사실로 판명되었다.

초나라의 평왕에게 복수하기 위해 오자서가 병법의 대가 손무를 오왕 합려에게 천거

그렇다면 《손자병법》의 저자 손무는 어떤 인물일까? 실망스럽게도 역사서에는 손무에 관한 기록이 그다지 많지 않다. 특히 사마천은 《사기》에서 거의 동시대의 병법가인 사마양저司馬穰苴나 오자서伍子胥를 비롯해 몇 세대 뒤의 병법가인 손빈이나 오기吳起보다도 적은 지면을 손무에게 할애했을 뿐이다. 따라서 후대의 사람들은 손무에 대해 그가 몸 바쳐 일했던 오나라의 약진을 중심으로 한 이야기만 알 수 있다.

손자는 춘추시대에 살았던, 자字를 장경長卿으로 하는 손무에 대한 존칭이다. 전국시대 제나라를 위해 일했던 손빈도 손자로 부르는데 둘을 구별하여 손무를 오손자吳孫子로, 손빈을 제손자齊孫子로 부르기도 한다. 원래 손무의 조상은 주周나라의 제후국이던 진陳나라 군주의 일족으로 규嬀씨 성을 썼다.

그는 한때 제나라로 망명해 전田씨로 성을 바꿨고, 손무의 할아버지 대에 이르러 손孫씨 성을 쓰게 되었다. 결국 손무는 제나라 낙안에서 태어났지만 장성했을 때쯤 일어난 내란을 피해 강남의 오吳나라로 이주했다.

당시 오나라에서는 재상 오자서가 실권자였다. 오자서는 원래 초나라 출신으로 초 평왕平王에게 아버지와 형이 살해당하자 오나라로 망명한 인물이었다. 절치부심하며 오나라의 힘을 빌려 평왕에게

춘추시대 오·월·초 3국의 주요 왕

오(吳)

주태왕의 장남 태백이 건국한 춘추시대의 오나라는 소주(蘇州, 현 쑤저우)에 있었다. 주나라와는 혈족이며, 부차왕 때 전성기를 누렸으나 B.C.473년 월나라에 의해 멸망하고 부차왕도 자살했다.

- **1대 태백**
- **2대 중옹** (태백의 동생)
- **19대 수몽** (칭왕 시작, 재위 B.C.585~561)
- **24대 합려** (재위 B.C.514~496)
- **25대 부차** (재위 B.C.495~473) 월나라의 침입으로 멸망

월(越)

무여(無余)가 주나라 왕실로부터 책봉받아 건국했으며, 구천왕에 이르러 오나라를 멸망시켰다. 진나라 반군 군사 기지였으며, 한국, 일본과 교역을 했다고 전해지며 구천왕 때 전성기를 누렸다.

- **1대 무여**
- **34대 윤상** (칭왕 시작, 재위 B.C.537~497)
- **35대 구천** (재위 B.C.496~464)
- **44대 무강** (재위 B.C.342~306) 초나라의 침입으로 멸망

초(楚)

춘추오패와 전국칠웅 중 하나로 주나라의 제후국이자 장강 문명을 대표하는 나라이며 사마천의 ≪사기≫에도 기록이 남아 있다. 장왕 웅려 때 주변에 맹위를 떨쳤으며 진나라에 의해 멸망했다.

- **1대 웅역**
- **17대 무왕 웅철** (칭왕 시작, 재위 B.C.740~690)
- **22대 장왕 웅려** (재위 B.C.613~591)
- **28대 평왕 웅거** (재위 B.C.528~516)
- **29대 소왕 웅임** (재위 B.C.515~489)
- **42대 웅부추** (재위 B.C.227~223) 진나라의 침입으로 멸망

복수하려는 오자서에게 병법의 대가 손무는 그냥 지나칠 수 없는 인재였다. 결국 은둔 생활을 하던 손무는 오자서의 천거를 통해 오왕 합려를 알현하게 되었다. 합려는 손무를 바로 등용하고 싶었지만, 신하들은 오자서에 이어 다시 외국인을 중직에 앉히려는 것에 반대했다. 그러자 합려는 우선 손무의 능력을 시험해보고자 했다.

"과인은 그대가 지은 병법서 13편을 모두 읽었소. 한번 시험 삼아 군대를 지휘해 줄 수 있겠소?"

손무는 "좋습니다"라고 답했다.

"내게는 외국인 군대를 비롯한 모든 군대가 있지만, 여자로 구성된 군대는 없소이다. 선생께서는 부녀자로도 군대를 만들 수 있소?"

손무는 이번에도 "물론입니다"라고 시원스레 대답했다.

손무는 궁녀 180명을 불러 모은 후 그들에게 창을 하나씩 주었다. 이어 그들을 둘로 갈라 진형을 만든 후 합려가 가장 총애하는 궁녀 2명을 각 진형의 대장에 임명했다.

"너희들은 가슴, 왼손, 오른손 등을 알고 있겠지?"

손무가 명령하듯이 물었다.

"압니다."

궁녀들은 대답했다.

"내가 '앞으로'라고 말하면 가슴 쪽을 보고, '좌로'라고 말하면 왼손을 보고, '우로'라고 말하면 오른손을 보고, '뒤로'라고 말하면 등 쪽을 보아라."

"과인은 이제 장군이 용병에 능함을 알았소.
그러니 그 두 여인을 죽이지는 마시오"

이렇게 약속을 정한 손무는 군주로부터 전권 위임을 상징하는 부월을 받아든 채 군령에 대해 거듭 설명했다. 마침내 북이 울리며 "우로!"라고 구령했지만, 궁녀들은 "와!" 하며 깔깔댈 뿐 전혀 움직이질 않았다.

그러자 손무는 "군령을 분명히 하지 않고 명령이 철저하지 못한 것은 장수의 죄이다"라고 말하며 다시 여러 차례 군령을 설명했다. 그런데 다시 북을 치며 "좌로!"라고 외쳤지만, 궁녀들은 이번에도 웃기만 할 뿐이었다.

이를 지켜본 손무는 "군령이 불분명하고 구령에 숙달되지 않은 것은 장수의 죄이나, 군령이 분명한데도 구령에 따르지 않는 것은 대장의 죄이다"라고 말하며 두 대장의 목을 베려 했다. 누각 위에서 이를 지켜보던 합려는 매우 놀라 급히 전령을 보냈다.

"과인은 이제 장군이 용병에 능함을 알았소. 그 두 여인이 없으면 과인은 음식을 먹어도 맛있는 줄을 모를 것이외다. 그러니 죽이지 마시오."

하지만 손무는 "신은 이미 군명을 받아 장수가 된 몸이옵니다. 장수가 군중에 있을 때는 아무리 임금의 명이라도 듣지 않을 수가 있습니다"라고 대답하더니 기어이 둘을 참수해 목을 내걸게 했다. 그러고 나서 합려의 다른 두 애첩을 새로이 대장으로 삼고 북을 치며

손무의 초상화.

구령했다. 그러자 궁녀들은 누구 하나 감히 웃지 않고 좌로, 우로, 앞으로, 뒤로 등 구령에 따라 자로 잰 듯이 정확하게 따라 했다.

비로소 손무는 합려에게 전령을 보냈다.

"부대의 훈련이 마무리되었습니다. 이제 왕께서 그들을 부리고자 한다면 물과 불을 두려워하지 않고 뛰어들 것입니다."

그렇지만 합려는 이미 속이 상해 있었다.

"장군은 그만 숙소로 돌아가 쉬시오. 과인은 보고 싶지 않소."

이에 손무는 "왕께서는 단지 병서를 논하는 것을 좋아하실 뿐이지 저의 능력을 사용하실 줄은 모릅니다"라고 말했다. 마침내 합려는 손무의 능력을 인정하고 그를 장군에 임명했다.

왕위에 오른 오왕 합려는 B.C.512년에 오자서와 손무를 앞세워 초와 전쟁 개시

춘추시대가 후반부에 접어들던 당시의 최강국은 초나라였다. 초나라는 B.C.704년 무왕 웅통熊通이 주나라의 왕실을 무시하고, 스스로 왕을 자처하며 끊임없이 팽창 정책을 추진했다. 비록 성복 전투(B.C.632)에서 진晉나라 문공에게 패해 중원 진출이 좌절되었으나, 장왕 때에 이르러 왕의 권위를 상징하는 구정(九鼎, 왕실의 보물로 청동을 모아 만든 솥)의 무게를 물어볼 정도로 강성해졌다. 이후 춘추시대의 판세는 대략 진晉과 초楚의 대결이 중심축을 이루었다.

한편 장강 하류에 있는 오나라도 중원으로 북진하려는 초나라의 옆구리에 비수를 들이대기 시작했다. 오나라도 초나라처럼 오랑캐로 불렸는데, 19대 군주인 수몽은 거리낌 없이 왕이라고 자처했으며, 합려가 왕위에 오르면서 신흥 강국으로 등장했다. 훗날의 월나라도 마찬가지이지만 변방의 오나라가 급부상한 이유는 철제무기에 그 답이 있다. 으뜸을 자랑하던 오나라의 제철 기술은 철제무기도 거뜬히 만들어 청동제 무기를 사용하던 중원의 나라들을 제압할 수 있었다.

또한 춘추오패의 하나로 거론되는 오나라 합려의 부국강병 정책도 빼놓을 수 없다. 검소와 절제를 강조하며 백성과 군사들을 다독여, 병사들은 왕을 위해 기꺼이 목숨을 바쳐도 좋다고 생각했다. 이렇게 명군 합려의 명성이 멀리 퍼져 외국에서도 합려 밑으로 인재들이 모여들었다. 공자公子 시절 알게 된 오자서와 합려가 왕위에 오른 후 등용한 손무, 백비가 대표적이다.

합려는 왕위에 오른 지 3년째 되는 B.C.512년 초나라와 전면전을 시작했다. 오자서와 손무를 앞세워 서舒의 땅을 점령했고, 내친김에 초나라의 수도인 영郢까지 공격하려고 했다. 이때 손무는 백성들이 지쳐 있으니 이만 전쟁을 중단해야 한다고 간언했다. 이에 합려는 오나라로 회군했다.

6년이 지난 후 합려는 오자서와 손무에게 물었다.

"지난번 그대들은 영郢을 칠 수 없다고 했는데 지금은 어떤가?"

이에 오자서와 손무는 대답했다.

"당과 채 두 나라가 초를 원망하니 먼저 두 나라를 우리 편으로 만든 후 공격하십시오."

초나라와 다섯 번 싸워 다섯 번 이긴 후에 오자서와 손무는 수도 영을 결국 함락했다

합려는 당과 채를 끌어들이고 오나라의 전군을 동원해 초나라를 공격했다. 오자서와 손무는 초나라와 다섯 번 싸워 다섯 번 이겼고 영郢을 결국 함락했다. 당시 초나라는 평왕이 죽고 아들인 소왕昭王

이 재위 중이었다. 소왕이 도주한 후 영에 입성한 오자서는 평왕의 묘에서 시신을 꺼낸 후 채찍질 300회로 무자비하게 복수했다.

하지만 초나라의 국토 대부분이 오나라에 짓밟혔다고 해도 국운이 다한 것은 아니었다. 진秦나라가 전차 500승을 보내 초나라를 지원했고, 소왕 또한 항복하지 않고 오나라에 대항했다. 여기에 더해 합려의 동생 부개가 오나라에서 스스로 왕이 되자 초나라에 머물던 합려는 본국의 반란을 진압하기 위해 귀국할 수밖에 없었다.

이전에 사촌 형제를 암살하고 왕위를 찬탈했던 합려는 자신이 재위 중인데 다른 사람도 아닌 친동생에게 배반당한 충격으로 이후에는 전쟁에 직접 나서지 않고 태자인 부차한테 초나라를 공략하게 했다. 사마천은 이때 다시 오자서와 손무가 서쪽의 초나라를 크게 깨트리고, 북쪽의 제齊나라와 진晉나라를 위협했으며, 남쪽의 월越나라를 굴복시켰다고 기록했다. 손무에 대한 기록은 이것이 마지막이다.

손무는 전차전 위주의 제한전이 펼쳐진 춘추시대라는 시대적 한계에도 불구하고 미래에 도래할 보병전·총력전의 군사사상을 체계화한 최고의 군사학 책 《손자병법》으로 지금도 인구에 회자하고 있다. 16세기 초 마키아벨리에 의해 태동하여 19세기 초 클라우제비츠에 의해 비로소 체계화된 서양의 군사사상과 비교했을 때 무려 2,000년이나 앞섰던 손무의 지혜와 식견에 감탄하지 않을 수가 없다.

알렉산더

(생몰 B.C.356~323, 재위 B.C.336~323)

'망치와 모루' 전술을 확립, 연전연승한 '전쟁의 신'

재위 13년에 걸친 정복 전쟁에서 결코 패배한 적이 없었던 상승장군

알렉산더 대왕은 역사상 몇 안 되는 상승장군(常勝將軍, 싸웠다 하면 항상 이기는 장군)이자 가장 뛰어난 군사전략의 천재이다. 그는 B.C.356년 헤라클레스의 후손이자 마케도니아 국왕인 필리포스 2세와 아킬레우스의 후손이자 에피루스 공주인 올림피아스 사이에서 태어났다. 양친에게서 영웅들의 피를 물려받은 알렉산더는 13년의 재위 기간 중 펼친 정복 전쟁에서 결코 패배한 적이 없었다. 정규 대회전은 물론 내로라하는 명장들조차 애먹는 공성전이나 도하전에도 실수가 없었으며, 산악전 같은 비정규전에서도 완벽했다.

고르디우스 매듭을 자르는 알렉산더, 1767년, 장 시몽 베르텔레미, 루브르박물관.

물론 그의 위업이 오롯이 그 혼자만의 능력이라고 할 수는 없다. 아버지 필리포스 2세가 남긴 군사적 유산과, 쇠락해가는 페르시아 제국의 상황에도 힘입은 바가 컸기 때문이다. 그렇다면 우선 필리포스 2세의 군제개혁부터 살펴보기로 하자.

필리포스 2세는 소년 시절 6년간 테베에서 볼모로 지낸 적이 있었다. 그때 그는 테베의 명장 에파미논다스의 사선진법(斜線陣法, 병력을 균일하게 배치하는 일반적 포진과는 달리 최강 또는 최대의 병력을 한

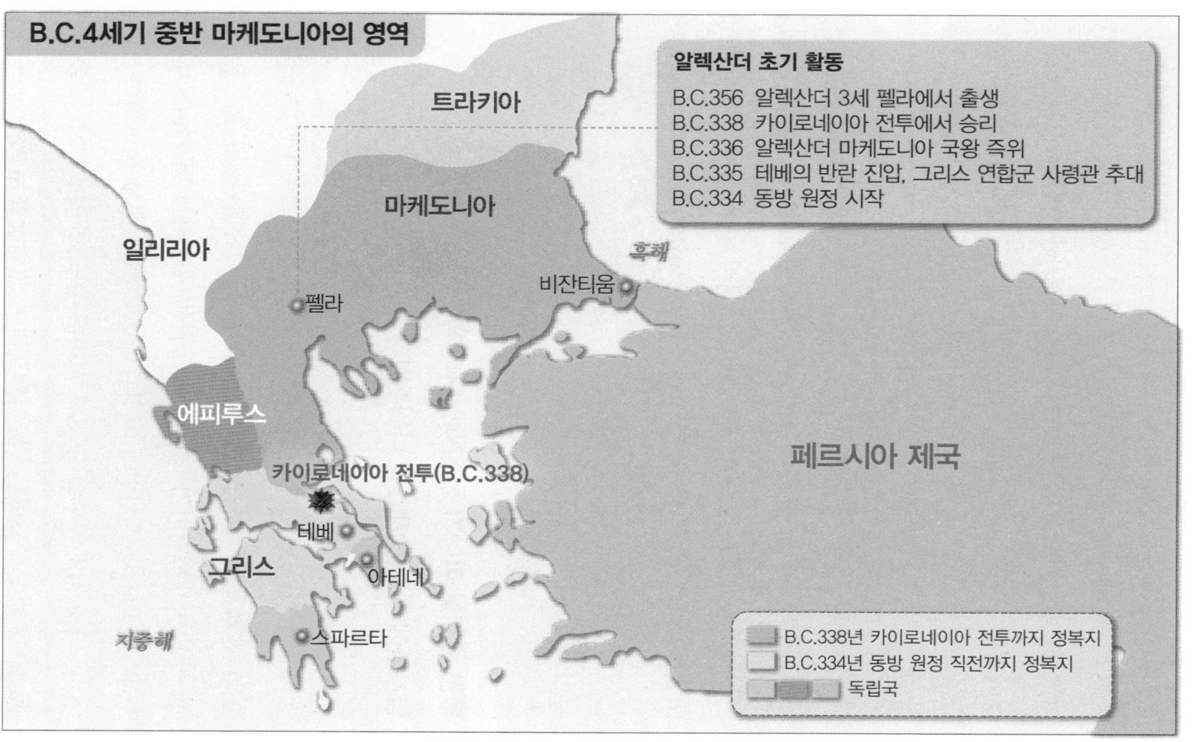
B.C.4세기 중반 마케도니아의 영역
알렉산더 초기 활동
B.C.356 알렉산더 3세 펠라에서 출생
B.C.338 카이로네이아 전투에서 승리
B.C.336 알렉산더 마케도니아 국왕 즉위
B.C.335 테베의 반란 진압, 그리스 연합군 사령관 추대
B.C.334 동방 원정 시작
트라키아
마케도니아
일리리아
흑해
비잔티움
펠라
에피루스
페르시아 제국
카이로네이아 전투(B.C.338)
테베
그리스
아테네
지중해
스파르타
B.C.338년 카이로네이아 전투까지 정복지
B.C.334년 동방 원정 직전까지 정복지
독립국

쪽 끝에 배치한 후, 그쪽부터 사다리꼴 대형으로 진격해 적을 단번에 격파하는 전법)과 그리스의 선진적인 전술을 접할 수 있었다. 귀국 후 왕위에 오른 필리포스 2세는 페르시아 정복을 꿈꾸며 마케도니아군의 정예화에 착수했다. 중장기병이 마케도니아 군대의 중추가 되었고, 보병은 기존의 2.4m의 창 대신 4.2m 길이의 장창과 가벼워진 갑주와 방패로 무장해 공격력과 기동력을 강화했다.

필리포스 2세의 진정한 업적은 이렇게 개혁한 기병과 보병의 통합전술을 사선진법에 접목한 것이다. 즉 모루 역할을 하는 보병이 사선대형으로 전진하며 적을 견제하는 사이 망치 역할을 하는 기병이 적의 측면이나 배후를 치는 공격적인 전술을 확립했다. 이것이 오늘날까지 전해지는 가장 고전적인 전술이며, 상식 중 상식으로 불리는 '망치와 모루' 전술이다.

동방 원정을 떠나기 전 알렉산더 대왕은 병사들에게 모든 재산을 나눠주었다

하지만 필리포스 2세는 페르시아 원정을 떠나기 직전 의문의 암살을 당했고, 아들인 알렉산더가 왕위를 계승했다. 알렉산더는 왕자 시절 마케도니아가 그리스의 패권을 차지하게 된 카이로네이아 전투(B.C.338)에서 기병대 사령관으로 승리에 크게 이바지한 바 있었다. 이때부터 천부의 군사적 역량을 드러낸 알렉산더는 즉위 다음 해 테베가 주도했던 반反마케도니아 연합군을 순식간에 무찌르며 그리스 연합군 사령관에 추대되었다.

B.C.334년 세계 정복을 꿈꾸는 알렉산더는 동방 원정에 나섰다. 그가 거느린 병력은 마케도니아군과 그리스 동맹군을 합쳐 기병 5,000명, 보병 3만 명이었다. 당장 수중에 있는 군자금이 겨우 70탈란톤(Talanton, 바빌로니아 단위로 1탈란톤은 금 34Kg)뿐인 알렉산더에게는 오히려 빚이 200탈란톤이 있었다. 그런데도 원정을 떠나기 전 모든 재산을 주위 사람들에게 나눠주니 한 신하가 어이없어서 물었다.

"도대체 대왕님 몫으로는 무엇을 남겨 두셨습니까?"

그러자 알렉산더는 대답했다.

"그것은 바로 희망이다."

알렉산더가 다르다넬스해협을 건너 소아시아에 진입하자 페르시아의 뛰어난 지략가 멤논은 마케도니아군의 군량미가 한 달 치뿐임을 눈치채고 청야전술(淸野戰術, 전투를 하다가 후퇴하기 전에 적군이 침공해 쓸 물자를 미리 없애 버리는 전술로, 민간인의 피해가 크다는 이유로 1977년 제네바 협약에서 국제적으로 금지되었다)을 제안했다. 하지만 자긍심 높은 페르시아 총독들은 싸우지도 않고 후퇴하자는 멤논의 의견을 치욕스럽게 여기며 물리쳤다. 그 대신 총독들은 그라니코스강에 기대어 알렉산더와 정면승부를 벌이기로 했다.

이렇게 해서 페르시아군과 최초로 벌인 그라니코스 전투에서 알렉산더는 오른편의 정예 왕실 기병대를 이끌고 정면 돌파를 감행하여 도강했다. 이처럼 알렉산더는 항상 최선두에서 싸웠고, 그의 용맹함에 병사들은 용기백배했다. 격렬한 전투 끝에 사령관을 잃은 페르시아군이 붕괴하면서 그라니코스 전투는 마케도니아군의 승리로 끝났다.

이소스 평원에서 격돌한 다리우스 3세는 알렉산더의 용맹함에 놀라 그대로 도주

당시 페르시아는 다리우스 1세 시절의 전성기를 지나 내리막길에 접어들고 있었다. 불과 2년 전에는 왕실의 방계 출신인 다리우스 3세가 치열한 궁중 암투 끝에 왕위에 올랐다. 알렉산더가 소아시아 정복을 마무리하고 시리아로 진입할 때쯤 다리우스 3세는 대군을 모아 근처의 소코이 평원에 주둔했다. 이때 마케도니아에서 망명한 아민타스가 다리우스 3세에게 "알렉산더는 도망치지 않고 대왕과 싸우려고 스스로 찾아올 것이니 대왕의 유리함을 살릴 수 있는 소코이를 떠나지 말라"라고 조언했다.

하지만 다리우스 3세는 아마누스산맥(현 누르산맥)을 지나 좁은 이소스 평원으로 군대를 밀어 넣었다. 소아시아의 많은 도시가 알렉산더에게 쉽게 항복했듯이 남하하는 마케도니아군에게 시리아 연안의 도시들도 쉽게 항복할 것으로 판단을 했기 때문이다. 그래서 다리우스 3세는 알렉산더를 뒤쫓아 얼른 승부를 내서 자신을 향한 비판과 불신을 불식시킬 생각이었다.

결과적으로 다리우스 3세는 알렉산더의 후방으로 진입해 마케도

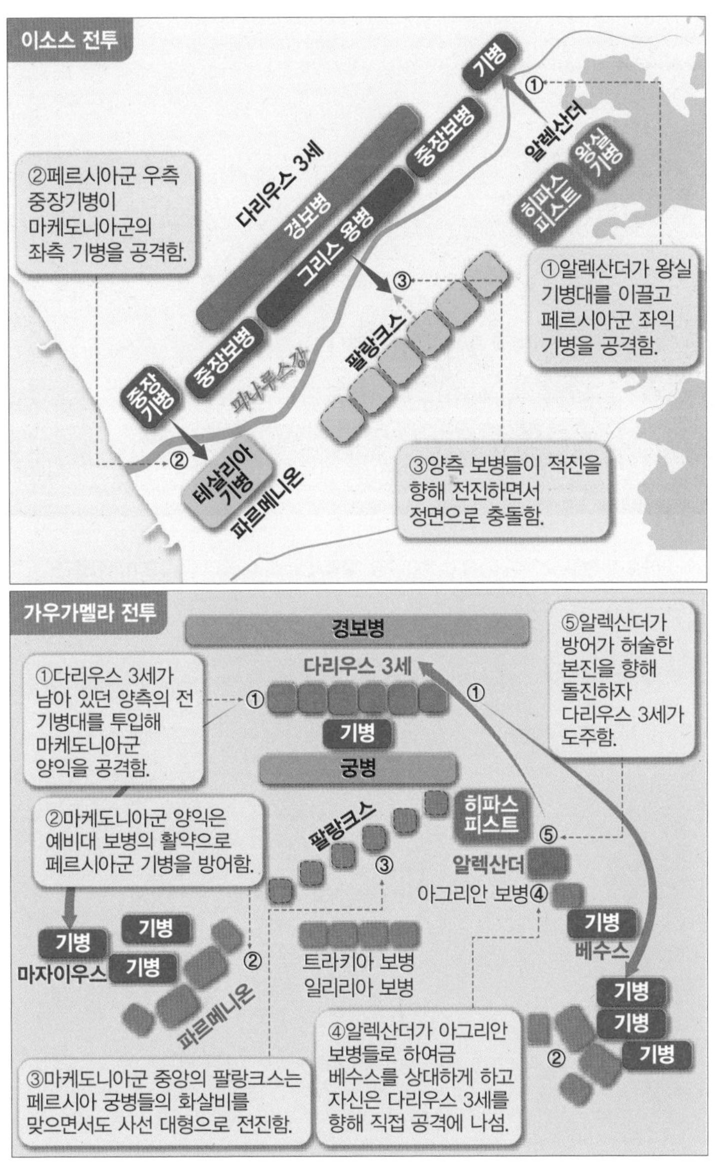

이소스 전투
기병
①
알렉산더
왕실 기병
히파스 피스트
중장보병
다리우스 3세
경보병
그리스 용병
②페르시아군 우측 중장기병이 마케도니아군의 좌측 기병을 공격함.
①알렉산더가 왕실 기병대를 이끌고 페르시아군 좌익 기병을 공격함.
③
팔랑크스
중장보병
중장 기병
피나루스강
②
테살리아 기병
파르메니온
③양측 보병들이 적진을 향해 전진하면서 정면으로 충돌함.
가우가멜라 전투
경보병
⑤알렉산더가 방어가 허술한 본진을 향해 돌진하자 다리우스 3세가 도주함.
다리우스 3세
①다리우스 3세가 남아 있던 양측의 전 기병대를 투입해 마케도니아군 양익을 공격함.
①
①
기병
궁병
히파스 피스트
②마케도니아군 양익은 예비대 보병의 활약으로 페르시아군 기병을 방어함.
팔랑크스
⑤
③
알렉산더
아그리안 보병④
기병
베수스
기병
기병
기병
마자이우스
②
트라키아 보병
일리리아 보병
기병
기병
파르메니온
④알렉산더가 아그리안 보병들로 하여금 베수스를 상대하게 하고 자신은 다리우스 3세를 향해 직접 공격에 나섬.
②
기병
③마케도니아군 중앙의 팔랑크스는 페르시아 궁병들의 화살비를 맞으면서도 사선 대형으로 전진함.

이소스 전투 모자이크, B.C.100년경, 필록세노스, 나폴리 국립고고학박물관.

니아군의 병참선(작전 중에 병력을 이동하고 보급품 등을 공급하는 육로와 해상길)과 퇴로를 차단할 수 있었다. 그는 자신의 천재적인 전술을 확신했기에 지형과 군수물자 공급에 불리한 알렉산더를 이길 수 있다고 판단한 것이다. 역으로 적지에 고립된 알렉산더는 군대를 북쪽으로 돌려 다리우스 3세를 격파해야만 했다.

알렉산더가 다리우스 3세와 마주친 곳은 이소스 평원에 있는 피나루스강이었다. 이곳은 왼쪽에 바다가, 오른쪽에 산이 있는 비좁은 지형으로 페르시아 대군이 운신하기에 이롭지 못했다. 덕분에 알렉산더는 군대를 페르시아군 전열과 같은 횡대 길이로 늘여 세울 수 있었다.

이소스 전투에 임한 페르시아군은 기병 1만 5,000명에 보병 10만 명이었으며, 마케도니아군은 기병 6,000명에 보병 3만 5,000명이었다. 양측은 중앙에 보병을, 왼편에 기병을, 오른편에 최정예 기병을 똑같이 배치했다. 알렉산더와 다리우스 3세의 전략 또한 비슷하여 강력한 오른편에 최정예 기병을 배치해 적의 왼편 기병을 무찌르고 적의 배후로 진격한다는 것이었다. 즉 적군이 우회 기동하여 아군의 목덜미를 치기 전에 적의 목덜미를 먼저 치는 쪽이 승리하는 '회전문 원리'였다.

대회전의 승부를 결정지은 것은 페르시아 기병의 우세함이 아니라 알렉산더의 용맹함이었다. 왼편에서 부사령관 파르메니온이 버텨주는 사이 알렉산더가 이끄는 정예 기병대는 적의 왼편을 과감히 돌파했다. 이어 기병대의 선두에 선 알렉산더가 허벅지를 찔리는 부상에도 불구하고 후방의 다리우스 3세를 향해 돌진하자 기겁한 다리우스 3세는 그대로 도주하고 말았다. 자신들의 위대한 샤한샤(왕중왕, 페르시아를 비롯한 중동 지역의 황제 호칭)가 도주하는 것을 목격하자 그때까지 잘 싸우던 페르시아의 오른편 기병과 중앙 보병들도 패주의 물결에 휩싸였다.

시리아와 이집트를 정복한 알렉산더는 페르시아 제국의 심장부로 향했다

이소스 전투에서 승리한 알렉산더는 다리우스 3세를 추격하는 대신 우선 배후를 다지기 위해 시리아 정복에 착수했다. 이때 티루스와 가자에서 있었던 공성전(적의 성을 공격하는 전투)은 알렉산더의 군사적 능력이 단지 회전(會戰, 같은 장소에서 같은 날 한꺼번에 벌이는 대규모 전투)에만 국한하지 않았음을 증명했다.

이후 그는 이집트마저 정복하고 나서야 유프라테스강과 티그리스강을 건너 페르시아 제국의 심장부로 진격했다. 그 사이 다리우스 3세는 이소스 패전을 교훈 삼아 최대 25만 명으로 추정되는 병력을 모았고, 주위가 확 트여 기병과 전차의 위력을 충분히 활용할 수 있는 가우가멜라 평원을 전장으로 택했다.

또한 그는 20만 명의 보병들 중앙에서 전군을 지휘하기로 했다. 다만 보병의 수가 많았지만 갓 징집되었을 뿐 아니라 다국적군이라 전력은 신통찮았다. 최전방에는 200대의 낫칼 전차를 배치했고, 4만 명의 기병대는 둘로 나뉘어 양 날개에 배치했다. 이소스 전투에서 알렉산더의 기병대에게 혼쭐난 경험을 반면교사로 삼아 부하 베수스(페르시아의 귀족으로 가우가멜라 전투에서 알렉산더에게 패한 후 다리우스 3세를 죽이고 왕이 되었다)가 이끄는 1만 명의 별동 기병대는 알렉산더의 기병대를 전담할 예정이었다.

한편 알렉산더의 마케도니아군은 보병 4만 명에 기병 7,000명이었다. 그는 관례대로 중앙에 보병을 배치하고 왼편에 파르메니온(필리포스 2세와 알렉산더 대왕을 섬긴 마케도니아의 무장)이 지휘하는 기병을, 오른편에 최정예인 왕실 기병대를 배치했다.

가우가멜라 전투는 '망치와 모루'의 전술로 군사적 천재성을 드러낸 일생 최대의 전투

가우가멜라 평원에 진을 친 페르시아 대군의 위용을 지켜본 마케도니아 장군들은 겁에 질려 알렉산더에게 야간기습을 제안하기도 했다. 하지만 알렉산더는 '승리를 훔치지 않겠다'라면서 날이 밝으면 떳떳이 싸울 것이라고 답했다. 이는 언뜻 터무니없는 자신감으로 보일 수 있다. 하지만 뒷날 그가 인도에서 벌인 히다스페스 전투의 승리가 다름 아닌 야간기습을 통해 얻은 것을 생각해 보면 가우가멜라 전투에서는 다른 속내를 가졌음을 유추할 수 있다. 즉 다리우스 3세가 고른 넓은 땅에서 대낮에 정정당당하게 싸워 도저히 변명의 여지가 없는 패배를 안겨줌으로써 그의 희망과 재기의 가능성을 완전히 꺾겠다는 것이 알렉산더의 본심이었다.

B.C. 331년 10월 1일, 가우가멜라 전투는 마케도니아군의 움직임으로 시작되었다. 먼저 알렉산더가 이끄는 왕실 기병대와 아그리안 보병이 오른편으로 천천히 달리며 페르시아군을 유인했다. 그 사이 중앙 보병은 페르시아군 본대를 견제하기 위해 사선대형으로 진격했다. 알렉산더의 이런 움직임을 지켜본 베수스의 기병대는 즉시 알렉산더를 뒤쫓았다. 이어 페르시아군 중앙의 전차부대와 좌우 양쪽의 기병대 일부가 마케도니아군 본대를 향해 돌격했다.

비록 낫칼 전차부대는 마케도니아 보병의 노련한 대응으로 전멸했지만, 기병대는 마케도니아군의 양 날개를 밀어붙이고 있었다.

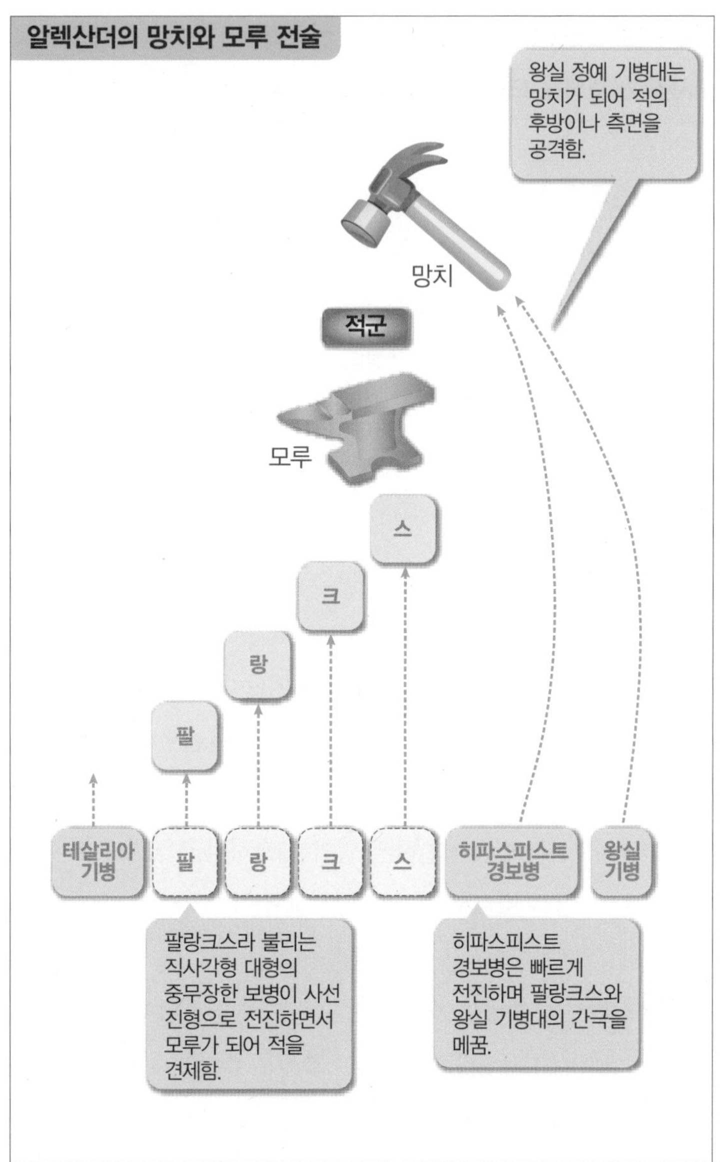
알렉산더의 망치와 모루 전술
왕실 정예 기병대는 망치가 되어 적의 후방이나 측면을 공격함.
망치
적군
모루
스
크
랑
팔
테살리아 기병
팔
랑
크
스
히파스피스트 경보병
왕실 기병
팔랑크스라 불리는 직사각형 대형의 중무장한 보병이 사선 진형으로 전진하면서 모루가 되어 적을 견제함.
히파스피스트 경보병은 빠르게 전진하며 팔랑크스와 왕실 기병대의 간극을 메꿈.

이를 지켜본 다리우스 3세는 결정적인 돌파를 위해 좌우 양쪽의 모든 기병대가 공격에 참여하도록 명령했다. 그러면서 페르시아군의 옆구리가 노출되었는데, 알렉산더는 이 기회를 놓치지 않았다.

그는 자신을 뒤쫓는 베수스와 부딪히는 척하다가 충돌 직전 왕실 기병대를 급선회시켰다. 이때 아그리안 보병이 베수스의 기병대를 막아선 사이 알렉산더는 왕실 기병을 쐐기꼴로 정렬시켰다. 이어 그 자신이 기병대의 선두에 서서 다리우스 3세를 향해 곧장 돌격했다.

이번에도 다리우스 3세는 자신에게 달려드는 알렉산더의 모습에 기가 질려 도주하고 말았다. 그때야말로 다리우스 3세를 사로잡을 기회였지만 알렉산더의 발목을 잡은 것은 연이어 구원을 요청하는 파르메니온의 전령이었다. 알렉산더는 군대를 온전히 보전하는 일이 급선무라 판단하고 기병대를 선회시켰다. 그때까지 잘 싸우다가 다리우스 3세가 도주한 사실을 알게 된 페르시아 기병들도 후퇴하면서 가우가멜라 전투는 알렉산더의 승리로 끝났다.

가우가멜라 전투는 알렉산더의 군사적 천재성을 드러낸 일생 최대의 전투였다. 비록 병력은 열세했지만, 수동적 · 방어적 전략을 거부하고 오히려 능동적 · 역동적인 움직임으로 적을 삼분한 후 격파했기 때문이다.

즉 전형적인 망치와 모루 전술대로 모루인 보병이 사선대형으로 진격해 정면의 적을 견제하는 사이 망치인 왕실 기병대는 우회 기동을 실행하며 적의 빈틈으로 파고들어 승부에 쐐기를 박았다.

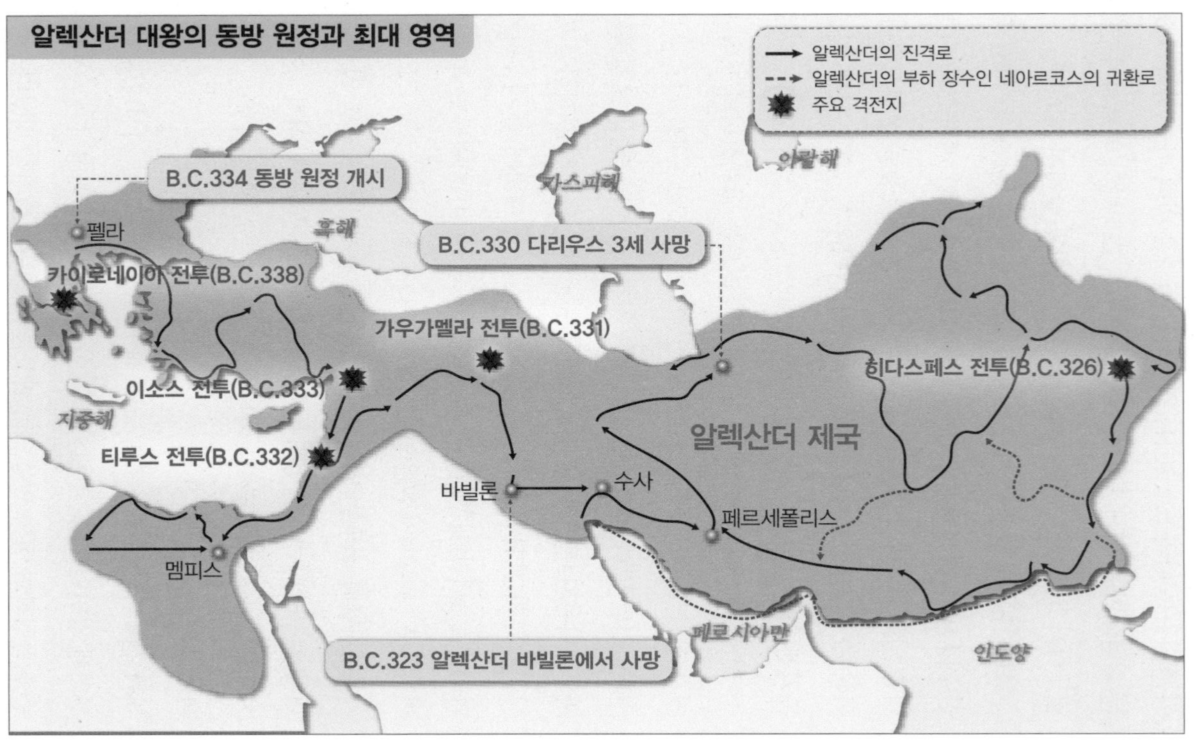
알렉산더 대왕의 동방 원정과 최대 영역
알렉산더의 진격로
알렉산더의 부하 장수인 네아르코스의 귀환로
주요 격전지
B.C.334 동방 원정 개시
B.C.330 다리우스 3세 사망
B.C.323 알렉산더 바빌론에서 사망
펠라
카이로네이아 전투(B.C.338)
이소스 전투(B.C.333)
티루스 전투(B.C.332)
가우가멜라 전투(B.C.331)
히다스페스 전투(B.C.326)
알렉산더 제국
페르세폴리스
수사
바빌론
멤피스
지중해
흑해
카스피해
아랄해
페르시아만
인도양

33세 나이로 바빌론에서 열병으로 급사한
알렉산더의 군사적 업적은 후대에 전승

알렉산더는 제국의 중심지인 바빌론 · 수사 · 페르세폴리스를 점령한 후 계속해 다리우스 3세를 뒤쫓았다. 하지만 재기를 노리던 다리우스 3세는 베수스에게 살해당하고, 알렉산더가 찬탈자 베수스를 죽이면서 229년에 걸쳐 존속했던 아케메네스 페르시아 왕조는 종말을 고했다.

승승장구하던 알렉산더는 원정을 멈추지 않았다. 지금의 아프가니스탄과 파키스탄으로 진격한 후 인더스강을 넘어 인도 원정도 착수했다. 하지만 기나긴 원정에 지치고 인도 정복에 자신을 잃은 병사들이 더 이상의 진군을 거부했다.

결국 알렉산더는 수사로 회군했다. 그는 계속해 아라비아 원정과 카르타고 원정을 준비하던 중 기원전 323년 바빌론에서 열병으로 사망했다. 그가 계승자를 지명하지 않아서 알렉산더 제국은 디아도코이(Diadochi, 그리스어로 후계자, 알렉산드로스 제국의 계승자)를 자처하는 장군들에 의해 4개의 왕국으로 해체되고 만다.

비록 알렉산더의 급사로 제국은 순식간에 무너졌지만, 33년의 짧은 생애에 걸쳐 이룩한 군사적 업적은 군인들의 높은 이상으로 후대에 전해지고 있다.

백기

(생몰 (?)~B.C.257)

진나라 통일의 초석 다진 전국시대 섬멸전의 주역

백기가 천하통일의 반석을 놓은 비결은 최대한 적병을 살상하는 섬멸전 추구

《천자문千字文》은 남북조 시대 주흥사周興嗣라는 학자가 양 무제의 명을 받고 지은 책이다. 4글자씩 250구절로 구성된 이 책은 한문 학습의 대표적인 교본이며, 단 한 글자도 겹치지 않는다는 특징이 있다. 이 책 중반쯤에 '기전파목起翦頗牧 용군최정用軍最精'이라는 어구가 있다. 풀이하자면 백기白起, 왕전王翦, 염파廉頗, 이목李牧이 용병술에 가장 능했다는 뜻이다. 이들은 전국시대(戰國時代, B.C.403~221) 4대 명장으로 불리기도 하는데, 백기와 왕전은 진나라 장군이고 염파와 이목은 조나라 장군이다.

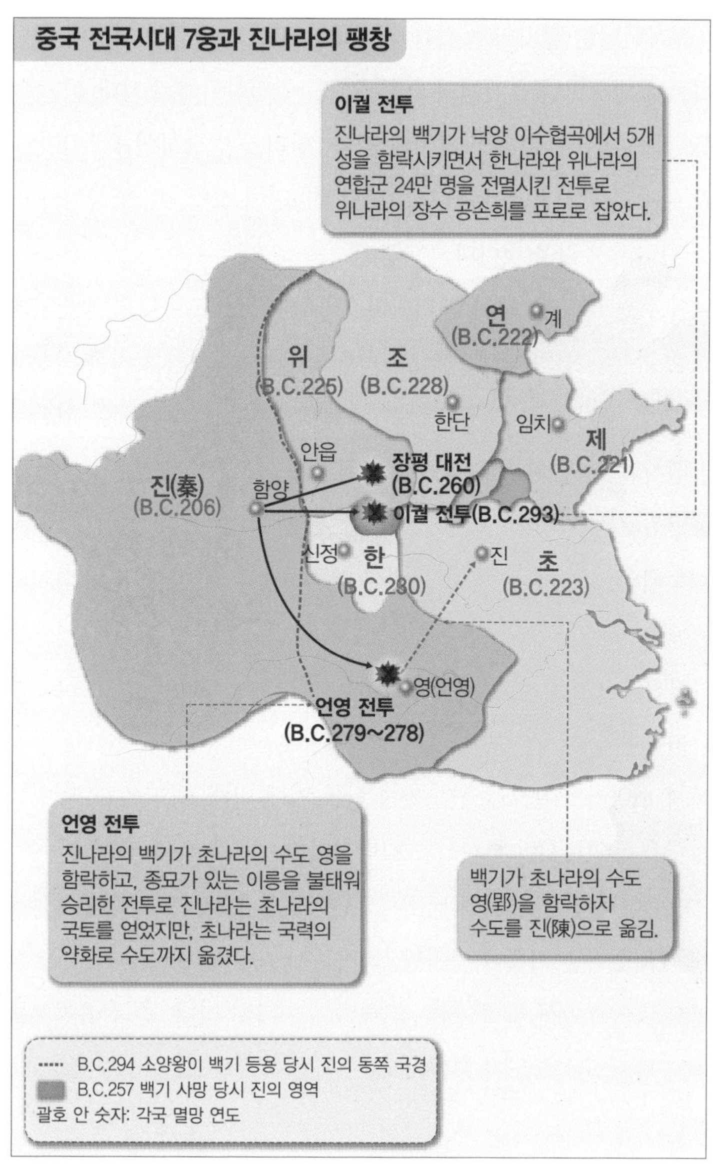
중국 전국시대 7웅과 진나라의 팽창
이궐 전투
진나라의 백기가 낙양 이수협곡에서 5개 성을 함락시키면서 한나라와 위나라의 연합군 24만 명을 전멸시킨 전투로 위나라의 장수 공손희를 포로로 잡았다.
연
계
(B.C.222)
위
(B.C.225)
조
(B.C.228)
한단
임치
제
(B.C.221)
안읍
장평 대전
(B.C.260)
진(秦)
(B.C.206)
함양
이궐 전투(B.C.293)
신정
한
(B.C.230)
진
초
(B.C.223)
영(언영)
언영 전투
(B.C.279~278)
언영 전투
진나라의 백기가 초나라의 수도 영을 함락하고, 종묘가 있는 이릉을 불태워 승리한 전투로 진나라는 초나라의 국토를 얻었지만, 초나라는 국력의 약화로 수도까지 옮겼다.
백기가 초나라의 수도 영(郢)을 함락하자 수도를 진(陳)으로 옮김.
B.C.294 소양왕이 백기 등용 당시 진의 동쪽 국경
B.C.257 백기 사망 당시 진의 영역
괄호 안 숫자: 각국 멸망 연도

전국시대는 철기의 보편화와 대규모 징집으로 전쟁 양상이 총력전으로 변모하면서 전쟁의 규모, 강도, 잔인함이 춘추시대(春秋時代, B.C.770~403)에 비할 바가 아니었다. 따라서 전국시대 4대 명장이란 춘추전국시대, 더 나아가 주나라 800년에 걸친 4대 명장이라 해도 지나치지 않을 것이다.

이들 중 으뜸은 단연 백기이다. 염파와 이목은 수비형 장군인데다 조국(조나라)의 멸망으로 그 공이 좀 묻힌다. 한편 왕전은 시황제의 명을 좇아 6국 중 조와 초를 정복했으며, 위 · 연 · 제를 차례로 멸망시킨 아들 왕분과 함께 천하통일을 완수한 장군이다. 하지만 동방 6국을 군사적 · 경제적으로 압도했던 시황제 시절 왕전 부자父子의 활약은 진나라가 6국에 대해 백중지세였던 40여 년 전 백기의 공에 미치지 못했다.

실전 지휘관으로서의 능력도 백기가 불과 3만 명의 병력으로 초나라를 원정해 수도 영(郢, 춘추시대의 수도로 언영이라고도 함)을 함락시켜 초나라의 수도를 천도하게 만든 것에 반해, 왕전은 60만 명의 대군을 동원해서야 초나라를 멸망시켰다.

더불어 왕전은 시황제 밑에서 13년간 장군으로 있으면서 이목에게 패퇴했다는 기록이 있지만, 백기는 소양왕 밑에서 34년 이상 장군으로 있으면서 단 한 번도 패했다는 기록이 없다. 중국사 전체를 놓고 봐도 군사학도가 본받아서는 안 될 곽거병(霍去病, 대군보다 먼저 적진 속에 쳐들어가는 전법으로 한 제국의 영토 확대에 큰 공을 세우고 큰 권세를 누렸지만 24세에 사망했다)을 예외로 친다면 백기를 능가하는 야전사령관은 한신뿐이다.

백기가 천하통일의 반석을 놓은 비결은 철저한 섬멸전 추구였다. 그의 작전은 영토를 점령하거나 단순히 적을 격퇴하기보다 최대한 많은 적병을 살상하여 군사적 역량을 뿌리째 뽑는 것이었다.

때문에 그는 충분치 못한 병력으로도 철저한 포위전과 추격전을 실시해 매번 승리했다. 그런데 이것은 손자가 《손자병법》 모공편에서 아군이 적군보다 10배일 때 포위할 것과, 군쟁편에서 갈 곳 없이 궁지에 몰린 적을 너무 압박해서는 안 된다고 가르친 것과 궤를 달리한다. 결국 백기는 춘추시대의 제한전에서 전국시대의 총력전으로 양상이 변화된 전장에서 최초로 그리고 최대로 섬멸전을 벌이며 전쟁술 발달의 정수精髓를 보여준 셈이다.

소양왕은 범저의 원교근공 전략을 택해 백기를 최전선의 선봉장으로 내세웠다

백기는 전국시대 진秦나라 장군이다. 그런데 전한前漢 유향劉向이 저술한 《전국책戰國策》에는 백기白起와 공손기公孫起 두 이름으로 기록돼 있다. 그는 수도 함양咸陽에서 서쪽으로 50km쯤 떨어진 미현郿縣에서 태어났으며, 용병이 뛰어나 소양왕昭襄王 때 등용되었다. 소양왕은 명재상 범저范雎가 제안한 원교근공(遠交近攻, 멀리 떨어진 나라와 친교를 맺고, 국경을 접한 초 · 조 · 위 · 한을 공격하자는 외교 정책)을 택해 백기한테 최전선에서 싸우라고 했다.

백기의 초상화.

《사기》에서 백기의 전공은 좌서장左庶長이 되어 한韓나라의 신성을 공격한 소양왕 13년(B.C.294)부터 기록되어 있다. 진나라는 효공孝公 때 상앙商鞅이 2차례에 걸쳐 변법變法을 시행해 나라를 개혁했던 바, 그중 하나가 군공에 따른 20등작(진나라의 작위 제도로 20개로 나누어 작위를 내렸고 후에 조조가 폐지했다)이었다. 최고 등작은 익히 알려진 열후列侯이며 좌서장은 위로부터 11번째 등작이다.

소양왕 14년, 백기는 좌경(左更, 9번째 등작)이 되어 한 · 위 연합군과 치른 이궐 전투에서 24만 명의 목을 베고 5개의 성을 함락시켰다. 이때 한 · 위 연합군이 단합하지 못하고 서로 선봉을 미루자 백기는 그 틈을 노려 먼저 소수의 병력으로 한나라군을 고립시킨 후 주력으로 위나라 군을 무찌르고 뒤이어 한나라군을 무찔렀다.

그는 자신의 3대 대첩 중 첫 번째로 알려진 이궐 전투에서 2배가 넘는 연합군을 궤멸시키며 명장으로 이름을 얻기 시작했다. 이듬해 대량조(大良造, 5번째 등작)가 된 백기는 위나라를 공격해 크고 작은 성 61개를 함락시키는 공훈을 또 세웠다.

소양왕 28년(B.C.279), 백기는 3만 명의 병력으로 동방 6개국 중 최강대국인 초나라 원정에 나섰다. 초나라는 5,000리(약 1,964km)의 영토에 100만 대군을 보유했지만, 군신 간 불화가 심했고 백성들은 단결하지 못했다. 백기는 타고 간 배와 건넌 다리를 모조리 불살라 병사들의 전의를 불태운 후 군량미를 초나라 땅에서 탈취하면서 진군했다.

이때 초나라는 수십만 대군을 동원해 언(鄢) 지방을 수비했다. 백기는 힘으로 언 지방을 얻기 어렵다고 판단, 두 갈래의 강줄기를 모아 성을 물바다로 만들었다. 당시 수공으로 수만 명이 수몰되어 숨졌고, 백기는 언鄢과 등鄧을 비롯한 5개 성을 빼앗을 수 있었다.

언영 전투에서 35만 명의 적병을 죽이고 초나라의 수도 영을 진나라 영토로 편입

이듬해 다시 초나라 원정에 나선 백기는 수도인 영郢을 함락시켰다. 이어서 초나라 선왕들의 능묘가 있는 이릉夷陵 땅을 불태웠고, 동쪽으로 경릉竟陵 땅까지 진격했다. 이에 초나라 경양왕이 동쪽으로 달아나 진陳을 수도로 삼으니, 소양왕은 이때 점령한 영郢에 남군南郡을 설치해 진나라의 영토로 편입시켰다. 이처럼 두 번째 대첩인 언영鄢郢 전투에서 35만 명의 적을 참살하며 초나라의 대군을 대파한 백기는 무안군武安君의 작위를 하사받았다.

소양왕 34년(B.C.273), 백기는 다시 삼진(三晋, 조 · 위 · 한) 공략에 나섰다. 먼저 위나라를 공격해 화양 전투에서 13만 명을 참수하고, 조나라를 공격해 2만 명을 황하에 익사시켰다. 소양왕 43년(B.C.264)에는 한나라를 공격해 5개 성을 함락시키고 5만 명의 목을 베었다. 그리고 2년 뒤 백기는 한나라의 야왕(野王)이라는 땅을 공격하면서, 그의 세 번째 대첩이자 역사상 가장 잔인한 학살로 알려진 장평 대전을 시작했다.

진나라가 야왕을 점령하자 상당군上黨郡은 본국인 한나라로 통하는 길이 끊기고 말았다. 상황이 급박해지자 상당군 태수 풍정馮亭은 백성들과 상의 끝에 다음과 같이 말하며 조나라에 항복했다.

"도성과 길이 끊겼으니 이제 한나라는 우리를 보호할 수 없다. 차라리 상당군 전체가 조나라에 귀순한다면 진나라는 분노하며 조나라를 공격할 것이다. 그때 조나라는 한나라와 친교를 맺으려 할 것이고, 한나라와 조나라가 연합한다면 진나라에 대항할 수 있을 것이다."

진나라는 힘들여 얻었다고 생각한 땅을 엉뚱하게 조나라에 빼앗기자 왕흘王齕을 보내 상당군을 취하게 했다. 풍정은 조나라로부터 구원군이 제때 오지 않자 백성들을 이끌고 조나라로 달아나기로 했다.

뒤늦게 조나라의 효성왕이 염파에게 20만 명의 병사를 주어 상당군을 구원하게 하여 조군은 장평에서 상당군 백성들을 맞이할 수 있었다. 마침 풍정을 뒤쫓던 왕흘도 장평에 이르니 장편 대전은 왕흘과 염파 간의 일전으로 시작되었다.

초반에는 왕흘이 조나라군을 무찌르며 요새를 빼앗았다. 그러자 염파는 보루를 견고히 쌓은 채 진나라군의 도발에 일절 응하지 않고 수비에 치중했다. 이렇게 몇 달이 지나자 불리해지는 쪽은 늘어진 보급선으로 고통받는 진군이었다. 이에 진나라의 승상 범저는 천금을 들여 조나라에 다음과 같은 소문을 퍼트렸다.

"진나라가 두려워하는 것은 조괄趙括이 장수가 되는 것이다. 염파는 상대하기 쉽고 곧 진나라군에 항복할 것이다."

조나라의 효성왕은 염파가 서전에서 몇 차례 패전한데다가 나아가 싸우지 않은 탓에 울화를 터트리고 있었다. 여기에 진나라 첩자들의 이간질까지 전해 듣자 조괄을 대궐로 불러들여 물었다.

"진나라군을 무찌를 수 있는가?"

그러자 조괄은 대답했다.

"진나라군의 장수가 백기라면 모르지만 왕흘은 저의 적수가 아닙니다."

이에 효성왕은 염파를 불러들이고 조괄에게 20만 명의 병력을 더해 장평으로 보냈다.

조괄은 조나라의 명장 마복군馬服君 조사趙奢의 아들이며 병법에도 밝았다. 하지만 조괄의 부모와 조나라의 명재상 인상여는 이론에만 밝고 임기응변 능력이 없는 조괄을 경계하여 장수로 삼는 것을 만류한 바 있었다.

항복한 조나라군 40만 명을 구덩이에 묻은 장평 전투는 역사상 가장 참혹한 전투

한편 조나라군의 사령관이 교체됐다는 소식을 들은 범저는 최후의 승부수를 던졌다. 먼저 정적政敵으로 내심 꺼리던 백기를 몰래 상장군으로 올리고 왕흘을 부장으로 내렸다. 이와 함께 지휘부가 교체된 사실을 말하는 자는 목을 베겠다고 진중에 영을 내렸다.

진나라군을 총지휘하게 된 백전노장 백기의 눈에 조괄은 풋내기에 지나지 않았다. 백기는 먼저 복병 2만 5,000명과 기병 5,000명을 편성하여 매복시켰다. 이어 다른 병력으로 조나라군을 공격하다가 거짓으로 후퇴하며 조나라군을 진나라군의 견고한 방어진지로 끌어들였다.

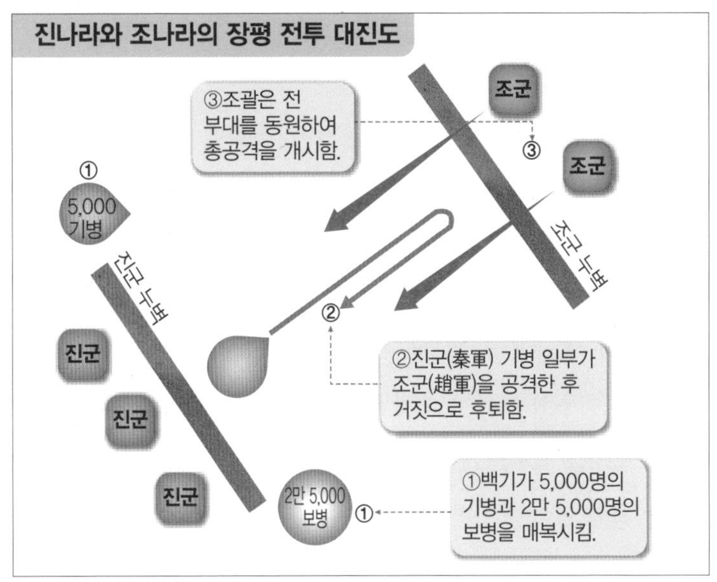
진나라와 조나라의 장평 전투 대진도
③조괄은 전
부대를 동원하여
총공격을 개시함.
조군
③
조군
①
5,000
기병
조군 누벽
진군 누벽
②
진군
②진군(秦軍) 기병 일부가
조군(趙軍)을 공격한 후
거짓으로 후퇴함.
진군
진군
2만 5,000
보병
①
①백기가 5,000명의
기병과 2만 5,000명의
보병을 매복시킴.

유인책에 걸려든 조괄은 군대를 전군前軍과 후군後軍으로 나눠 진나라군을 추격했지만, 백기가 쌓은 보루를 넘을 수가 없었다.

이때 진나라군의 복병이 조나라군의 후방을 차단했고 기병 5,000명은 조나라군의 전군과 후군 사이를 뚫고 들어와 적진을 양분했다. 조괄은 전세가 어려워지자 그 자리에서 보루를 쌓아 버티며 구원군을 기다렸다.

소양왕은 소식을 듣자 근처의 하내河內로 행차해 그곳에 사는 15세 이상 남자들에게 1등작씩을 내리며 장평으로 보내 조나라의 구원군과 보급을 차단하게 했다. 이 상태로 46일이 지나자 포위망에 갇힌 조나라 병사들은 굶주려 서로를 잡아먹기에 이르렀다. 그 사이 조괄은 4개의 부대를 편성해 4~5차례 공격을 감행하여 포위망을 뚫으려 했으나 매번 실패했다.

최후에 조괄은 친히 출정해 싸웠지만, 화살에 맞아 전사하고 말았다. 조괄이 죽자 조나라군 40만 명은 백기에 항복했다. 백기는 어린아이 240명만 돌려보내고 속임수를 써서 40만 명을 구덩이에 묻어 죽였다.

진나라가 계속해 조나라를 공격하자 한나라와 조나라는 진나라의 공격을 멈추기 위해 소대(蘇代, 합종책으로 유명한 소진蘇秦의 동생)로 하여금 범저를 설득하게 했다. 소대는 범저를 찾아가 말했다.

"조나라가 망하면 무안군은 삼공三公이 될 것입니다. 그대는 무안군보다 낮은 자리를 참을 수 있겠습니까? 진나라가 일찍이 한나라를 공격했을 때 상당군의 백성들은 진나라를 싫어해 모두 조나라로 갔습니다. 지금 조나라가 망해도 그대가 얻을 백성은 얼마 안 될 것입니다. 차라리 조나라의 땅을 일부 받아내고 무안군이 공을 세우지 못하게 하는 편이 낫습니다."

범저가 소대의 의견을 따라 소양왕에게 건의하니 진나라군은 철수했다. 이 소식을 들은 백기는 범저와 사이가 더욱 벌어졌다.

소양왕 49년(B.C.258), 진나라는 더욱 채비를 갖춘 후 병석에 누워 있던 백기 대신 왕릉한테 조나라 수도 한단을 치게 했다. 왕릉이 실패하자 소양왕은 그때쯤 병석에서 원기를 조금 회복한 백기가 왕릉을 대신하길 바랐다. 하지만 백기는 다음과 같이 말하며 출전을 거부했다.

"한단은 공략이 쉬운 곳이 아니다. 더구나 진나라를 원망하는 제후들의 구원군이 다가오고 있다. 장평에서 대승했지만, 우리 측도 과반수가 전사한 마당에 한단을 공격한다면 조나라와 제후들로부터 협공당해 반드시 패할 것이다."

이를 듣게 된 소양왕은 벌컥 화를 냈다.

"뭐라고? 백기가 없다 해서 내가 조나라를 멸할 수 없다고 보는가?"

진나라에서 전쟁 영웅이었던 백기는 동방 6국 백성에게는 인간 백정이었다

소양왕은 진나라군 사령관을 왕릉에서 왕흘로 교체했다. 하지만 왕흘 또한 8~9개월에 걸쳐 한단을 함락시키지 못했다. 이러는 사이 조나라군의 경무장 부대가 진나라군의 배후를 습격하고, 초나라의 춘신군과 위나라의 신릉군이 수십만의 병력으로 진나라군을 공격하여 대파하니 백기가 예측한 그대로였다. 이에 백기는 "나의 계책을 듣지 않더니 지금 결과가 어떠한가?"라고 개탄했다.

소양왕은 이를 전해 듣고 크게 노해 직접 백기를 찾아가 출정을 강요했다. 하지만 백기는 이번에도 소양왕의 청을 거절했다.

"저는 출정해도 공을 세우지 못함을 압니다. 그런데 나서지 않는다면 대왕에게 주살을 당할 것도 압니다. 차라리 죄를 뒤집어쓰고 죽임을 당하더라도 수치스럽고 욕된 패장이 되지는 않겠습니다."

사마천

분노한 소양왕은 백기를 병졸로 강등시키고 음밀陰密로 유배를 보냈다. 이때 백기와 견원지간이던 범저가 그를 모함했다.

"백기가 유배를 떠나면서 불만을 품고 원망하는 말을 하고 있습니다."

소양왕은 범저를 극히 총애했기에 검을 주어 백기한테 보냈다. 백기는 함양에서 서쪽으로 10리쯤 되는 두우杜郵에서 사자로부터 칼을 받아들며 외쳤다.

"내가 하늘에 무슨 죄를 지어 이 지경에 이르렀는가?"

그러고 나서 잠시 생각하다가 말했다.

“나는 죽어 마땅하다. 지난 장평 싸움에서 항복한 조나라 군사 수십만 명을 속이고 모두 구덩이에 묻었으니 이것으로도 나는 죽어 마땅하다.”

마침내 진나라 소양왕 50년 11월에 무안군 백기는 자결했다. 진나라의 백성들은 백기가 죄 없이 죽었다고 불쌍히 여겨 고향에서 제사를 지내주었다. 그러나 이것은 장평의 승자였던 진나라 백성들의 입장이었고, 동방 6국 백성들의 처지에서 백기는 인간 백정이라 불릴 만큼 냉혈한일 뿐이었다. 뒷날 항우가 신안新安에서 항복한 진나라의 사졸 20만 명을 속이고 생매장 한 일도 53년 전 백기가 저질렀던 만행의 업보였을지도 모를 일이다.

백기가 두우에서 자결할 때 백기의 부장이었던 사마근司馬靳 또한 연좌되어 처형되었다. 사마근의 6대손이 바로 《사기》의 저자인 태사공(太史公, 사마천)이다. 태사공은 자신의 조상을 함께 죽음으로 몰고 간 백기에 대해 다음과 같이 말했다.

“백기는 적의 힘을 헤아려 능란한 임기응변과 적절한 계책을 내어 그 이름을 천하에 널리 떨쳤다. 그러나 응후(應侯, 범저)와 사이가 벌어져 생긴 화에서는 자신을 구제하지 못했다. 백기에게는 이런 단점이 있었다.”

한신
(생몰 (?)~B.C.196)

초패왕 항우를 무찌른 한나라 건국의 일등공신

해하 전투에서 항우를 죽게 한 한신은
소하 · 장량과 함께 한나라 건국의 3걸

한신韓信만큼 많은 사자성어를 만든 인물도 없다. '과하지욕胯下之辱', '일반천금一飯千金', '국사무쌍國士無雙', '다다익선多多益善', '배수지진背水之陣', '사면초가四面楚歌' '토사구팽兎死狗烹' 등이 한신을 둘러싸고 만들어진 사자성어들이기 때문이다. 그만큼 매우 굴곡진 인생을 살았던 한신은 소하, 장량과 함께 한나라 건국 3걸이라 일컬어지며, 그중에서도 초패왕 항우(楚覇王 項羽, B.C.232~202)를 무찌르는데 최고의 공을 세운 인물이다.

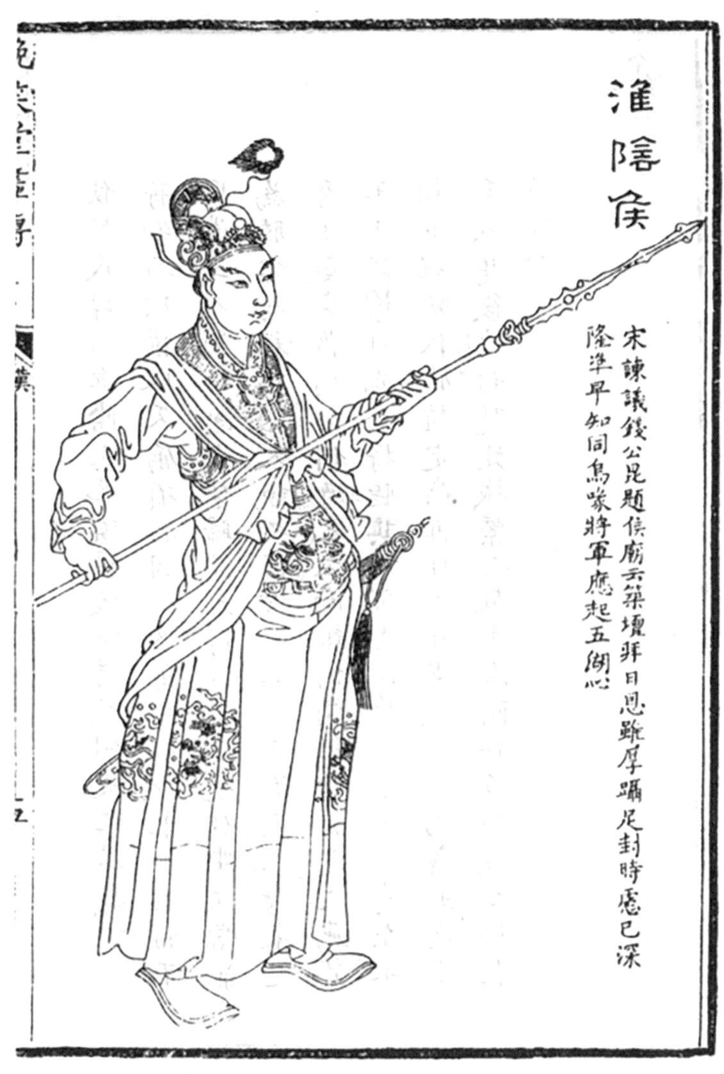

淮陰侯
宋諫議錢公昆題侯廟云築壇拜日恩雖厚躡足封時慮已深
隆準早知同鳥喙將軍應起五湖心

한신

한신은 회음현(淮陰縣, 현 장쑤성) 출신으로 어렸을 때부터 꿈은 컸지만, 가난하고 행동거지가 좋지 않아 사람들이 싫어했다. 한신에 대한 유명한 일화 하나, 어느 날 한신을 몹시 업신여기던 회음의 백정 하나가 말했다.

"네가 몸은 장대하고 칼도 즐겨 차지만 속은 겁쟁이일 뿐이다. 네가 용기가 있다면 그 칼로 나를 찌르고 용기가 없다면 내 가랑이 밑으로 기어가라."

한신은 그 젊은이를 한참 바라보다가 허리를 굽혀 그의 가랑이 사이를 기어갔다. 그 모습을 본 사람들이 비웃음을 지으며 한신을 겁쟁이라고 놀리기 시작했다는 것이다. 그러나 한신은 아랑곳하지 않았다.

B.C.209년에 시황제와 뒤를 이은 2세 황제의 폭정에 항거하여 진승과 오광을 필두로 수많은 반란이 전국에서 일어났다. 반란은 금방 진압되었지만, 그 불씨는 꺼지지 않은 채 다른 지역에서 활활 타올랐다.

이후 반란을 주도한 인물은 항우와 유방(劉邦, B.C.247~195)이었다. 이 중 초나라 귀족 출신인 '역발산기개세(力拔山氣蓋世, 항우의 노래 〈해하가〉에 나오는 말로 산을 뽑고 세상을 덮을 만한 기운)'로 불린 항우와 그의 숙부 항량項梁이 이끄는 반란군은 진나라에 맞서는 최대 세력이었다.

한신 또한 반란에 가담하여 칼 한 자루를 차고 항량에게 달려갔다. 하지만 그의 직위는 한낱 집극랑(執戟郎, 일반 호위병)에 그쳤고,

그가 올린 계책은 번번이 무시되었다. 그렇더라도 항우는 압도적인 전력으로 진나라를 멸망시키고 논공행상을 펼쳐 제후들에게 땅을 나누어 주었다. 이때 진나라의 수도 함양을 함락시킨 유방이 받은 작위는 한왕漢王이었다.

한나라의 왕 유방이 항우의 견제로 한중으로 쫓겨났을 때 한신은 항우를 버리고 유방을 뒤쫓았다. 이때 한나라의 승상 소하는 자신의 밑에 있게 된 한신이 비범한 인물임을 알아차리고 한신을 중용할 것을 유방에게 누차 권했다. 하지만 유방은 한신을 치속도위(治粟都尉, 양곡과 소금, 철을 총괄하는 관리)로 승진시켰을 뿐이었다.

"다른 장수는 쉽게 얻을 수 있지만 한신은 누구와도 비견할 수 없습니다"

어느 날 소하가 도망쳤다는 소식이 유방에게 전해졌다. 그런데 며칠 뒤 소하가 돌아왔다. 한나라 왕은 기쁘기도 하고 화도 나서 소하를 꾸짖었다.

"그대는 어찌하여 도망갔는가?"

"신은 도망친 것이 아니라 도망친 자를 뒤쫓았을 뿐입니다."

한왕이 그가 누구냐고 묻자 소하는 한신이라고 대답했다. 한왕이 의아해하며 말했다.

"장수 중에 도망친 자가 수십 명이었지만 그대는 뒤쫓지 않았다. 그런데 이번에는 한신을 뒤쫓다니 믿을 수가 없다."

그러자 소하가 말했다.

"다른 장수들은 쉽게 얻을 수 있지만, 한신은 나라 안의 누구와도 비견할 수 없습니다. 한왕께서 오래도록 한나라의 왕에만 만족하신다면 한신을 쓰지 않아도 됩니다. 그러나 장차 천하를 갖고자 하신다면 한신이 아니고서야 그 일을 해낼 사람이 없습니다."

이로써 한나라 왕은 예를 갖춰 한신을 대장군에 임명했다.

B.C.206년 8월, 유방은 중원 공략에 나섰다. 항우는 관중 지방을 세 곳으로 나누고, 옹왕 장한, 색왕 사마흔, 적왕 동예를 울타리로 삼아 유방을 견제하고 있었다. 그러나 한신은 알려지지 않은 샛길로 급습해서 진나라의 삼진왕三秦王을 순식간에 무찌르고 사마흔과 동예를 사로잡았다.

한신이 정치 · 군사 · 경제적으로 가장 중요한 관중을 점령한 후 한나라군은 관중으로부터 충분한 보급을 받을 수 있었으며, 설령 전투에서 패하더라도 관중을 근거로 다시 초나라군과 싸울 수 있게 되었다.

훗날 유방이 관중의 장안에 도읍한 것과 달리 항우는 애써 점령한 관중을 버리고 팽성을 수도로 삼은 것만 봐도 항우의 정치적인 감각은 유방에 미치지 못했다. 여기에 더해 유방은 항우가 시해한 의제義帝의 죽음을 애도하고 항우를 역적으로 규정하는 명민함을 보였다. 그러자 항우의 처사에 분개한 제후들이 유방의 밑으로 모여들어 어느덧 한나라군의 수는 56만 명에 이르렀다.

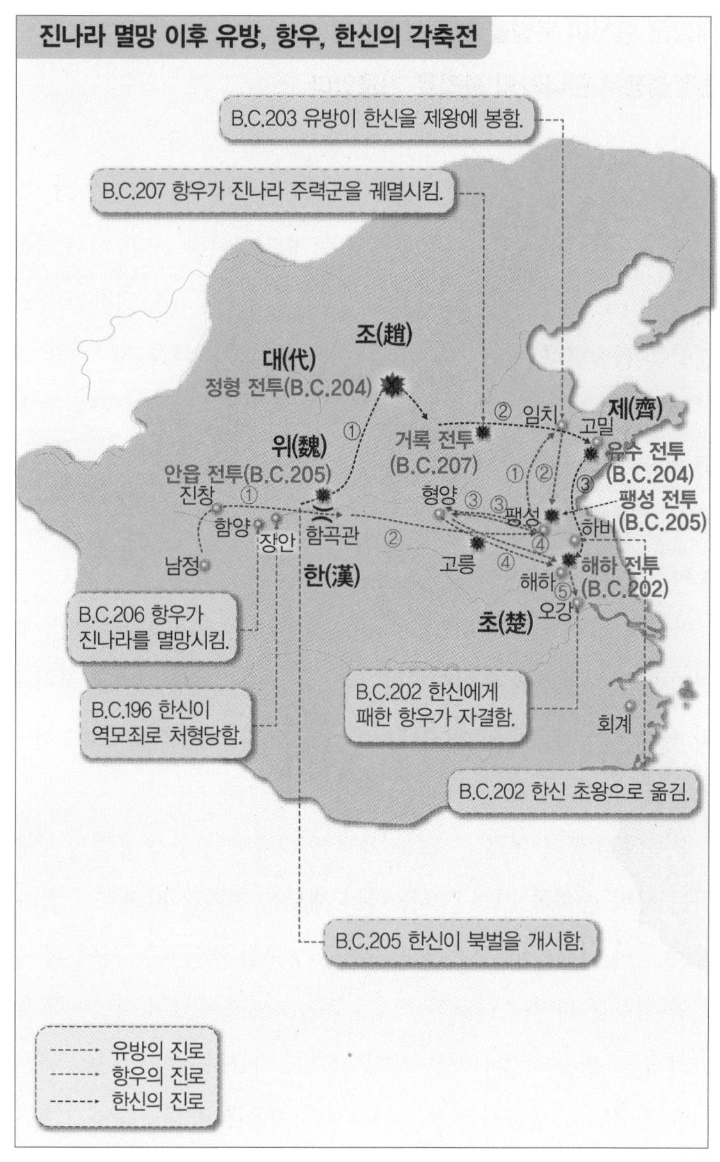
진나라 멸망 이후 유방, 항우, 한신의 각축전
B.C.203 유방이 한신을 제왕에 봉함.
B.C.207 항우가 진나라 주력군을 궤멸시킴.
조(趙)
대(代)
정형 전투(B.C.204)
위(魏)
거록 전투
(B.C.207)
임치
고밀
제(齊)
유수 전투
(B.C.204)
안읍 전투(B.C.205)
진창
함양
장안
함곡관
형양
팽성
팽성 전투
(B.C.205)
하비
남정
고릉
한(漢)
해하
해하 전투
(B.C.202)
오강
초(楚)
B.C.206 항우가
진나라를 멸망시킴.
B.C.196 한신이
역모죄로 처형당함.
B.C.202 한신에게
패한 항우가 자결함.
회계
B.C.202 한신 초왕으로 옮김.
B.C.205 한신이 북벌을 개시함.
유방의 진로
항우의 진로
한신의 진로

대장군 한신이 북벌을 성공시키면서 초한전쟁은 한나라의 승리로 기울었다

그때 항우는 제나라에서 일어난 반란을 진압하는 중이었다. 물론 이 틈을 타서 한나라군은 팽성을 쉽게 점령했다. 한편 이 소식을 들은 항우는 정예병 3만 명을 가려 뽑은 뒤 천 리 길을 열흘간 달려 팽성을 급습했다. 팽성 점령에 취해 방심했던 한나라군은 크게 패해 곡수와 사수에서 10만 명, 수수에서 10만 명을 잃은 것을 포함해 30만 명의 군사들이 도륙당했다. 간신히 빠져나간 유방은 형양성으로 후퇴했고, 그사이 한신은 경읍과 색읍 사이에서 서진하는 초나라군을 대파했다.

이렇게 해서 항우와 유방의 첫 전투는 일단 마무리되었지만, 팽성의 패배는 유방에게 치명적이었다. 항우의 승리를 지켜본 사마흔과 동예가 한나라군의 진중에서 달아나 초나라에 붙었으며, 제 · 조 · 위 세 나라가 초나라와 화친하게 되었기 때문이다.

항우와 맞붙어 이길 수 없는 유방은 다행히 항우가 공격을 주춤하는 사이 동북쪽으로 공격을 펼쳐 새로운 전기를 마련코자 했다. 즉 유방이 형양성과 성고성에 의지해 항우를 견제하는 사이 한 갈래의 병력을 파견해 이탈한 제후왕들을 평정함으로써 동남쪽에 웅크리게 될 항우와 맞선다는 계획이었다. 이 계책에 따라 별동대를 이끌고 북벌을 성공시켜 초 · 한전쟁의 저울추를 한나라에 기울게 만든 이가 대장군에 더해 좌승상에 임명된 한신이었다.

먼저 위나라로 진격한 한신은 임진臨晉에서 황하를 사이에 두고 위나라의 왕 표豹와 마주쳤다. 한신은 당장 눈앞에서 도강할 듯 허장성세를 부리는 한편 주력군은 강 상류를 통해 몰래 도강하도록 했다. 이들 주력군이 위나라의 수도 안읍으로 진격하자 깜짝 놀란 표는 안읍으로 회군했고, 한신은 그런 표를 뒤쫓아 무찔러 사로잡았다.

위나라를 평정한 한신은 이어 조나라의 등받이인 대代나라를 공격했다. 이때 대나라 왕代王인 성안군 진여成安君 陳餘는 조나라왕 헐歇을 보필하기 위해 조나라에 있었고, 재상 하열夏說이 대나라를 지키고 있었다. 한신은 하열이 방심한 틈을 타 대나라의 수도 평성을 공략해 함락시키고 달아난 하열을 알여에서 죽여 대나라마저 평정했다.

한신은 배수의 진을 친 정형 전투에서 조나라 20만 대군을 물리치고 승리했다

한신이 다음으로 창끝을 겨눈 나라는 조나라였다. 한나라군이 조나라로 진격하기 위해서는 정형井陘을 반드시 지나야 했다. 한신이 온다는 소식을 들은 조나라의 왕 헐과 진여는 20만 명의 대군을 이끌고 나섰다. 이때 광무군廣武君 이좌거李左車가 진여한테 진언했다.

"한신은 서하西河를 건너 위나라의 왕 표를 사로잡고 하열을 베어 알여를 피로 물들였다 합니다. 한나라군은 승세를 타고 멀리서 싸우니 그들의 예봉을 당할 수 없습니다. 지금 정형의 길은 수레가 나란히 다닐 수 없고 기병도 대열을 지어 지날 수 없습니다. 그러니 한나라군의 군량은 반드시 후위에 있을 것입니다. 부디 저에게 병사 3만 명을 주시면 옆길을 따라 한나라군의 보급로를 끊겠습니다.

족하(足下, 상대에 대한 경칭)께서는 도랑을 깊이 파고 성채를 높게 쌓을 뿐 결코 한신과 싸우지 마십시오. 한나라군이 앞에서는 싸울 수 없고, 뒤로는 퇴로가 막힌 상황에서 제가 들판에서 식량을 모조리 치워버리면 열흘 안에 한신의 머리를 얻을 수 있습니다."

하지만 진여는 이좌거의 계책을 물리치고 한신을 깊숙이 불러들여 정정당당히 싸우기로 했다.

정형의 협로를 무사히 지난 한신은 먼저 기병 2,000명을 선발해 붉은 깃발을 나눠 주며 조나라군 본채의 북쪽 산에 숨어 있게 했다. 이어 3만 명의 군사 중 1만 명을 먼저 보내 깊은 강을 등지고 진을 치게 했다. 강을 배후에 두는 것은 병가의 금기사항으로 이를 지켜보던 조나라 장수들은 한신이 병법을 모른다고 비웃었다.

한신이 남은 병력 2만 명을 이끌고 조나라 진채 앞에 이르자 진여가 20만 명의 대군을 이끌고 진채를 나왔다. 대낮에 드넓은 평야에서 벌어진 싸움은 한나라군에게 절대적으로 불리했다. 2만 명의 한나라군은 한동안 버티다가 견디지 못하고 물가에 미리 포진한 한나라군에게로 도망갔다. 진여는 전군을 동원해 그러한 한나라군을 뒤쫓았다. 하지만 조나라 군대는 더는 도망칠 곳이 없는 한나라군이 결사적으로 싸우자 끝내 이길 수 없었다. 역사상 유명한 배수의 진

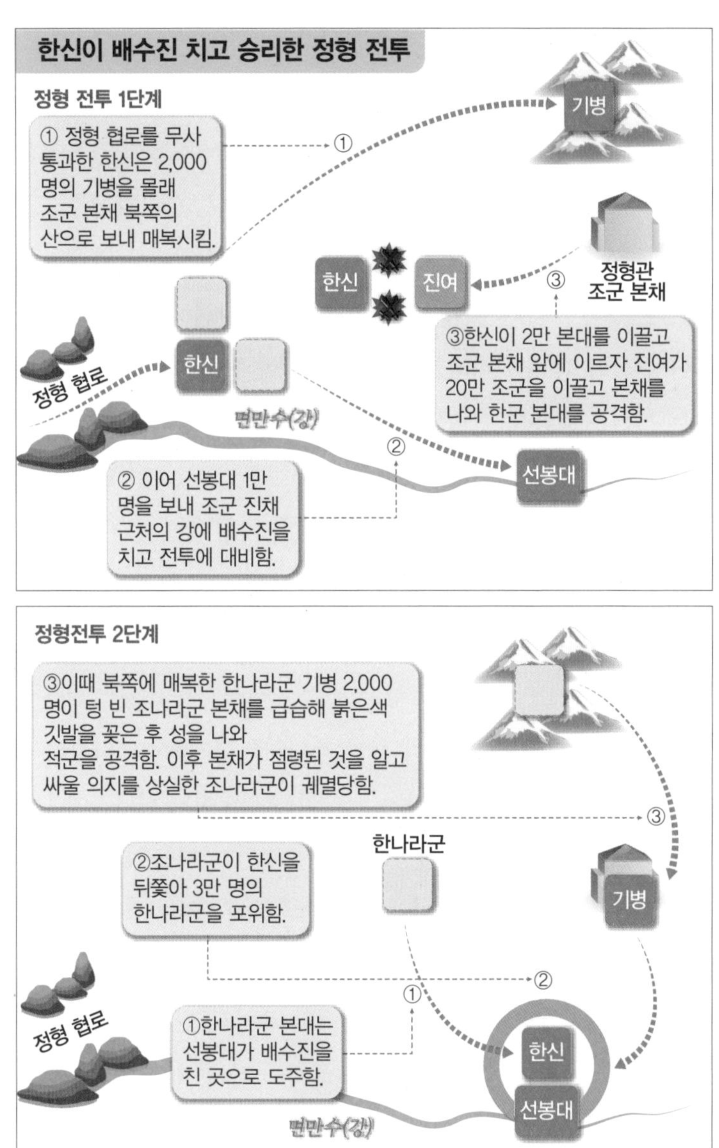
한신이 배수진 치고 승리한 정형 전투
정형 전투 1단계
① 정형 협로를 무사 통과한 한신은 2,000 명의 기병을 몰래 조군 본채 북쪽의 산으로 보내 매복시킴.
①
기병
한신
진여
③
정형관
조군 본채
③한신이 2만 본대를 이끌고 조군 본채 앞에 이르자 진여가 20만 조군을 이끌고 본채를 나와 한군 본대를 공격함.
한신
정형 협로
면만수(강)
②
선봉대
② 이어 선봉대 1만 명을 보내 조군 진채 근처의 강에 배수진을 치고 전투에 대비함.
정형전투 2단계
③이때 북쪽에 매복한 한나라군 기병 2,000 명이 텅 빈 조나라군 본채를 급습해 붉은색 깃발을 꽂은 후 성을 나와
적군을 공격함. 이후 본채가 점령된 것을 알고 싸울 의지를 상실한 조나라군이 궤멸당함.
③
한나라군
②조나라군이 한신을 뒤쫓아 3만 명의 한나라군을 포위함.
기병
②
①
정형 협로
①한나라군 본대는 선봉대가 배수진을 친 곳으로 도주함.
한신
선봉대
면만수(강)

은 이렇게 정형 전투에서 펼쳐진 것이다.

이때 한신이 숨겨둔 기병 2,000명은 조나라 본채를 급습해 점령하고 붉은 깃발을 세웠다. 이를 지켜본 조나라군은 돌아갈 곳이 없다고 생각되자 혼란에 빠져 도주하기 시작했다. 한나라군은 그런 조나라군을 추격해 조나라의 왕 헐을 사로잡고 진여를 잡아 목을 베었다. 결국 조나라는 정형 전투 한 번으로 한신에게 평정되었다. 이어 한신이 항복한 이좌거의 계책을 좇아 연나라에 투항을 권유하는 서신을 보내자 연나라마저 한신의 위세에 눌려 한나라에 복속했다.

한신은 해하 전투에서 초군을 무찔렀고 항우는 달아나다 오강에서 죽었다

이제 마지막 목표는 중원의 강국 제나라였다. 당시 제나라의 왕 전광은 유방의 모사인 역이기酈食其의 설득에 넘어가 한나라에 항복한 상태였다. 하지만 한신은 책사 괴철蒯徹의 계책을 좇아 제나라로 진군했다. 제왕 전광은 자신을 속였다 하여 역이기를 삶아 죽이고 숙적 항우에게 원군을 청했다. 한나라군이 제나라를 평정한다면 초나라에도 큰일이었다. 광무산에서 유방과 대치 중이던 항우는 구원을 요청받자 초나라의 맹장 용저龍且한테 20만 대군을 이끌고 제나라를 구원하라고 명령했다.이때 어떤 이가 용저에게 계책을 올렸다.

"지금 한나라군은 먼 거리를 원정해 있는 힘을 다해 싸우므로 그 날카로운 기세를 당할 수 없습니다. 차라리 높은 성벽에 의지해 지키면서 초나라가 구원하러 왔다는 사실을 알린다면 제나라의 성들이 한나라를 배반할 것입니다. 이로써 먹을 것조차 구할 수 없는 한나라군을 싸우지 않고 이길 수 있습니다."

하지만 용저는 한신이 전에 백정의 가랑이 밑을 기어 지나간 겁쟁이라고 비웃으며 싸움을 서둘렀다. 용저가 유수濰水를 사이에 두고 한나라군과 대치하자 한신은 몰래 1만여 개의 모래주머니를 만들어 유수 상류를 막았다. 한신이 용저를 공격하다가 거짓으로 패한 채 돌아서서 달아나자 용저는 기뻐하며 한신을 뒤쫓았다. 초나라군이 장사진長蛇陣을 이루며 종대 대형으로 유수를 반쯤 건넜을 때 한신은 강물을 막아뒀던 모래주머니를 터트렸다. 초나라군은 급류로 인해 삼분되었고, 한나라군이 돌아서서 앞장섰던 용저의 목을 베니 초나라 군대는 흩어져 달아났다.

제나라마저 평정한 한신은 유방에게 사자를 보내 자신을 제나라의 가왕假王으로 세워줄 것을 간청했다. 유방은 내심 불쾌했지만, 한신의 이탈을 두려워하며 한신을 오히려 제왕으로 정식 임명했다. 이때 한신의 곁에 있던 책사 괴철이 한신에게 유방으로부터 독립할 것을 몇 번이나 간청했다. 그러나 한신은 괴철의 계책을 거절했다.

한편 항우와 지리멸렬한 소모전을 벌이던 유방은 홍구(鴻溝)를 경계로 서쪽은 한나라가, 동쪽은 초나라가 갖기로 협의했다. 그러나 모사 장량과 진평이 약속을 깨고 항우를 공격하자고 진언하자 유방은 퇴각하던 초나라군을 뒤쫓았다. 항우는 그런 유방을 고릉에서 대파했다.

다급해진 유방은 대군을 보유한 한신이 빨리 합류해오길 바랐다. 하지만 그는 움직이지 않다가 유방이 자신에게 봉토를 떼어 주니 그제야 해하垓下에서 유방의 한나라군에 합류했다. 한나라의 30만 명이나 되는 대군을 총지휘한 한신은 해하 전투에서 마침내 초나라군을 무찔렀고, 항우는 포위를 뚫고 달아났다가 오강烏江에서 최후를 맞이했다.

유방의 천하통일에 앞장선 한신이지만 여태후는 목을 베고 삼족을 멸했다

황제에 오른 유방은 초나라를 멸망시키는데 가장 큰 공헌을 한 한신을 제나라의 왕에서 초나라의 왕으로 옮기게 했다. 한신은 금의환향했지만, 천하가 평정된 마당에 유방은 한신이 거추장스럽기만 했다. 예전에 한신이 자신의 명을 받은 역이기를 무시하고 제나라를 공격한 일, 자신이 형양에서 항우에게 몰리고 있을 때 스스로 제왕에 오른 일, 그리고 고릉에서 패했을 때 위기에 처한 자신을 도와주지 않은 일들로 인해 유방은 한신을 불신하고 있었다.

한신은 뛰어난 군사적 재능에 비해 정치적인 능력이나 처세술이 너무나 부족했다. 그는 한나라의 천하통일에 지대한 공헌을 한 자신을 유방이 결코 내치지 못할 것이라고 믿었다. 그래서 자신의 잇

속은 다 챙기면서 유방에게는 설익은 충성을 바쳤다. 그 결과 그는 유방의 눈에 나게 되었고, 유방은 진陳 땅에서 한신을 사로잡아 수도 장안으로 데려온 후, 초나라 왕에서 회음후(淮陰侯, 한신의 출생지 회음의 벼슬아치)로 내려 앉혔다.

진희陳豨란 인물이 거록 군수로 떠날 때 한신을 인사차 만난 적이 있다. 이때 앙앙불락하던 한신은 진희에게 만약 모반한다면 자신이 안에서 호응하겠다고 약조했다. B.C.197년, 진희가 조나라와 대나라 땅에서 반란을 일으키자 한나라의 고조는 친정에 나섰다. 이 틈을 이용해 한신은 거짓 조서를 내려 각 관청의 관노들과 죄인들을 석방하고 이들을 이끌고 황궁을 습격하려고 했다.

그러나 이때 한신 밑에 있던 난열欒說이란 자가 큰 죄를 지어 한신에게 죽임을 당할 지경에 이르자 그의 동생이 한신의 모반을 밀고했다. 이에 황후인 여태후呂太后는 속임수를 써서 한신을 황궁으로 불러들인 후 그의 목을 베고 삼족을 멸했다.

물론 한신이 진희와 내통해 모반했다는 것은 《사기》에 실린 내용일 뿐이며, 실제로는 한신을 두려워한 여후가 유방이 황궁을 비운 사이 진희의 모반과 연루시켜 억지로 처형했다는 설도 있다.

한니발

(생몰 B.C.247~183)

알프스를 넘은 한니발은 로마의 심장을 때렸다

1차 포에니 전쟁 때 로마와 싸운 카르타고의 하밀카르 바르카의 장남

칸네 전투는 전쟁사상 최고의 전술이 펼쳐진 전투로 유명하다. 현재도 칸네 전투는 전 세계 육군사관학교의 필수 과정으로 알려져 있으며, 수많은 군인이 이 전투를 연구해 실전에 응용하고자 했다. 가까운 예로 제1차 세계대전에서 독일군이 필승전략으로 내세운 슐리펜 작전도 참모총장이었던 슐리펜 백작이 오랫동안 연구한 칸네 전투를 서부전선에 접목한 것이다.

그렇다면 2,000년이 넘는 지금까지도 가장 위대한 전술로 평가받는 양익 포위섬멸전을 구사한 칸네 전투의 승장은 누구일까? 바로 카르타고의 한니발이다.

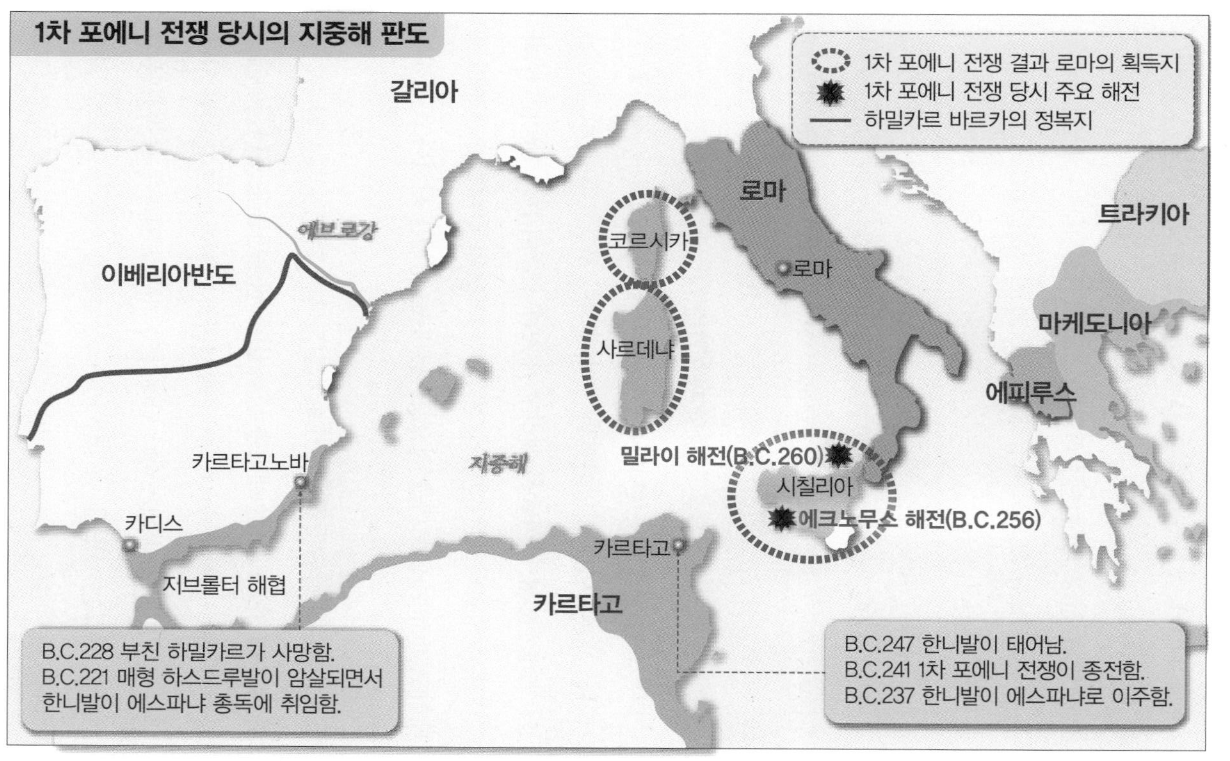
1차 포에니 전쟁 당시의 지중해 판도
1차 포에니 전쟁 결과 로마의 획득지
1차 포에니 전쟁 당시 주요 해전
하밀카르 바르카의 정복지
갈리아
이베리아반도
에브로강
로마
로마
트라키아
코르시카
사르데냐
마케도니아
에피루스
카르타고노바
지중해
밀라이 해전(B.C.260)
시칠리아
에크노무스 해전(B.C.256)
카디스
카르타고
지브롤터 해협
카르타고
B.C.228 부친 하밀카르가 사망함.
B.C.221 매형 하스드루발이 암살되면서
한니발이 에스파냐 총독에 취임함.
B.C.247 한니발이 태어남.
B.C.241 1차 포에니 전쟁이 종전함.
B.C.237 한니발이 에스파냐로 이주함.

2차 포에니 전쟁의 주인공 한니발은 1차 포에니 전쟁이 끝나가는 무렵인 B.C.247년에 카르타고에서 태어났다. 그의 아버지는 1차 포에니 전쟁 당시 시칠리아섬을 근거지로 로마와 6년간 싸운 후 로마와 강화조약을 체결했던 하밀카르 바르카(Hamilcar Barca, B.C.275~228)이다.

카르타고의 대표적인 명장이었던 하밀카르는 어찌나 비범했던지, 로마의 대大 카토조차도 카르타고는 반드시 멸망해야 한다고 주장하면서도 그가 최고의 장군(로마인들을 포함해)임을 부정하지 못했다. 이런 그의 피를 이어받아 세 아들 (한니발, 하스드루발, 마고)도 각각 빼어난 인물이었음은 두말할 필요가 없다.

1차 포에니 전쟁이 끝나자 일찍부터 식민지의 개척과 경영을 중시하는 해외파였던 하밀카르는 그의 사위인 하스드루발(한니발의 동생과 동명이인)과 한니발을 데리고 에스파냐로 이주하기로 했다. 하밀카르는 카르타고를 떠나기 전 고작 9세였던 한니발을 신전으로 데리고 가서 이후 로마를 적으로 삼겠다는 맹세를 시켰다고 전해지고 있다.

지브롤터해협을 건너 에스파냐로 들어간 하밀카르는 원주민들과 싸우며 카르타고의 세력을 넓혀갔다. 원주민들은 로마군에게도 불패를 기록한 하밀카르의 전략과 선진적인 카르타고 군대를 당해낼 수 없었다. 고작 에스파냐 남해안의 카디스 일대에 불과했던 카르타고 영토는 어느새 이베리아반도 동남부를 아우를 정도로 넓어졌다.

27세에 에스파냐 총독에 오른 한니발은 로마의 동맹국 사군툼에 선제공격을 개시

하밀카르가 원주민들과 싸우던 중 전사하자 사위 하스드루발이 에스파냐 총독 자리를 이어받았다. 하밀카르가 식민지 외연을 확장하는 데 주력했다면 하스드루발은 내실을 다지는 데 주력했다. 카르타고노바(현 스페인 남동부 카르타헤나) 지역에 에스파냐 통치의 중심지인 카르타고노바성을 지었으며, 농업과 광업 생산량 또한 비약적으로 증가시켜 바르카 가문을 윤택하게 했다.

B.C.226년, 로마는 하스드루발에게 에브로강 북쪽으로 세력을 넓히지 말 것을 요구했다. 이는 로마가 에브로강 이남을 카르타고 세력권으로 인정한다는 뜻이지만, 달리 해석하면 카르타고의 세력 확장을 경계하기 시작했다는 뜻이다.

같은 해 로마는 에브로강 남쪽에 있는 사군툼(현 사군토, 발렌시아 북부)과 동맹을 체결했다. 이 조치 또한 에스파냐에서 커지는 카르타고 세력에 제동을 걸기 위한 조치였다. 그러던 중 로마의 요구에 응하며 전쟁을 자제하던 하스드루발이 B.C.221년에 켈트족 노예에게 암살당하자 호전적인 27세의 한니발이 그 직위를 이어받았다.

한니발은 심신이 모두 출중한 청년이었다. 인간의 일반적인 욕망에 초연했고, 자제력이 강했으며, 무술에 능할 뿐아니라 뛰어난 기수였다. 일찍부터 전쟁터를 누비며 용맹함과 지도력을 과시한 한니발에게서 장교들과 병사들은 하밀카르의 모습을 떠올리며 그를 기

출전하는 한니발, 1510년, 자코포 리판다, 프레스코화, © José Luiz Bernardes Ribeiro, 로마 팔라초 데이 콘세르바토리(카피톨리니박물관).

꺼이 따랐다. 한니발의 의지와는 별개로 그가 에스파냐 총독에 취임했을 때쯤 로마는 카르타고 본국을 공격할 계획이었다. 본국이 유린당할 바에야 이탈리아반도를 전장으로 삼는 게 낫다고 판단한 한니발은 본국과 상의도 없이 에스파냐의 사군툼을 공격함으로써 로마를 도발했다.

비록 사군툼이 에브로강 이남에 있지만, 카르타고가 로마의 동맹국을 공격하는 것은 1차 포에니 전쟁의 강화조약 위반이었다. 그런데도 카르타고 본국은 굳이 한니발을 말리지 않았고, 로마 사절이 제시한 화평과 전쟁 중 기꺼이 후자를 택했다. 이렇게 해서 흔히 '한니발 전쟁'이라고 불리는 2차 포에니 전쟁이 시작되었다.

B.C.218년, 한니발은 에스파냐를 동생 하스드루발에게 맡긴 채 막냇동생 마고와 함께 10만 명의 대군을 이끌고 카르타고노바를 출발했다.

이들 중 최종적으로 피레네산맥을 넘게 된 병력은 보병 5만 명, 기병 9,000명, 코끼리 37두였다. 에브로강을 건너 로마 세력권에 진입하면서 치른 전투에서 상당한 병력을 잃었고, 새로 얻게 된 피레네산맥 후방에 잔류 병력을 남긴 탓이었다.

왜 한니발은 손쉬운 해로를 택하지 않고 험준한 알프스를 넘는 육로를 택했는가?

한니발이 에브로강을 건넜다는 소식을 들은 로마는 그가 최단 루트인 마르세유를 통과해 이탈리아로 진격하리라 판단했다. 그러나 한니발은 마르세유에 주둔한 집정관 푸블리우스 코르넬리우스 스키피오(대 스피키오 아프리카누스의 아버지, 아들 대 스키피오는 2차 포에니 전쟁 때 아버지와 함께 참전한 후에는 에스파냐의 카르타고군을 격파했으며, 아프리카 자마에서 한니발을 무찌르고 2차 포에니 전쟁을 종결시킨 주인공)를 피해 내륙으로 크게 우회해 론강을 건넌 다음 알프스산맥을 넘었다.

카르타고군은 피레네산맥을 넘은 이후 알프스산맥을 넘을 때까

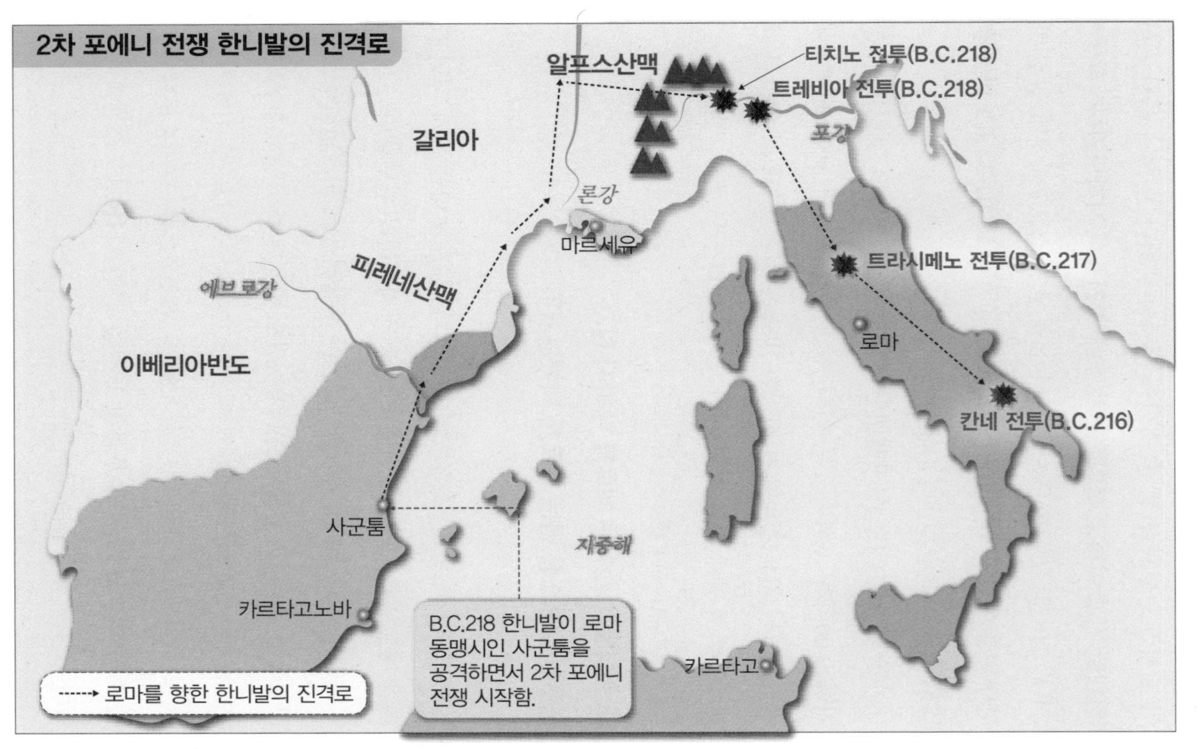
2차 포에니 전쟁 한니발의 진격로
알프스산맥
티치노 전투(B.C.218)
트레비아 전투(B.C.218)
포강
갈리아
론강
마르세유
피레네산맥
에브로강
이베리아반도
트라시메노 전투(B.C.217)
로마
칸네 전투(B.C.216)
사군툼
지중해
카르타고노바
B.C.218 한니발이 로마 동맹시인 사군툼을 공격하면서 2차 포에니 전쟁 시작함.
카르타고
로마를 향한 한니발의 진격로

지 도강, 원주민 습격, 추위, 낙상 등으로 많은 병력을 잃었다. 최후에 알프스 남쪽 롬바르디아 평원에 들어선 병력은 단지 보병 2만 명, 기병 6,000명이었다.

한니발은 회고록을 남기지 않았다. 그래서 왜 그가 에스파냐에서 로마까지 해로를 타고 직선으로 진격하지 않고 험로인 육로를 택했는지 그 이유는 알 수 없다. 미국의 해군 전략가인 앨프리드 세이어 머핸Alfred Thayer Mahan은 한니발이 만일 해로를 택했다면 병력의 절반 이상을 잃는 불상사는 없었을 것이라고 얘기했다. 반면 영국의 군사역사학자인 리델 하트Liddell Hart는 지상전을 선택한 한니발이 북부 이탈리아의 켈트족을 자기 편으로 끌어들이기 위해서였다고 주장했다.

하지만 대다수 역사학자의 추측은 로마가 제해권을 장악하고 있었다는 단순한 이유로 귀결한다. 실제로 숱한 대규모 해전이 펼쳐졌던 1차 포에니 전쟁과 달리 2차 포에니 전쟁에서는 주목할 만한 해전이 없었을 정도로 로마의 해군력이 압도적이었다.

독일의 역사학자이자 로마사의 최고 권위자인 테오도어 몸젠Theodor Mommsen에 따르면 로마가 동맹국까지 포함해 동원할 수 있는 군대는 총 50만 명이었다. 결국 본국으로부터 별다른 지원을 기대할 수 없는 한니발이 턱없이 부족한 자신의 병력으로 그런 로마를 상대하기는 쉽지 않았다.

한니발의 급선무는 로마에 적대적이긴 하지만 그렇다고 한 줌밖에 안 되는 카르타고군도 신뢰하지 않는 갈리아 부족을 자기편으로

알프스를 넘고 있는 한니발의 코끼리 부대, 1866년, 하인리히 로히테만, 개인 소장.

끌어들이는 일이었다. 한니발로서는 빨리 자신의 실력을 보여줄 필요가 있었다. 그래서 그는 겨울인데도 전군을 이끌고 포강 남쪽의 로마군 주둔지 피아첸차로 향했다.

카르타고군과 로마군이 싸운 첫 전투는 이탈리아 북부의 티치노강 서안이었다

이탈리아반도에서 카르타고군과 로마군이 맞붙은 최초의 전투는 티치노 전투였다. 당시 마르세유에서 귀환한 스키피오는 한니발을 쫓아 카르타고군을 정탐하던 중 마찬가지로 로마군을 정탐 중이던 한니발과 티치노강 서안에서 맞붙었다. 우연히 양쪽 사령관까지 직접 나선 전투에서 한니발은 누미디아 기병대의 힘으로 승리했다. 집정관 스키피오는 중상을 입었지만 용전분투하던 17세 아들의 도움으로 간신히 도망칠 수 있었다.

이때쯤 시칠리아에 파견됐던 다른 집정관 셈프로니우스가 휘하 2개 군단을 이끌고 피아첸차로 와서 스키피오의 2개 군단과 합류했다. 부상을 당한 스키피오는 한니발의 강력함을 알아채고 요새에 틀어박혀 겨울을 나고자 했다. 하지만 한니발은 임기가 얼마 남지 않은 셈프로니우스의 공명심을 이용했다.

B.C.218년 12월 22일 이른 아침, 한 갈래의 카르타고 기병대가 로마군을 자극하자 셈프로니우스는 전군을 이끌고 그들을 추격했다. 이렇게 로마군은 카르타고 본군이 기다리고 있는 땅으로 유인되었다. 트레비아강 서안에서 벌어진 이 전투에서 양측은 거의 4만 명으로 엇비슷했다.

하지만 중무장 보병 중심의 로마군은 이번에도 한니발의 기병대에 밀리며 거의 3만 명의 병력을 잃는 참패를 당했다. 한니발의 선전이 계속되자 관망하던 갈리아인들이 카르타고군에 합류하여 한니발의 총병력은 어느덧 5만 명에 이르게 되었다.

B.C.217년, 한니발을 상대하게 된 두 집정관은 플라미니우스와 세르빌리우스였다. 그들은 4개 군단을 둘로 나눠 각각 요로를 지키며 한니발의 남하에 대비했다. 하지만 한니발은 과감히 늪지대를 지나는 예상치 못한 기동으로 왼쪽을 지키던 플라미니우스를 우회해 남하하는 데 성공했다. 뒤늦게 한니발의 움직임을 포착한 플라미니우스는 세르빌리우스에게 즉시 합류하라는 전령을 보내는 동시에 한니발을 뒤쫓기 시작했다.

로마의 집정관인 파울루스와 바로가 8개 군단을 이끌고 칸네 평원에 출정

한니발이 알렉산더보다 정찰과 책략에서만큼은 뛰어났던 것이 분명하다. 척후병(적의 상황과 지형을 몰래 정찰하는 병사)을 통해 로마군의 움직임을 꿰뚫고 있던 한니발은 자신을 뒤쫓는 플라미니우스가 세르빌리우스와 합류하기 전에 그를 선제공격해 무찌르기로 했다.

근방의 지리를 샅샅이 조사한 끝에 트라시메노 호수에 몸을 숨긴 카르타고군은 언덕과 호수 사이에 있는 협로를 따라 자신들을 뒤쫓던 로마군을 공격했다. 이렇게 정규회전이 아닌 매복 작전에서 집정관 플라미니우스가 이끄는 로마군은 어이없이 궤멸했다.

이제 로마로 향하는 길목에는 아무것도 없었다. 그러나 한니발은 무리한 공성전 대신 로마를 그대로 지나쳐 남쪽으로 향했다. 장교들과 병사들의 불만이 나올 수밖에 없었지만, 그들은 지금까지 승리를 거듭해 온 총사령관을 믿고 따를 수밖에 없었다.

B.C.216년, 로마는 이전의 연속적인 패배가 병력 부족 탓이었다고 판단하며 유례가 없는 8개 군단(기병 7,000명, 보병 7만 명)을 편성했다. 한니발이 풀리아의 칸네 평원을 공략하자, 그 해에 로마의 집정관으로 선출된 파울루스와 바로가 8개 군단을 이끌고 카르타고군 정벌을 위해 출정했다.

이들이 아우피두스강 인근에서 마주친 카르타고군 병력은 갈리아 용병을 포함해 기병 1만 명에 보병 4만 명이었다. 보병은 로마가 거의 두 배에 달하지만, 기병 전력은 이번에도 한니발이 우위였다.

전투에 앞서 양군은 관례대로 기병을 양익에 배치하고 보병을 중앙에 배치했다. 양쪽 사령관의 전략은 그들 군대의 특성대로 수립되었다. 로마군 사령관 바로가 의도한 것은 3개 횡대로 두텁게 배치된 중장 보병에 의한 중앙돌파였다.

이에 대응해 한니발은 중앙의 갈리아 보병을 초승달 모양으로 배치해 로마 보병의 돌파를 흡수하게 하는 한편 정예 아프리카 보병을 반으로 나눠 갈리아 보병 양익에 배치했다. 이어 에스파냐 · 갈리아 기병 8,000명을 왼쪽에 배치하고, 수는 적지만 용감하기로 소문난 누미디아 기병 2,000명을 오른쪽에 배치했다.

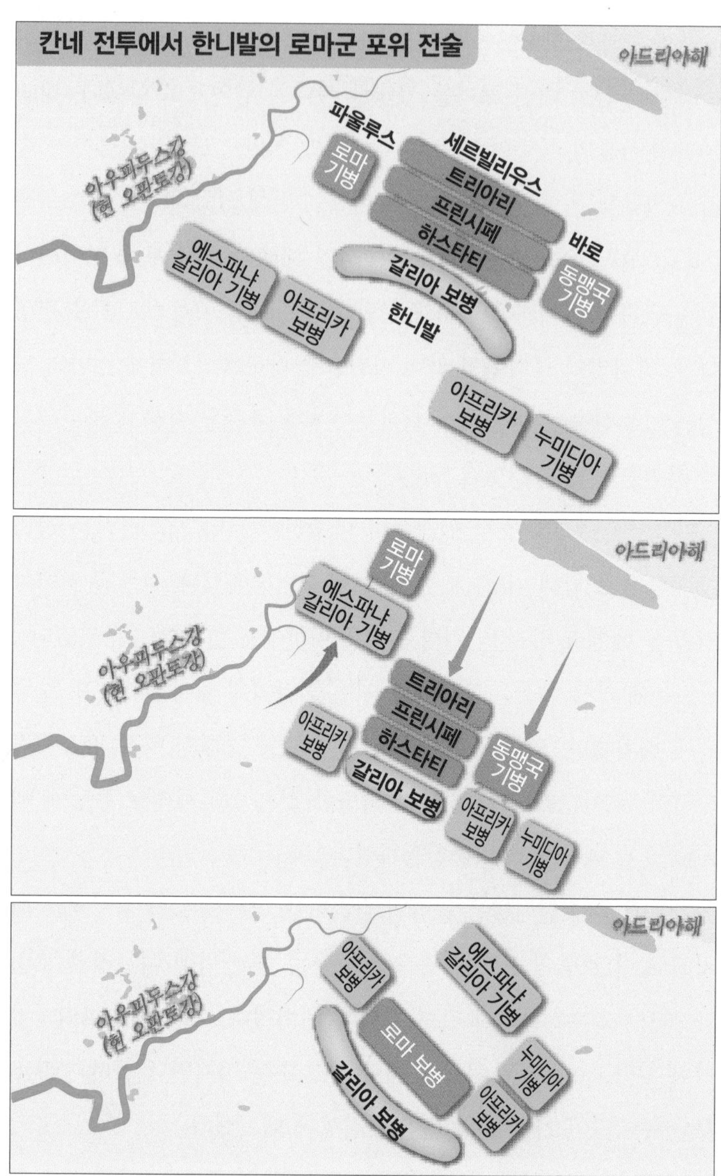
칸네 전투에서 한니발의 로마군 포위 전술
아드리아해
아우피두스강
(현 오판토강)
파울루스
로마 기병
세르빌리우스
트리아리
프린시페
하스타티
바로
동맹국 기병
갈리아 보병
에스파냐 갈리아 기병
아프리카 보병
한니발
아프리카 보병
누미디아 기병
아드리아해
로마 기병
에스파냐 갈리아 기병
아우피두스강
(현 오판토강)
트리아리
프린시페
하스타티
아프리카 보병
동맹국 기병
갈리아 보병
아프리카 보병
누미디아 기병
아드리아해
아프리카 보병
에스파냐 갈리아 기병
아우피두스강
(현 오판토강)
로마 보병
누미디아 기병
갈리아 보병
아프리카 보병

뛰어난 전술로 칸네 전투에서 승리한 한니발은 위대한 명장으로 이름을 남겼다

B.C.216년 8월 2일, 전쟁사상 가장 뛰어난 전술로 평가받는 칸네 전투가 시작되었다. 먼저 전직 집정관 세르빌리우스가 지휘하는 로마 중장보병이 돌출된 갈리아 보병을 밀어붙이며 전진했다. 이름 높은 로마 중장보병의 상대가 되지 않는 갈리아 보병은 밀려나며 앞이 볼록한 형태에서 점차 뒤가 볼록한 형태로 바뀌어 갔다.

한니발이 동생 마고와 함께 중앙 전장을 누비며 협박과 격려를 한 덕에 갈리아 보병은 가까스로 무너지지 않은 채 버티고 있었던 셈이다. 이처럼 로마 보병이 중앙 전장을 압도하면서 진형은 점차 쐐기꼴 형태로 변화되었다. 이윽고 칼을 휘두를 공간조차 부족할 정도로 밀집한 로마 보병의 양옆으로 한니발의 정예 아프리카 보병들이 다가오고 있었다.

한편 양익에서는 다른 양상이 펼쳐지고 있었다. 하스드루발이 지휘하는 왼쪽 기병은 집정관 파울루스가 지휘하는 로마 기병 2,400명을 순식간에 제압하고 로마 보병의 배후를 돌아 로마군 왼쪽 기병을 공격했다.

그때까지 누미디아 기병의 선전에 고전하던 동맹국 기병 4,800명은 앞뒤로 협공받자 그대로 도주하고 말았다. 이렇게 로마군 기병을 물리친 카르타고 기병 1만 명이 로마 보병의 배후를 에워싸면서 그림 같은 포위망이 완성되었다. 비록 동맹국 기병을 지휘하던 총사령관 바로는 도주했지만 세르빌리우스와 파울루스를 포함한 6만 명이 넘는 로마군이 전사하고 1만 명이 포로로 잡혔다. 반면 카르타고군 전사자는 6,000명 정도였다. 그 가운데 3분의 2는 보조 전력인 갈리아군이었다.

"한니발 당신은 승리하는 법을 알아도 승리를 이용할 줄은 모릅니다"

칸네 전투 직후 누미디아 기병대장 마하르발은 지금 바로 로마를 공략하면 4일 후 로마의 카피톨리움 언덕에서 식사할 수 있다고 진언했다. 하지만 이번에도 한니발은 로마로 진격해 공성전을 벌이는 대신 로마 동맹국들의 이탈을 기다렸다. 마하르발은 자신의 조언이 받아들여지지 않자 불만을 터뜨렸다.

"한니발 당신은 승리하는 법을 알아도 승리를 이용할 줄은 모릅니다."

한니발의 기대와 달리 대부분의 로마와 동맹을 맺은 시들은 맹주 로마를 배반하지 않았다. 칸네에서 뜨거운 맛을 본 로마 또한 지구전을 주장하는 파비우스를 등용해 한니발이 원하는 결전을 피하며 전력의 회복에 진력했다. 인력이 풍부한 로마는 곧 충분한 병력을 확보했고 한니발에게 반격을 가하기 시작했다. 이때 활약한 인물이 스키피오 아프리카누스이다.

스키피오가 에스파냐를 평정한데 이어 아프리카 본토를 공격하자 한니발도 이탈리아를 떠나 스키피오를 뒤쫓지 않을 수 없게 되었다. 결국 카르타고 본토에서 벌어진 자마 전투에서 한니발이 스키피오한테 완패하면서 2차 포에니 전쟁은 종결되었다.

카르타고는 로마와 굴욕적인 강화조약을 맺으면서 심지어 방어 전쟁도 로마의 허락을 받아야 할 수 있는 반식민지로 전락했다. 한니발은 군인이 아닌 정치가로서 조국의 부흥을 위해 최선을 다했지만, 그의 독단을 경계하는 정적들이 그를 로마에 고발하면서 셀레우코스 왕조로 망명했다.

이후 셀레우코스 왕조마저 로마에 굴복하자 그는 아르메니아를 거쳐 비티니아(현 튀르키예 서북부)로 망명했다. 하지만 비티니아까지 로마의 추격대가 찾아오자, 포로가 되지 않기 위해 도망치다가 음독자살함으로써 파란만장한 인생을 끝내게 된다.

스키피오

(생몰 B.C.235~183)

자마 전투에서 한니발 격퇴, 지중해 세계를 제패했다

로마와 카르타고의 지중해 패권 다툼이
바로 3차례에 걸친 포에니 전쟁이었다

로마와 카르타고는 비슷한 시기에 건국되었는데, 왕정에서 공화정으로 변모한 점이 비슷하다. 다만 카르타고는 상업국가이고 로마는 농업국가라는 점에서 다르다. 농업국가는 대부분 높은 농업생산력이 있고, 그것이 인구의 증가와 군사력 증강으로 직결되는 게 특징이다.

그런데 상업국가는 좀 다르다. 17세기에 활발한 무역으로 번영하던 네덜란드가 루이 14세에 의해 피폐화되었고, 지중해 무역을 독점하던 베네치아 또한 신흥 오스만 제국에 시달리다가 쇠퇴했듯이 상업국가는 인접한 인구 대국의 출현으로 소멸한다는 특징이 있다.

한편 카르타고가 700년 가까이 존속한 이유는 아시리아 · 신바빌로니아한테 공격받다가 결국 알렉산더에게 멸망한 모국 티루스와 달리 주변에 압도적인 군사강국이 없었기 때문이다. 페르시아의 캄비세스 2세와 알렉산더 대왕도 카르타고를 겨냥했지만, 그 뜻을 이루지 못했다.

B.C.272년, 막강한 인적 자원을 가진 로마가 이탈리아를 통일한 것은 이웃한 카르타고의 멸망을 어렴풋이나마 예고하는 것이었다. 이후 지중해로 뻗어나가려는 로마와 서지중해의 패권을 쥐고 있던 카르타고의 충돌이 일어났는데, 이 충돌이 바로 세 차례에 걸친 포에니 전쟁이다.

로마는 1차 포에니 전쟁에서 판정승했지만, 2차 포에니 전쟁에서는 한니발이라는 희대의 명장으로 인해 초반에 고생해야 했다. 그러나 승리를 거듭하던 한니발이 본국으로부터 별다른 지원 없이 고군분투하는 사이 인구가 월등했던 로마는 패배의 상처를 치유하고 역공으로 전환할 수 있었다.

B.C.218년부터 B.C.210년까지 전반 8년이 한니발의 공세 기간이었다면, B.C.210년부터 B.C.202년까지의 8년은 기력을 회복한 로마의 공세 기간이었다. 로마 본토에서는 명장 마르켈루스가 한니발을 상대로 밀리지 않는 접전을 펼치는 사이 다른 병력은 에스파냐를 겨누기로 했다.

한니발의 본거지를 공략한다는 위험하기 짝이 없던 에스파냐 원정을 지원한 이는 자기 아버지와 똑같은 이름을 가진 푸블리우스 코르넬리우스 스키피오였다.

그는 훗날 자마 전투에서 한니발을 격파하면서 2차 포에니 전쟁을 종결해 스키피오 아프리카누스(일명 대 스키피오)라는 존칭으로 불리게 되는 불패의 명장이다. 3차 포에니 전쟁에서 승리해 카르타고를 멸망시킨 스키피오 아이밀리아누스(일명 소 스키피오)의 양조부이기도 하다. 자신의 처조카를 아들의 양자로 삼아 로마의 최고 명문 코르넬리우스 스키피오 가문에 입적시킨 것이다.

카르타고군이 죽인 아버지의 복수를 위해
25세의 스키피오는 에스파냐 원정에 나섰다

스키피오는 로마 제일의 명문 코르넬리우스 가문 출신이다. 그의 어린 시절에 관한 기록은 거의 보이지 않는다. 스키피오는 티치노 전투와 트레비아 전투에서 기병 장교로 참전하면서 역사에 처음으로 등장한다. 그는 이후 장인인 집정관 파울루스가 전사한 칸네 전투에도 참전했는데, 칸네의 대학살에서 탈출한 소수 중 한 사람이기도 했다. 즉 그는 한니발이 거둔 주요한 승리를 현장에서 지켜본 산 증인이다.

스키피오가 티치노 전투에서 단신으로 적군에 뛰어들어 부상한 아버지와 함께 탈출하던 장면과, 칸네 전투 이후 카누시움에 모인 흐트러진 패잔병들을 규합하던 모습은 그가 특출한 용기 · 애국

제2차 포에니 전쟁의 스키피오와 한니발

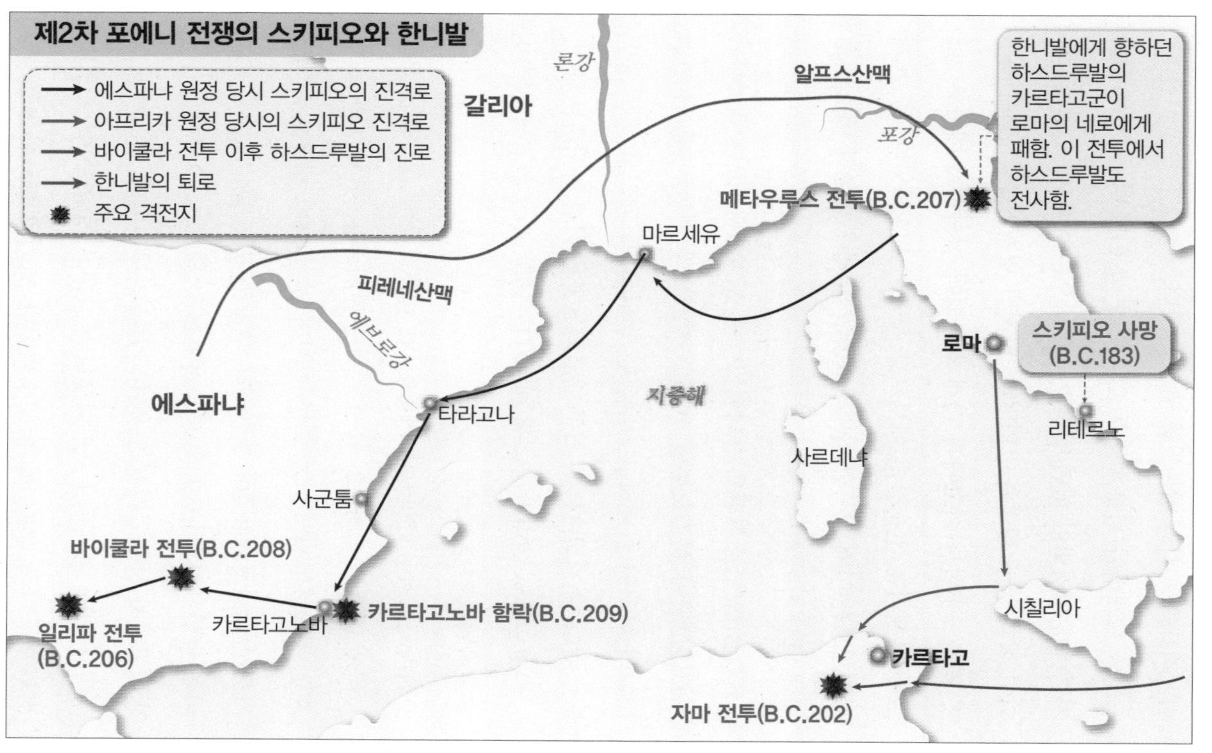

에스파냐 원정 당시 스키피오의 진격로
아프리카 원정 당시의 스키피오 진격로
바이쿨라 전투 이후 하스드루발의 진로
한니발의 퇴로
주요 격전지
갈리아
론강
알프스산맥
포강
한니발에게 향하던
하스드루발의
카르타고군이
로마의 네로에게
패함. 이 전투에서
하스드루발도
전사함.
메타우루스 전투(B.C.207)
마르세유
피레네산맥
에브로강
에스파냐
타라고나
지중해
로마
스키피오 사망
(B.C.183)
리테르노
사르데냐
사군툼
바이쿨라 전투(B.C.208)
카르타고노바 함락(B.C.209)
카르타고노바
일리파 전투
(B.C.206)
시칠리아
카르타고
자마 전투(B.C.202)

심 · 지도력을 지닌 인물임을 엿보게 한다.

지난 트레비아 전투에서 동료 집정관 셈프로니우스의 패배를 무기력하게 지켜봐야 했던 집정관 스키피오는 이후 에스파냐로 파견되어 형과 함께 활약하고 있었다. 하지만 형제가 분산된 채 싸우다가 하스드루발과 마고에게 각개 격파되어 전사하자 에스파냐에서 로마의 세력은 일순간에 에브로강 북쪽으로 밀려났다. 즉 25세의 스키피오는 이때 전사한 아버지와 백부의 복수를 위해 에스파냐 원정에 나선 것이다.

B.C.210년, 스키피오는 타라고나에 도착했다. 그는 에스파냐의 카르타고군이 하스드루발 · 마고 · 기스코의 지휘 아래 세 갈래로 나뉘어 아성인 카르타고노바를 텅 비워둔 채 멀리서 주둔 중임을 알아냈다. 스키피오는 우세한 카르타고군을 직접 공격하는 대신 카르타고노바를 점령함으로써 본거지를 잃은 적이 결전에 임하도록 유도하기로 했다.

타라고나에서 480km의 거리를, 단 일주일 만에 질주해 카르타고노바에 이른 스키피오는 즉시 요새 공략에 착수했다. 그가 육지 쪽으로 공격하는 척하다가 적이 지키지 않던 갯벌 방향으로 기습을 가하자 불과 4,000명의 수비대가 주둔한 성은 힘없이 함락되었다. 이루 말할 수 없이 많은 전쟁물자와 자금 및 포로가 로마군 수중에 떨어지면서 전력 증진에 도움이 되었음은 물론이다.

이때 몇몇 병사들이 스키피오의 환심을 사기 위해 어느 켈트 족장의 아름다운 약혼녀를 붙잡아 바쳤다. 스키피오도 젊은 남자인지라 마음이 동했지만, 다음과 같이 말하며 그녀를 약혼자에게 돌려 보냈다.

"내가 사사로운 신분에 있다면 이보다 좋은 선물은 없지만, 사령관의 신분으로는 이처럼 달갑지 않은 선물은 없소."

스키피오의 자제력과 자비로움을 엿볼 수 있는 대목이다.

스키피오는 안달루시아로 진격해 한니발의 동생 하스드루발을 격퇴

B.C.208년, 마침내 스키피오는 카르타고군을 공략하기 위해 안달루시아로 진군했다. 그가 먼저 마주친 적장은 한니발의 동생인 하스드루발이었다. 스키피오는 하스드루발을 상대로 바이쿨라 전투에서 승리했음에도 거센 비난에 직면했다. 승리의 여세를 몰아 끝까지 패잔병들을 추격하지 않았고, 이로써 하스드루발이 잔존 병력을 이끌고 이탈리아에 있는 형과 합류하기 위해 피레네산맥을 넘는 것을 허용했기 때문이다.

이에 대해 역사학자 리델 하트는 두 가지 면에서 스키피오를 옹호한다. 첫째는 만약 스키피오가 하스드루발을 추격했다면 마고와 기스코에 의해 협공당했을 것이며, 둘째는 하스드루발이 로마군의 통제력이 전혀 미치지 않는 서쪽 대서양 해안을 따라 탈출했다는 점이다.

비록 스키피오가 에스파냐의 카르타고군이 한니발에 합류하는 것을 막아야 한다는 임무에 실패했지만 확실한 것은 타라고나에 주저앉아 방어에만 몰두하는 것 또한 혈기와 재능이 넘치는 군사적 천재에게 어울리지 않는 일이었다.

아니나 다를까 그때까지 전력을 고스란히 보존하고 있던 마고와 기스코가 2년 후 안달루시아를 되찾기 위해 진군하자 스키피오는 그들과 싸우기 위해 지체하지 않고 타라고나를 떠났다. 이들은 에스파냐 남부 일리파 평원(현 세비야)에서 충돌했다. 카르타고군과 로마군이 각각 언덕 하나씩을 점거하는 바람에 그 사이에 낀 평원이 자연스레 전투 장소로 정해졌다.

그리스 역사가 폴리비오스의 기록에 따르면, 일리파 전투에 임한 카르타고군은 보병 7만 명과 기병 4,000명 그리고 코끼리 32마리였으며, 로마군은 보병 4만 5,000명과 기병 3,000명이라고 했다. 반면 로마 역사가 리비우스는 카르타고군 보병 5만 명과 기병 4,500명이었으며, 로마군은 동맹군까지 포함해 5만 5,000명이었다고 기록했다. 전자에 따르면 카르타고군이 우세하고 후자에 따르면 백중세인데, 몸젠과 리델 하트는 폴리비오스의 기록에 힘을 싣고 있다.

일리파 전투에서 스키피오의 기습에 당한 카르타고군은 에스파냐에서 완전히 소멸

카르타고군이 날마다 싸움을 걸었지만, 스키피오는 로마군을 포진시킨 채 기스코의 도전에 응하지 않았다. 다만 항상 카르타고군보다 늑장을 부림으로써 기스코로 하여금 로마군은 카르타고군보다 늦게 포진한다는 심증을 굳히게 했다. 이때 양측의 진형을 살펴본다면 카르타고군은 중앙에 정예군인 아프리카 보병을, 양익에 비정예인 에스파냐 보병을 그리고 에스파냐 보병 뒤에 기병을 배치했다. 로마군 또한 중앙에 정예군인 로마 중장보병을, 양익에 비정예인 에스파냐 보병을, 에스파냐 보병 뒤에 기병을 배치한 점에서 똑같았다. 며칠 동안 전투 없이 이런 대치 상태가 지속되자 어느덧 스키피오를 제외한 다른 사람들은 전투가 시작된다면 이와 같은 대형으로 시작될 것이라고 믿게 되었다.

그러던 어느 날 저녁, 스키피오는 다음 날 일출 전까지 식사와 무장을 끝내라고 지시했다. 그리고 다음 날 새벽이 되자 한 갈래의 기병과 경보병으로 적군 진영에 기습을 가했다. 소스라치게 놀란 카르타고군은 식사도 하지 못한 채 밖으로 뛰쳐나왔다. 이때 평상시대로 포진한 카르타고군과 달리 로마군 대형은 중앙에 에스파냐 병사가, 양익에는 로마 보병이 있었다.

스키피오가 진격을 명령했을 때 양익의 로마 보병은 카르타고군 양익에 있는 에스파냐 보병을 사선 대형으로 공격했다. 이때 로마군 중앙에 있는 에스파냐 보병은 최대한 진격을 자제했다. 이렇게 해서 카르타고군 중앙의 정예 아프리카 보병은 양익에 있는 에스파냐 용병이 무너지는 것을 보고도 정면에 있는 로마 측 에스파냐 보병들 때문에 감히 함부로 움직일 수가 없었다.

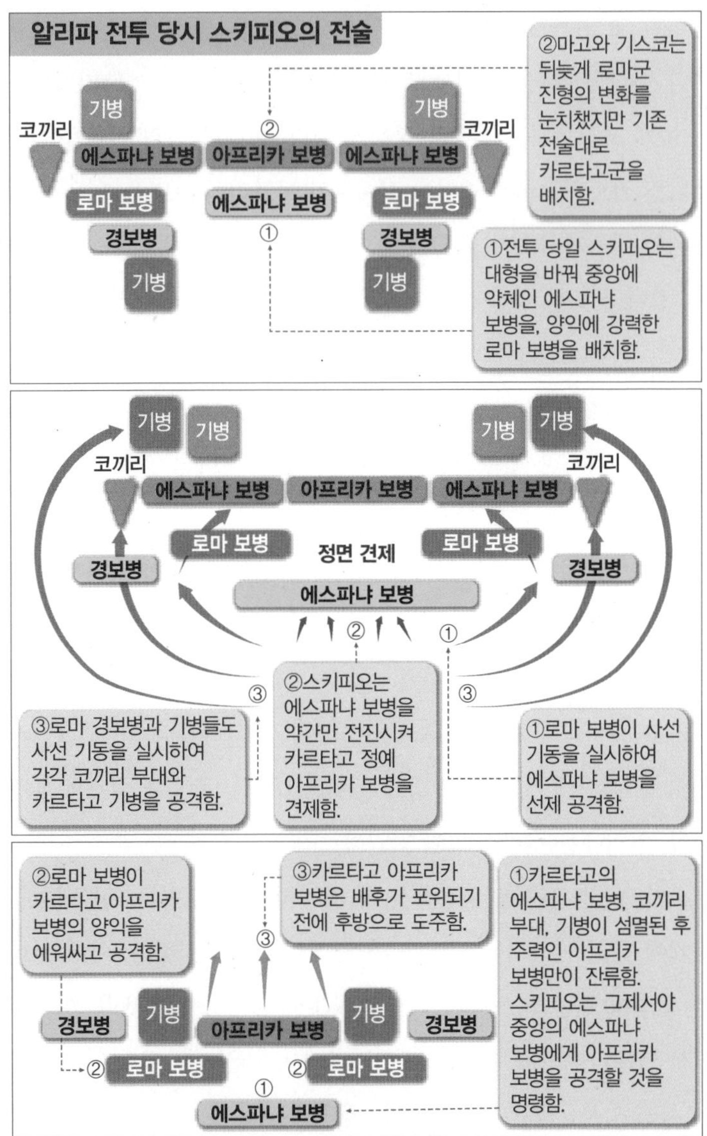

알리파 전투 당시 스키피오의 전술
기병
코끼리
에스파냐 보병
②
아프리카 보병
에스파냐 보병
기병
코끼리
②마고와 기스코는 뒤늦게 로마군 진형의 변화를 눈치챘지만 기존 전술대로 카르타고군을 배치함.
로마 보병
에스파냐 보병
로마 보병
①
경보병
경보병
기병
기병
①전투 당일 스키피오는 대형을 바꿔 중앙에 약체인 에스파냐 보병을, 양익에 강력한 로마 보병을 배치함.
기병
기병
기병
기병
코끼리
코끼리
에스파냐 보병
아프리카 보병
에스파냐 보병
로마 보병
정면 견제
로마 보병
경보병
경보병
에스파냐 보병
②
①
③
②스키피오는 에스파냐 보병을 약간만 전진시켜 카르타고 정예 아프리카 보병을 견제함.
③
③로마 경보병과 기병들도 사선 기동을 실시하여 각각 코끼리 부대와 카르타고 기병을 공격함.
①로마 보병이 사선 기동을 실시하여 에스파냐 보병을 선제 공격함.
②로마 보병이 카르타고 아프리카 보병의 양익을 에워싸고 공격함.
③카르타고 아프리카 보병은 배후가 포위되기 전에 후방으로 도주함.
③
①카르타고의 에스파냐 보병, 코끼리 부대, 기병이 섬멸된 후 주력인 아프리카 보병만이 잔류함. 스키피오는 그제서야 중앙의 에스파냐 보병에게 아프리카 보병을 공격할 것을 명령함.
경보병
기병
아프리카 보병
기병
경보병
②
로마 보병
②
로마 보병
①
에스파냐 보병

결국 카르타고군 양익이 무너지면서 정면의 로마 측 에스파냐 보병들마저 공격에 합세하자 삼면이 포위된 카르타고군의 정예 아프리카군은 도주하기 시작했다. 승기를 잡은 스키피오는 카르타고군이 다시는 재기하지 못하도록 철저한 추격전을 명령했다. 그 결과 마고와 기스코는 단 6,000명을 이끌고 가까스로 도주했지만, 일리파 전투 이후 에스파냐에서 카르타고 세력은 깨끗이 소멸했다.

한니발과 스키피오가 맞붙은 자마 전투에서 기병이 우세한 로마군이 카르타고군에 승리

영웅이 되어 귀국한 스키피오는 에스파냐에서의 눈부신 업적으로 전례 없이 불과 30세에 집정관으로 임명되었다. 그 무렵 원로원은 아직 이탈리아에 남아 있는 한니발을 이탈리아 내에서 없애기를 원했지만, 스키피오는 카르타고 본국을 공략함으로써 한니발을 몰아낼 수 있다고 주장했다. 그는 자신을 못 미더워하는 원로원의 반대로 병력 지원도 받지 못하고 오직 지원병과 시칠리아에 주둔 중인 병력만으로 2만 6,000명의 원정군을 어렵게 편성할 수 있었다.

B.C.204년, 스키피오는 아프리카에 상륙했다. 하지만 수도 카르타고를 공략하기는커녕 제2의 도시인 우티카 공성전에서도 누미디아가 카르타고 측으로 참전하면서 포위를 풀 수밖에 없었다. 그렇더라도 평지 싸움에서 스키피오는 역시 무적이었다. 그가 세 배에 달하는 카르타고 · 누미디아 연합군을 한번은 화공을 곁들인 기습

을 통해, 다른 한 번은 대회전을 통해 격파하자 카르타고 정부는 굴복을 결심했다. 이렇게 해서 정전 명령이 떨어지자 이탈리아에 있던 한니발은 어렸을 때 떠났던 본국 카르타고로 36년 만에 귀환했다.

그런데 막상 한니발이 귀국하자 카르타고 정부에서는 다시 강경파가 득세하면서 전쟁을 재개하기로 했다. 이에 분개한 스키피오가 즉시 진군하자 한니발 또한 스키피오를 뒤쫓으니 이들은 자마 평원에서 마주치게 되었다. 전투 직전 한니발은 스키피오에게 단독 회담을 제안했다.

자마 전투 상상화, 1567년, 코르넬리스 코르트. 런던 헌테리안미술관.

《전쟁의 역사》를 쓴 영국의 육군 원수 버나드 로 몽고메리는 훗날 이 일화를 두고 만약 독일의 전쟁 영웅 에르빈 롬멜이 전쟁터 한복판에서 회담을 제안했다면 자신은 거절했을 것이라고 말한 바 있다. 하지만 스키피오는 한니발의 제안을 수락했다. 통역자만을 대동한 채 이뤄진 회담에서 한니발은 뒤늦은 화평을 제안했다. 하지만 스키피오는 냉정하게 거절했다. 남은 것은 힘으로 자웅을 겨루는 것뿐이었다.

B.C.202년 10월 19일, 드디어 지중해 세계의 주인을 결정하는 자마 전투가 시작되었다. 한니발이 선두에 코끼리 80마리를, 스키피오가 선두에 경무장 보병을 배치한 것을 제외한다면 주력인 중장보병을 3개 대열로 배치한 것은 양측이 똑같았다. 두 사령관이 기병을 반씩 나누어 양측에 배치한 것도 같았지만 기병의 수는 로마측이 두 배였다. 한니발은 처음으로 기병의 열세를 안고 싸우게 되지만, 스키피오는 처음으로 기병의 우세를 이루어 싸우게 되었다. 결국 기병의 우열이 전투의 승패를 결정했다.

"로마는 나의 뼈조차 갖지 못할 것이다"라는 묘비명을 남기고 세상을 떠난 스키피오

먼저 양측에 있는 로마 기병대가 카르타고군 기병대를 쉽게 격파하고 추격에 나섰다. 그 사이 보병으로 승리해야 하는 한니발은 재빨리 코끼리 떼의 진격을 명했다. 하지만 코끼리 떼들은 스키피오

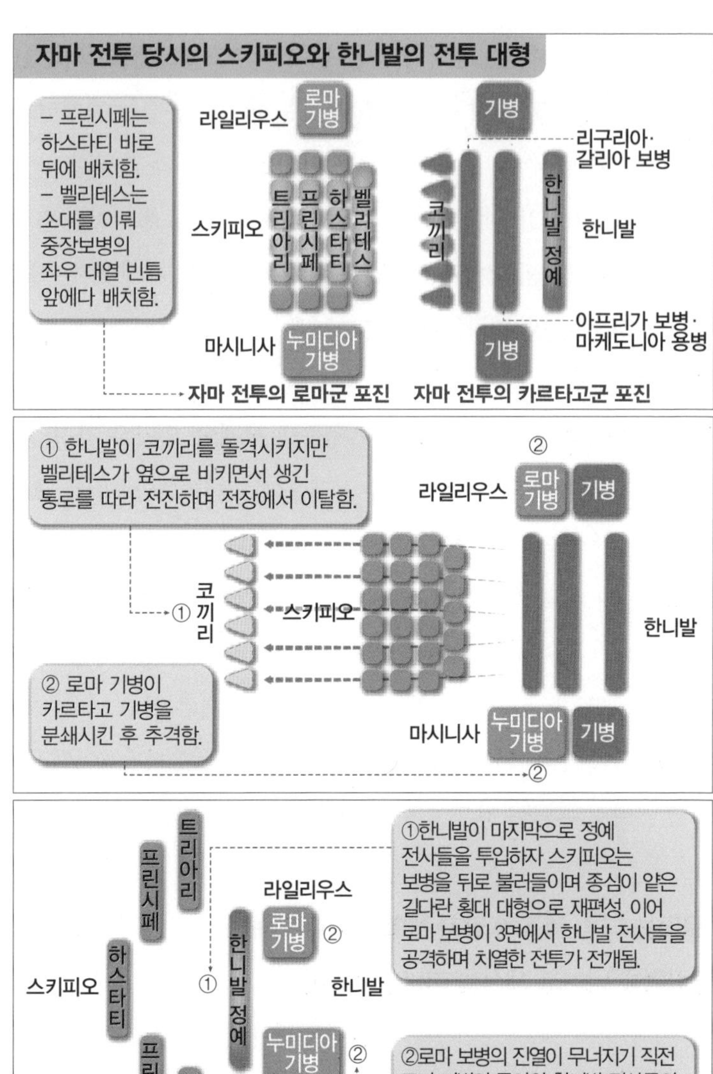

자마 전투 당시의 스키피오와 한니발의 전투 대형
– 프린시페는 하스타티 바로 뒤에 배치함.
– 벨리테스는 소대를 이뤄 중장보병의 좌우 대열 빈틈 앞에다 배치함.
라일리우스
로마 기병
스키피오
트리아리
프린시페
하스타티
벨리테스
마시니사
누미디아 기병
자마 전투의 로마군 포진
기병
리구리아·갈리아 보병
코끼리
한니발 정예
한니발
아프리가 보병·마케도니아 용병
기병
자마 전투의 카르타고군 포진
① 한니발이 코끼리를 돌격시키지만 벨리테스가 옆으로 비키면서 생긴 통로를 따라 전진하며 전장에서 이탈함.
② 로마 기병이 카르타고 기병을 분쇄시킨 후 추격함.
①
코끼리
스키피오
②
라일리우스
로마 기병
기병
한니발
마시니사
누미디아 기병
기병
②
①한니발이 마지막으로 정예 전사들을 투입하자 스키피오는 보병을 뒤로 불러들이며 종심이 얕은 길다란 횡대 대형으로 재편성. 이어 로마 보병이 3면에서 한니발 전사들을 공격하며 치열한 전투가 전개됨.
②로마 보병의 진열이 무너지기 직전 로마 기병이 돌아와 한니발 전사들의 배후를 공격, 칸네 전투가 재현되어 카르타고군이 전멸함.
스키피오
트리아리
프린시페
하스타티
프린시페
트리아리
①
한니발 정예
라일리우스
로마 기병
②
한니발
누미디아 기병
②
마시니사

가 미리 만들어 놓은 보병들 사이의 통로로 그냥 지나치고 말았다. 이제부터 본격적으로 양측 보병들 사이의 접전이 시작되었다. 카르타고군 1열의 리구리아 · 갈리아 보병과 2열의 아프리카 보병 · 마케도니아 용병이 3열에 있는 최정예 병력을 위한 소모품으로 투입된 것과 달리 로마군 3개 대열(하스타티 · 프린시페 · 트리아리)은 스키피오의 신뢰와 지휘 아래 혼연일체가 되어 싸웠다.

마침내 카르타고군 1열과 2열은 자신들이 버림받은 것을 깨닫고 전장을 이탈했다. 스키피오는 한 걸음도 물러서지 않고 싸우는 카르타고군 최정예 3열을 상대로 로마 보병을 좌우로 늘려 세운 후 삼면에서 공격을 퍼부었다. 이것은 로마군 전력을 동시에 그리고 삼면에 걸쳐 최대한 투입할 수 있는 장점이 있지만 잘못하면 한니발의 의도대로 종심이 돌파될 수 있는 단점도 있었다.

하지만 스키피오는 추격에 나섰던 로마 기병이 돌아와 포위망을 완성할 때까지 로마 보병들이 버틸 수 있으리라 확신했다. 그의 믿음대로 카르타고군 기병을 추격했던 로마 기병이 전장에 돌아와 카르타고군 3열의 배후를 공격했다. 이렇게 칸네 전투는 재현되었고, 자마 평원에서 지난 16년 동안 한니발을 따라 동고동락했던 한니발 전사들은 전멸했다.

자마 전투가 끝났을 때 스키피오와 종전 협상을 체결하게 된 카르타고 측 대표는 얄궂게도 한니발이었다. 이처럼 아프리카 전역戰域을 승전으로 마무리 짓고 귀국한 스키피오는 원로원으로부터 '아프리카누스'라는 존칭을 받는 등 그의 인생 이력의 최정점에 올라

서게 된다.

하지만 바로 이것이 한 개인의 독주와 부각을 경계하는 원로원 의원 카토로 하여금 스키피오를 축출해야 한다는 결심을 굳히게 했다. 훗날 커다란 군공을 세운 카이사르의 사례에서 증명되듯이 스키피오가 고대 그리스의 폭군이나 아시아의 왕과 같은 독재자가 되어 공화정을 무너뜨릴지도 모른다는 카토의 우려는 타당한 면이 있었다.

카토가 스키피오 형제를 얼토당토않은 공금횡령 혐의로 고소하자 낙담하고 분노한 스키피오는 정계를 은퇴하고 리테르노의 별장에서 여생을 보냈다. 실의에 빠져 지내던 스키피오는 "배은망덕한 로마여, 그대들은 나의 뼈조차 갖지 못할 것이다"라는 묘비명을 남기고 세상을 떠났다. 그가 사망한 해는 공교롭게도 평생 숙적 한니발이 망명지에서 사망한 B.C.183년이었다.

카이사르-갈리아 원정편
(생몰 B.C.100~44)

카이사르가 정복한 갈리아, 500년간 로마 지배받았다

포에니 전쟁에서 승리한 로마는 팽창일로를 달렸다. 유럽 · 아시아 · 아프리카 3개 대륙에 걸쳐 영토를 넓히자 정복지로부터 부와 노예가 저절로 흘러들어왔다. 로마의 지배층은 막대한 토지를 사들인 후 노예를 시켜 농장을 운영하여 권력과 부를 축적해갔다.

반면에 오랜 전쟁 후 귀향한 중소 자영 농민이 발견한 것은 전란으로 황폐해진 땅이었다. 로마의 바탕을 이루던 자영 농민들은 토지를 버리고 귀족들의 대농장으로 유입되거나 도시로 흘러 들어갔다. 호민관이던 그라쿠스 형제가 몰락한 자영 농민을 위해 농지법과 곡물법을 만들어 구제를 시도했지만, 그들이 원로원의 반격으로 무참히 살해되면서 개혁은 흐지부지되었다.

그라쿠스 형제의 개혁은 분명 로마 최고 권력기관인 원로원에 대한 중대한 도전이었다. 이와 함께 국내에서는 원주민들과 노예들의 반란이 계속되고 근해의 해적들이 횡행했으며, 국외에서는 게르만족 및 동방 왕국들과 불화를 빚고 있었다. 어찌 보면 끊임없는 이런 위기들은 로마가 세계적인 제국으로 커가기 위한 성장통에 불과했다. 그런데 이때 기존의 원로원 중심의 의결 구조로는 이미 커질 대로 커진 로마를 통치하기에 한계가 있다고 판단하고 원로원 체제를 혁파하려는 인물이 나타났다.

B.C.509년, 루키우스 유니우스 브루투스가 왕정을 끝내며 수립한 공화정을 다시 뒤집고 제정(帝政)으로의 길을 마련한, 군사적 · 정치적 천재인 율리우스 카이사르가 그 인물이다. 그는 흔히 알려진 줄리어스 시저(Julius Caesar)라는 영어 이름으로도 불린다.

마리우스의 처조카, 킨나의 사위 카이사르는 술라의 민중파 숙청에도 가까스로 생존

카이사르가 속한 율리우스 씨족은 로마 건국 때부터 기원이 있지만, 오랜 기간 집정관을 배출하지 못할 만큼 몰락한 귀족 가문이었다. 그러다가 카이사르의 고모부로서 유구르타 전쟁 · 킴브리 전쟁을 승리로 이끈 마리우스가 무려 일곱 차례에 걸쳐 집정관이 되면서 겨우 권력에 다가갈 수 있게 되었다. 거기에다 카이사르는 평민이었던 마리우스의 후광을 입은 탓인지 민중파의 길을 걸었다. 이는 그가 민중파를 이끈 킨나의 딸 코르넬리아와 결혼한 것에서도

카이사르의 일대기

B.C.100	로마에서 태어남.
B.C.85	집정관 킨나의 딸 코르넬리아와 결혼.
	(둘 사이에 태어난 율리아는 이후 폼페이우스와 결혼.)
B.C.82	술라의 위협으로 소아시아에 피신.
B.C.76	로도스로 유학 가는 중 해적에게 잡힘.
B.C.72	대대장이 되어 공직 생활을 시작함.
B.C.70	회계감사관 취임.
B.C.63	최고제사장 취임.
B.C.62	법무관 취임.
B.C.61	에스파냐(히스파니아) 총독으로 부임.
B.C.60	크라수스 및 폼페이우스와 삼두정치를 개시함.
B.C.59	행정 및 군사를 통괄하는 집정관(consul)에 취임.
B.C.58~51	갈리아 지방 정복을 위한 원정 개시.
B.C.49	원로원이 카이사르를 상대로 '원로원 최종권고'를 결의함.
	카이사르가 루비콘강을 건너면서 내전을 시작함.
B.C.48	폼페이우스를 파르살루스 전투에서 무찌름.
	폼페이우스는 이집트로 달아났다가 암살됨.
	폼페이우스를 뒤쫓아 이집트로 가서 클레오파트라와 조우.
B.C.47	젤라 전투에서 파르나케스를 무찔러 소아시아를 평정함.
B.C.46~45	탑수스 전투와 문다 전투에서 폼페이우스 잔당을
	최종적으로 격파함.
B.C.44	종신 독재관에 임명됨.
	3월 15일 브루투스 일당에게 암살됨.

드러난다. 카이사르는 젊었을 때부터 담력과 배짱이 있었는데 다음의 두 일화가 특히 유명하다.

첫째, 민중파의 영수인 마리우스와 킨나가 사망했을 때이다. 로마를 무력으로 점령한 원로원파의 술라가 살생부를 작성해 민중파를 학살하고 있었는데, 카이사르는 마리우스의 처조카이자 킨나의 사위였지만, 자신은 18세라면서 살생부에서 빠진 일이다.

이때 술라는 주위에 "자네들은 저 아이의 마음에 수많은 마리우스가 있는 것을 모르겠나?"라고 말하면서도 마지못해 카이사르를 살려주었다. 대신 카이사르에게 킨나의 딸과 이혼할 것을 명령했다.

하지만 카이사르는 로마 최고의 권력자이자 독재자가 내린 명령을 거부했다. 그리고 자신을 쫓는 술라의 부하들을 피해 비티니아로 도주했다가 술라가 사망한 후에야 로마로 돌아갔다.

둘째, 그가 25세 때쯤 로도스로 유학을 가던 도중에 해적들한테 붙잡힌 적이 있었다. 해적들이 몸값으로 20탈란톤을 요구하자 그는 코웃음 치며 자신의 몸값을 50탈란톤으로 올렸다. 돈이 올 때까지 사람 죽이기를 밥 먹듯 하는 해적들과 함께 지내면서도 카이사르는 조금도 거리낌 없이 행동했다.

낮잠을 자다가 해적들이 떠들면 호통을 치고 자신이 지은 시를 해적들에게 읊어주다가 그중에 한눈을 파는 자가 있으면 욕설을 퍼붓기까지 했다. 그러면서 너희들 모두를 나중에는 교수형에 처하겠다고 협박했지만, 해적들은 그저 껄껄 웃을 뿐이었다. 그는 포로가 된 지 38일 후 몸값이 도착해 풀려나자 곧장 군대와 함선을 마련해 해적들을 소탕했다. 그리고 약속대로 그들을 모조리 십자가에 매달아 죽였다.

폼페이우스와 크라수스의 지원을 받아 집정관이 된 카이사르는 삼두정치 실시

B.C.73년, 로마에 귀국한 카이사르는 이듬해 군단 대대장이 되면서 공직을 시작했다. 이후 회계감사관(재무관)과 안찰관에도 선출되어 원로원에까지 입성하는데, 고모 율리아의 장례식에서 고모부 마리우스의 초상을 전시해 자신이 민중파라는 것을 공개적으로 천명했다.

연이어서 대제사장과 법무관에 선출된 그는 법무관 임기를 마친 후 B.C.61년에 에스파냐 총독으로 임명되었다. 총독 재임 시절 로마에 복종하지 않던 지금의 포르투갈 지역의 부족민들을 성공적으로 제압하며 처음으로 자신의 군사적 재능을 드러내기도 했다.

총독 임기를 마치고 귀국한 카이사르는 이제 최고의 관직인 집정관에 선출되고자 했다. 원로원파의 눈총을 받던 그는 집정관 당선을 위해 막대한 인력과 무력을 가진 폼페이우스와 로마 최고의 갑부로 알려진 크라수스를 끌어들여 이른바 '삼두정치'라 불리게 될 협정을 맺었다.

이는 폼페이우스와 크라수스가 카이사르의 집정관 선거를 돕고

크라수스의 고문, 1530~1540, 캄파나콜렉션(1861), 루브르박물관.

크라수스는 로마 최대의 갑부로 로마의 1년 예산과 맞먹는 재산을 가지고 있었다. 삼두정치 체제의 한 축으로 하늘을 찌르는 권력과 금력으로 세상에서 두려울 것이 없었다. 하지만 파르티아 제국과 싸운 카레 전투에서 아들과 함께 전사했다. 일설에 의하면, 그는 금을 녹인 뜨거운 금물을 머리와 목에 뒤집어쓰는 고문을 당하다가 세상을 떠났다는 얘기도 전해진다.

카이사르는 집정관이 된 후 둘의 이익을 챙긴다는 내용이었다. 이 삼두정치는 폼페이우스가 카이사르의 외동딸 율리아와 결혼하면서 보다 공고해졌다.

집정관 임기 후 갈리아 총독으로 부임해 군사적 업적과 부를 위해 갈리아 원정 개시

B.C.59년, 각본대로 집정관이 된 카이사르는 빈민과 퇴역병에게 공유지를 제공하는 농지법을 통과시키면서 원로원파와 더욱 대립했다. 1년의 집정관 임기를 마친 후에는 갈리아 총독으로 부임했다. 당시 로마는 대략 지금의 프랑스 · 베네룩스 3국 · 스위스에 해당하는 갈리아 지방의 남부밖에 제패하지 못한 상황이었다. 만약 갈리아를 완벽히 제압한다면 자신에게 절실히 부족한 군사적 업적과 부를 쌓을 수 있을 터였다. 그래서 시작한 갈리아 원정(B.C.58~51)을 살펴본다면 다음과 같다.

갈리아 원정 첫해는 스위스인들의 조상격인 헬베티족과의 충돌로 시작되었다. 당시 갈리아인들은 게르만족의 침략에 시달리고 있었다. 게르만족과 끊임없이 싸우던 헬베티족은 자신들의 영지가 너무 좁다고 여기고 서쪽으로의 이주를 결정했다. 그들로서는 프로빈키아라고 불리는 로마의 속주를 지나는 길이 안전했다. 하지만 갈리아가 혼란에 빠지길 원치 않는 카이사르는 헬베티족의 통과를 거절했다. 결국 양측의 무력 대결이 펼쳐졌지만 헬베티족은 전쟁의 기계나 다름없는 로마군의 적수가 될 수 없었다.

카이사르가 패배한 헬베티족에게 고향으로 돌아갈 것을 명령했을 때, 이주를 한 36만 8,000명 중에서 고향 땅을 밟을 수 있었던 사람은 11만 명에 불과했다. 이어 갈리아 부족장들이 자신들을 괴

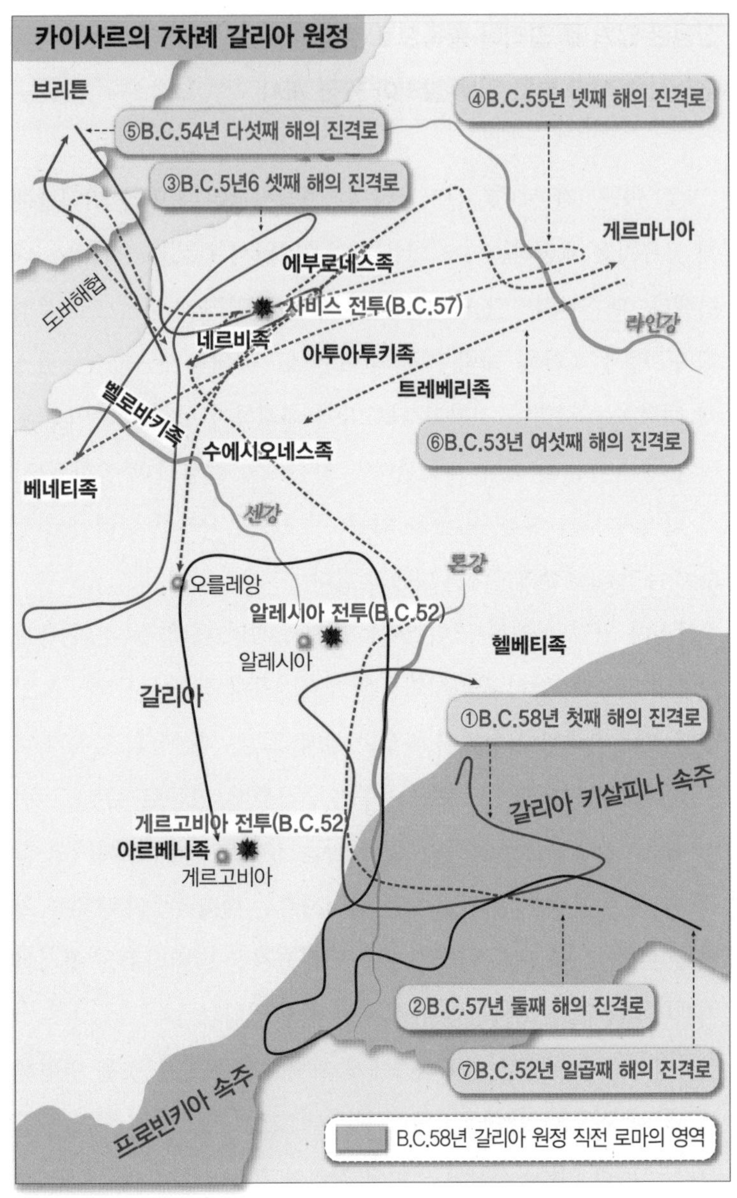

카이사르의 7차례 갈리아 원정
브리튼
⑤B.C.54년 다섯째 해의 진격로
④B.C.55년 넷째 해의 진격로
③B.C.5년6 셋째 해의 진격로
게르마니아
에부로네스족
도버해협
사비스 전투(B.C.57)
라인강
네르비족
아투아투키족
트레베리족
벨로바키족
⑥B.C.53년 여섯째 해의 진격로
수에시오네스족
베네티족
센강
론강
오를레앙
알레시아 전투(B.C.52)
알레시아
헬베티족
갈리아
①B.C.58년 첫째 해의 진격로
갈리아 키살피나 속주
게르고비아 전투(B.C.52)
아르베니족
게르고비아
②B.C.57년 둘째 해의 진격로
⑦B.C.52년 일곱째 해의 진격로
프로빈키아 속주
B.C.58년 갈리아 원정 직전 로마의 영역

롭히는 게르만족을 격퇴해주길 요청하자 카이사르는 게르만족과도 맞붙었다. 게르만족이 8만 명의 전사자를 내고 라인강 너머로 격퇴되면서 카이사르는 원정 첫해를 성공리에 마무리했다.

원정 둘째 해에 카이사르가 상대한 적은 갈리아 북동부에 사는 벨가이족(현 벨기에)이었다. 그들은 전체 갈리아인의 3분의 1을 차지할 정도로 세력이 크고 수십만의 병력도 보유하고 있었다. 벨가이족은 로마의 세력이 갈리아 중부에 이르자 다음 차례는 자신들이라는 위기감 속에서 수에시오네스족의 족장 갈바를 총대장으로 삼아 로마에 대항하기로 했다.

벨가이족의 공격이 임박했다는 소식을 들은 카이사르는 선수를 쳐서 재빨리 센강을 건넌 후 엔강에 진지를 구축했다. 곧 벨가이족이 로마군을 총공격했지만, 카이사르가 철통같이 지키는 진지를 끝내 점령할 수 없었다. 어쩔 수 없이 후퇴하는 벨가이족을 카이사르가 추격해 격멸하니 수에시오네스족 및 벨로바키족과 같은 힘이 있는 벨가이족이 차례로 항복해 왔다.

오직 네르비족만이 끝까지 카이사르에게 맞섰지만, 이들 또한 사비스 전투에서 6만 명의 병력 중 500명만 남는 전멸 상태에서 항복했다. 마지막으로 아투아투키족까지 항복하면서 로마의 갈리아 점령지는 대서양 연안까지 확대되었다.

원정 셋째 해에 카이사르는 브르타뉴(현 프랑스 서북부) 지역의 베네티족이 일으킨 반란을 진압했으며, 원정 넷째 해에는 라인강을 건너 게르만족을 공격하고 도버해협을 건너 브리튼을 공격했다. 카이사르가 게르만 원정을 결심한 것은 그들이 갈리아족을 공격해서이며, 브리튼 원정을 결심한 것은 과거에 그들이 자신에게 대항하는 갈리아족을 지원해서였다. 카이사르는 비록 두 지역을 로마에 복속시키진 못했지만, 그들 민족과 적절한 강화를 하는 성과를 거두었다.

갈리아 지방의 정벌을 마친 카이사르는 게르만족을 공격하고 브리튼 원정을 개시

원정 다섯째 해가 되자 카이사르는 브리튼 지배를 공고히 하기 위해 원정을 재개했다. 그때까지 부족끼리 싸우던 브리튼인들은 로마가 더 위험한 적임을 인지하고 대동단결하여 카시벨라우누스를 총사령관으로 삼아 카이사르에게 항전했다. 그들은 총 800척의 적선이 해안에 이르자 겁을 먹고 정면 대응을 삼가며 게릴라 전술로 맞섰다.

어느덧 브리튼인들 사이에서 내분으로 틈이 생겼고, 여기에 더해 카이사르가 카시벨라우누스의 본거지를 공격하자 카시벨라우누스는 항복을 청해왔다. 더는 싸움을 질질 끄는 것이 좋지 않다고 판단한 카이사르는 브리튼 정복을 단념하고 그들이 낼 조세를 책정한 후 갈리아로 돌아왔다.

이 해는 작황이 나빠 로마군은 여덟 군데로 분산해 겨울을 나기로 했다. 그런데 에부로네스족 족장 암비오릭스가 이를 갈리아족이 독립할 기회로 여기며 자신의 땅에서 월동하던 로마군 9,000명을 몰살시키는 사건이 일어났다. 이것은 로마군에게 있어 갈리아 원정 중에 발생한 최대의 손실이었다.

이에 고무되어 로마에 복속했던 네르비족이 자신들의 땅에 주둔 중인 키케로의 군단을 습격하는 등 반란의 불길이 여기저기서 솟아올랐다. 하지만 키케로가 진채에서 굳건히 버티는 사이 소식을 들은 카이사르가 전장에 도착했다. 이어서 로마군 7,000명과 네르비족 6만 명의 전투가 벌어졌지만, 네르비족은 카이사르의 유인책에 걸려들어 참패하고 말았다.

원정 여섯째 해 카이사르는 작년에 계속 자신에게 대항했던 네르비족의 본거지를 공격해 항복을 받아냈다. 이어 전체 갈리아 부족장 회의를 소집했는데, 세노세스족 · 카르누테스족 · 트레베리족이 참석하지 않았다.

카이사르는 자신에게 불복하는 이들을 상대로 전쟁을 개시했다. 그 과정에서 트레베리족에 협력하는 게르만족을 응징하기 위해, 그리고 달아난 암비오릭스를 쫓기 위해 두 번째로 라인강을 건너 게르만 땅으로 진입했다.

하지만 게르만족은 1차 원정 때와 마찬가지로 그들에게 익숙한 숲속에 숨어서 로마군을 기다리고 있었다. 불필요한 추격과 희생을 삼가는 카이사르는 암비오릭스를 사로잡는다는 목표를 이루지 못하고 철수했다.

카이사르의 7년에 걸친 갈리아 원정은 300개 부족, 300만 명의 적과 싸운 전쟁

원정 일곱째 해 갈리아 중남부의 아르베니족에 베르킨게토릭스라는 인물이 등장해 친로마파인 숙부로부터 족장 자리를 빼앗았다. 그는 카이사르가 갈리아에 부재중임을 틈타 궐기할 것을 전 갈리아에 호소하는 한편 잔혹한 처형을 통한 공포심으로 갈리아인들을 규합하기 시작했다. 베르킨게토릭스는 로마군의 최대 약점이 보급에 있음을 간파하고 초토화 전략으로 카이사르에게 맞서기로 했다.

서둘러 전장에 도착한 카이사르는 베르킨게토릭스의 본거지, 즉 아르베니족의 도읍인 게르고비아를 공격했지만, 이곳에서 생애 최초의 패배를 당했다. 무적으로 알려진 카이사르가 패해 후퇴한다는 소식이 전해지자, 그동안 충실한 동맹자로 로마군에 기병과 식량을 공급해줬던 하이두이족마저 반란군에 가담했다. 기세가 오른 베르킨게토릭스는 추격에 나서 10만 대군으로 카이사르가 지휘하는 5만 명의 로마군을 공격했다.

하지만 로마군은 회전에서는 역시 무적이었다. 베르킨게토릭스는 허무하게 패배하자 급한 대로 근처의 알레시아 고지로 후퇴해 농성에 들어갔다. 그는 그 와중에도 갈리아 전역에 구원군을 요청하는 전령을 급파하는 것을 잊지 않았다.

곧바로 알레시아에서 희대의 포위전이 시작되었다. 카이사르는 알레시아에 갇힌 베르킨게토릭스를 공략하기 위해 안쪽으로 포위

카이사르에게 항복하는 베르킨게토릭스,
1899년, 라이오넬 로이어, 오베르뉴 크로자티에박물관.

망을 갖추는 동시에 포위 중인 로마군을 바깥쪽에서 포위할 갈리아군을 막기 위해 바깥쪽으로도 방어망을 구축했다. 로마군은 진지 주위에 참호를 파고 방책과 보루를 세우는 한편 곳곳에 날카로운 말뚝을 박아 만반의 준비를 했다.

갈리아 원군 26만 명이 도착해 베르킨게토릭스의 8만 병력을 포위한 로마군 5만 명을 바깥쪽에서 포위하니, 카이사르는 앞뒤로 7배에 달하는 적과 싸우게 되었다. 요새 안에 갇힌 갈리아군과 구원하러 달려온 갈리아군은 로마군의 앞과 뒤로 총공세를 펼쳤지만, 카이사르는 한정된 예비대와 기병을 적절히 사용하면서 매번 이를 격퇴했다.

끝내 로마군의 방어망을 넘지 못한 갈리아 구원군이 총퇴각하자 식량이 다 떨어진 알레시아의 농성군도 베르킨게토릭스를 앞세워 항복했다.

카이사르는 사로잡은 베르킨게토릭스를 일단 살려주었지만, 너무 위험한 인물이라 6년 후 개선식 때 교수형에 처했다. 베르킨게토릭스의 반란을 끝으로 카이사르는 전 갈리아를 사실상 장악했다. 그 후 전후 처리 과정에서 이따금 있었던 갈리아족의 소규모 반란은 잔불에 지나지 않았다.

카이사르의 갈리아 정복은 300개 부족, 300만 명의 적과 싸워 100만 명을 죽이고 100만 명을 포로로 잡아 이룬 승리였다. 이후 갈리아는 서로마 제국이 멸망하는 476년까지 500여 년간 로마의 통치를 받는다.

카이사르-내전편

(생몰 B.C.100~44)

정적 폼페이우스를 물리친 카이사르는 독재자로 군림

원로원의 최종권고를 거부한 카이사르는 휘하의 군대를 이끌고 루비콘강을 건넜다

카이사르가 한창 갈리아 원정에 힘쓸 때 삼두정치의 한 축인 크라수스는 파르티아 원정에 나섰다가 카레 전투에서 대패해 사망했다. 다른 한 축인 폼페이우스 또한 카이사르의 외동딸이자 아내였던 율리아의 죽음으로 삼두정치는 자연스레 소멸한 상황이었다.

이에 원로원파는 폼페이우스를 끌어들인 후 이른바 '원로원 최종권고'를 발동해 카이사르에게 군대를 해산하고 로마로 돌아오라고 명령했다. 원로원 최종권고는 이 명령에 따르지 않는 자를 반역자로 규정하고 재판도 없이 처형할 수 있는 초법적인 위력을 가진 원로원의 비상무기였다.

하지만 로마로 혼자 돌아가면 어떻게 될지를 짐작한 카이사르는 원로원 최종권고를 거부했다. 로마로 진군하기로 한 카이사르는 휘하의 군단들을 이끌고 루비콘강에서 외쳤다.

"이 강을 건너면 인간계가 비참해지고 건너지 않으면 내가 파멸한다. 신들이 기다리는 곳으로 나가자. 주사위는 던져졌다!"

루비콘강은 로마 본국과 속주의 경계이다. 총독은 군대를 이끌고 이 강을 건널 수 없는 것이 국법이었다. 그런데도 카이사르는 국법을 어기고 루비콘강을 건너면서 원로원파와의 내전을 시작했다.

폼페이우스와 원로원은 카이사르에 맞설 병력의 소집이 미처 끝나지 않은 상태였다. 그들은 이대로 이탈리아에서 카이사르와 맞서는 것은 불가능하다고 판단하고 일단 그리스로 건너갔다. 해군이 없는 카이사르는 그들이 한발 앞서 브린디시 항구를 떠나 아드리아해를 건너는 것을 눈 뜨고 볼 수밖에 없었다.

당시 폼페이우스는 에스파냐 총독으로서 아프리카 속주까지 세력권에 두고 있었다. 즉 카이사르는 그리스 · 에스파냐 · 아프리카 세 방향에서 포위된 것이다. 이에 카이사르는 먼저 에스파냐로 건너가 이른바 '장군 없는 군대'였던 폼페이우스 세력을 신속히 일소한 후 그리스로 건너가 폼페이우스와 맞서게 되었다.

이때 카이사르는 폼페이우스와의 전초전이었던 디라키움 포위전에서 생애 두 번째 패배를 겪게 된다. 병력과 물자가 풍부한 폼페이우스는 조급할 게 없었기에 보급기지인 디라키움에 틀어박힌 채 카

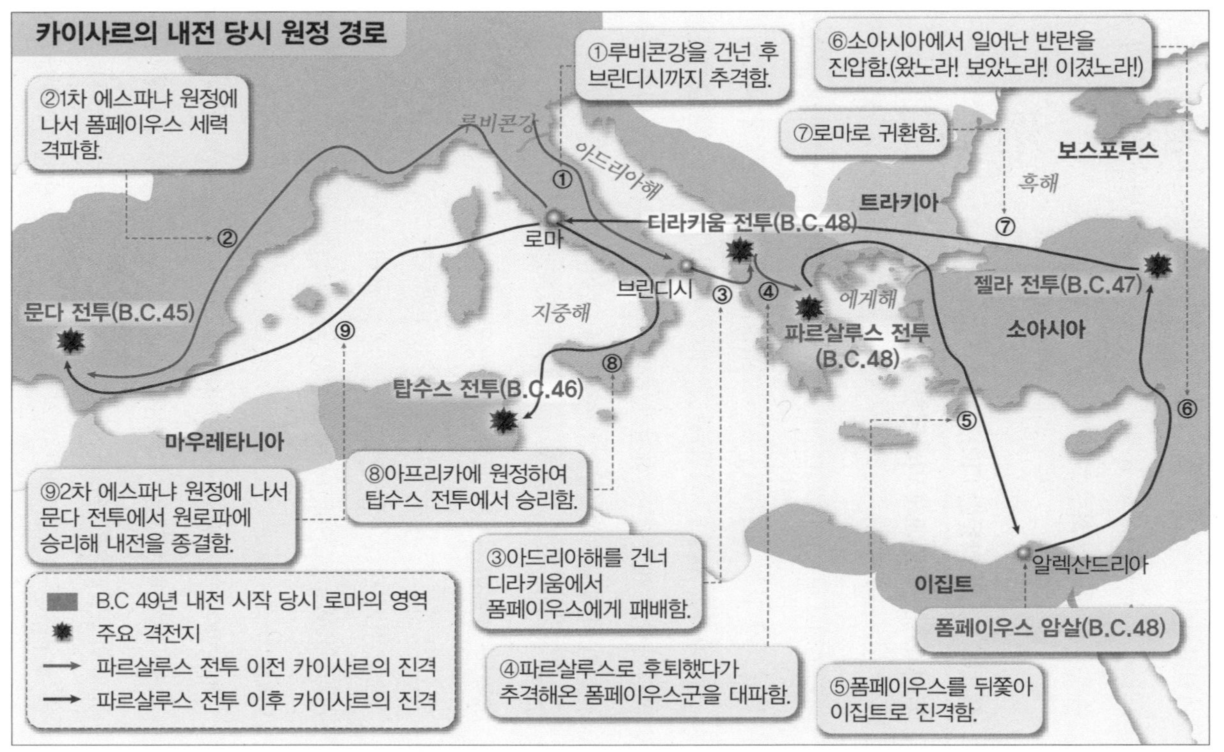
카이사르의 내전 당시 원정 경로
①루비콘강을 건넌 후 브린디시까지 추격함.
②1차 에스파냐 원정에 나서 폼페이우스 세력 격파함.
③아드리아해를 건너 디라키움에서 폼페이우스에게 패배함.
④파르살루스로 후퇴했다가 추격해온 폼페이우스군을 대파함.
⑤폼페이우스를 뒤쫓아 이집트로 진격함.
⑥소아시아에서 일어난 반란을 진압함.(왔노라! 보았노라! 이겼노라!)
⑦로마로 귀환함.
⑧아프리카에 원정하여 탑수스 전투에서 승리함.
⑨2차 에스파냐 원정에 나서 문다 전투에서 원로파에 승리해 내전을 종결함.
B.C 49년 내전 시작 당시 로마의 영역
주요 격전지
파르살루스 전투 이전 카이사르의 진격
파르살루스 전투 이후 카이사르의 진격
루비콘강
아드리아해
로마
티라키움 전투(B.C.48)
트라키아
흑해
보스포루스
문다 전투(B.C.45)
브린디시
지중해
에게해
젤라 전투(B.C.47)
파르살루스 전투 (B.C.48)
소아시아
탑수스 전투(B.C.46)
마우레타니아
알렉산드리아
이집트
폼페이우스 암살(B.C.48)

이사르와의 전투를 회피하고 있었다. 보급이 딸려 조급해진 카이사르는 부족한 병력으로 폼페이우스군을 포위했지만, 그만 적군의 역습을 이겨내지 못하고 패퇴한 것이다.

폼페이우스와 격돌한 디라키움 전투에서 카이사르는 적군에게 역습당한 채 패퇴

디라키움에서 패한 카이사르는 그리스 중부에 있는 휘하 군단과 합류하기 위해 테살리아 지역으로 이동했다. 이때 함께 폼페이우스를 따라온 원로원 의원 중 한 명이 이 기회에 텅 빈 이탈리아를 점령하자고 제안했다. 하지만 폼페이우스는 그리스에 흩어져 있는 자신의 세력이 카이사르의 손아귀에 떨어지는 것을 방치할 수 없었다.

결국 폼페이우스는 계속 그리스에 남아 카이사르를 상대하기로 했으며, 자신의 휘하에 신병이 많았기 때문에 일단 수비 및 훈련에 치중하고자 했다. 시간은 폼페이우스의 편이었으며 굳이 싸우지 않아도 식량 보급이 어려워진 카이사르의 전력은 갈수록 고갈될 판이었다.

하지만 원로원 의원들은 디라키움의 승리에 들떠 있었다. 그들은 폼페이우스의 전략을 이해하지 못하고 카이사르를 즉각 뒤쫓아 무찔러 하루빨리 승리와 귀국의 기쁨을 누리고 싶어 했다. 조기 결전을 촉구하는 그들의 빗발치는 요구를 뿌리칠 수 없게 된 폼페이우스는 결국 카이사르와 전투를 벌이기로 했다. 그런데 이처럼 한 번의 대회전으로 건곤일척의 승부를 가리는 것이야말로 카이사르가 바라 마지않는 것이었다.

카이사르를 추격한 폼페이우스는 파르살루스 평야에서 그를 따라잡았다. 카이사르가 디라키움 공방전에서 패배한 후 철수하며 폼페이우스군을 뒤따라오게 만든 이 장면은 지난날 게르고비아에서 패배한 뒤 베르킨게토릭스를 끌어들인 것과 마찬가지였다. 이어진 회전에서 카이사르는 베르킨게토릭스에게 승리했듯 폼페이우스를 결정적으로 무찔렀는데, 이것이 바로 사실상 로마 공화정을 끝내고 제정의 시작을 알린 파르살루스 전투이다.

파르살루스 전투는 보병과 기병이 우세한 폼페이우스군이 이길 수밖에 없는 싸움

전투에 앞서 먼저 폼페이우스군의 전력과 전략을 살펴본다면 다음과 같다. 폼페이우스는 보병 4만 7,000명에 기병 7,000명으로 카이사르보다 월등하게 우위였다. 다만 그의 병사 중 다수가 신병들이며, 선임병들 또한 오랜 기간 전장을 떠나 있었기 때문에 병사들의 경험과 훈련이 부족한 것이 아킬레스건이었다.

폼페이우스군 진영 오른편은 에니페우스강이 보호해주고 있었기 때문에 그는 전체 기병과 궁병 · 투석병을 왼편에 배치했다. 그의 의도는 압도적인 기병으로 카이사르군의 오른편을 공격한 후 후방을 포위하는 것이었다.

이는 고전적인 망치와 모루 전술 그대로이며, 양군의 보병과 기병의 전력 차를 생각할 때 상식적으로 폼페이우스군이 이길 수밖에 없는 싸움이었다. 승리를 확신한 폼페이우스는 지휘관 회의에서 다음과 같이 그의 작전계획을 설명했다.

"내 장담이 허황하게 들릴지도 모르지만 나의 전술을 들으면 여러분 또한 확신하고 전투를 치르게 될 것이오. 본인은 기병대에게 전투 개시와 함께 적군의 오른쪽으로 진격해 그들의 측면을 공격한 후 후방의 트리아리(로마 보병 전열 중 제3열)를 포위하여 공격하라고 명령했소. 그리하면 전투는 아군 보병이 투창하기도 전에 희생자도 거의 없는 상태로 끝날 것이오. 이 작전은 아군 기병이 절대적 우세이기 때문에 어렵지 않게 이뤄질 것이오."

폼페이우스의 자신감 넘치는 발언에 이어 7,000명의 기병을 지휘하게 될 라비에누스 또한 다음과 같이 말했다.

"카이사르군은 예전에 갈리아와 게르마니아를 정복한 군대가 아닙니다. 그들 중 대다수가 그동안 수많은 전투에서 전사했거나 질병으로 참전하지 못하고 있습니다. 게다가 그들이 가진 최강의 병사들은 이미 디라키움에서 모두 전사했습니다. 저는 승자로서가 아니면 결코 진영으로 돌아오지 않을 것입니다."

이제는 카이사르군의 전력과 전략을 살펴보자. 보병은 2만 2,000명으로 적의 절반도 안 되며, 기병은 1,000명으로 적의 7분의 1에 불과했다. 그래도 카이사르와 일심동체가 되어 최전선에서 싸워온

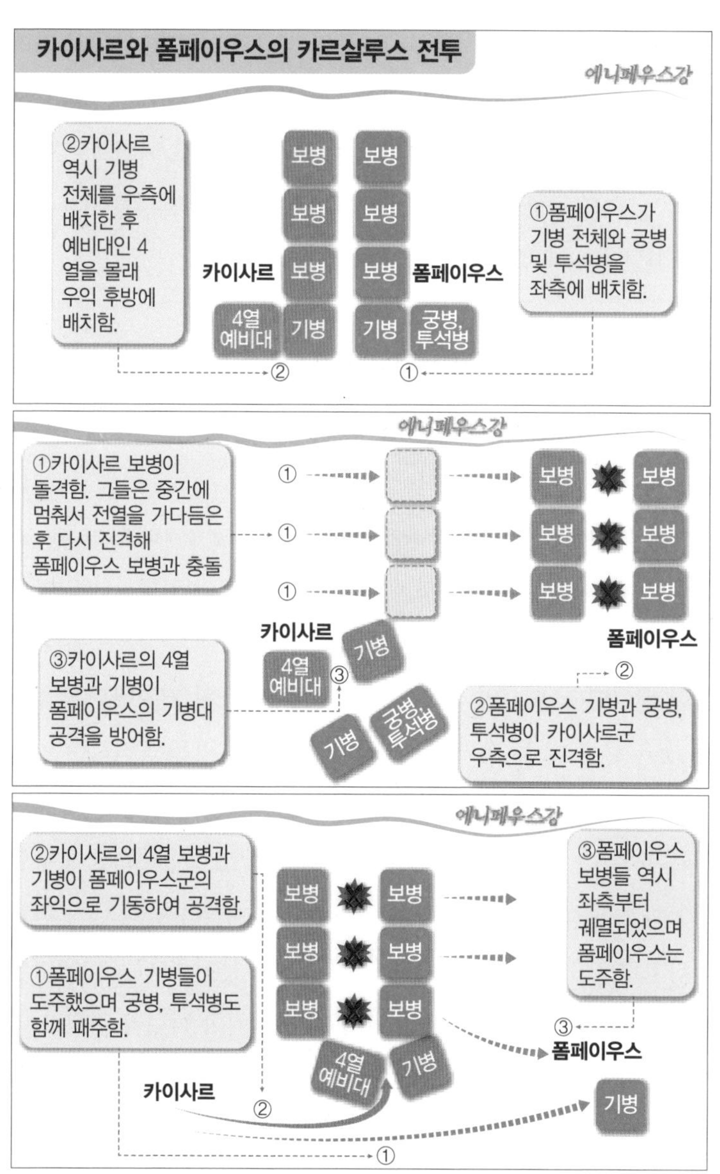
카이사르와 폼페이우스의 카르살루스 전투
에니페우스강
②카이사르 역시 기병 전체를 우측에 배치한 후 예비대인 4열을 몰래 우익 후방에 배치함.
보병
보병
보병
보병
보병
보병
카이사르
폼페이우스
4열 예비대
기병
기병
궁병, 투석병
①폼페이우스가 기병 전체와 궁병 및 투석병을 좌측에 배치함.
②
①
에니페우스강
①카이사르 보병이 돌격함. 그들은 중간에 멈춰서 전열을 가다듬은 후 다시 진격해 폼페이우스 보병과 충돌
①
①
①
보병
보병
보병
보병
보병
보병
카이사르
폼페이우스
③카이사르의 4열 보병과 기병이 폼페이우스의 기병대 공격을 방어함.
4열 예비대
기병
③
②
기병
궁병, 투석병
②폼페이우스 기병과 궁병, 투석병이 카이사르군 우측으로 진격함.
에니페우스강
②카이사르의 4열 보병과 기병이 폼페이우스군의 좌익으로 기동하여 공격함.
①폼페이우스 기병들이 도주했으며 궁병, 투석병도 함께 패주함.
보병
보병
보병
보병
보병
보병
③폼페이우스 보병들 역시 좌측부터 궤멸되었으며 폼페이우스는 도주함.
③
폼페이우스
4열 예비대
기병
카이사르
②
기병
①

실전 경험은 폼페이우스군보다 월등히 앞서고 있었다. 양측의 거리가 좁혀져 폼페이우스군의 포진을 지켜본 카이사르는 자신의 오른쪽이 적 기병대에게 공격받으리라는 것과 정석대로 싸워서는 승리할 수 없음을 알았다. 카이사르는 일단 그의 기병 전부를 오른쪽에 배치하고 보병에 승부수를 걸었다.

"병사의 가슴에는 격정과 용맹함이 있고, 총사령관은 그것을 부추겨야 한다"

널리 알려졌다시피 로마 보병은 3개 대열(앞 열부터 하스타티 · 프린시페 · 트리아리)로 이뤄진다. 카이사르는 최고 선임병인 트리아리로부터 6개 대대 3,000명을 차출해 4열을 형성한 후 오른쪽의 뒤에 몰래 배치했다. 이 4열의 병사들은 폼페이우스의 기병대를 격퇴하는 것은 물론 그 후 폼페이우스군의 왼쪽과 후방을 공격하는 임무까지 맡았다.

카이사르는 그들에게 이번 전투의 승패는 오로지 너희들에게 달려있다고 말하며, 적 기병대가 돌격해오면 재빨리 달려 나가 격퇴하라고 일러두었다. 카이사르는 전속력으로 돌진해오는 7,000명의 기병대와 맞서는 데 필요한 것은 용기와 체력이 아니라 경험과 배짱이라 판단하고 노련한 트리아리 병사들을 차출한 것이다. 이처럼 카이사르가 인간의 심리를 잘 알고 이용하는 인물이라는 것은 파르살루스 전투의 진행 과정에서 다시 드러난다.

B.C. 48년 8월 9일, 드디어 카이사르군의 선공으로 전투가 시작되었다. 카이사르의 보병들이 함성을 지르며 진격하던 반면에 폼페이우스의 보병들은 제자리를 지키고 있었다. 폼페이우스는 카이사르 보병들이 먼 거리를 달려와 지치게 될 때 상대하기 위해서, 그리고 신병이 많은 자기 병사가 적을 맞이하기 위해 달려 나가다가 전열이 흐트러질까 우려해서 진격하지 말라고 명령했다. 이 순간을 카이사르는 다음과 같이 설명했다.

"그(폼페이우스)는 충분한 고려 없이 이처럼 결정한 듯하다. 전장에 나가는 병사들의 가슴에는 커다란 격정과 용맹함이 있다. 총사령관은 그런 격정과 용맹을 억누르지 말고 오히려 부추겨야 한다. 예부터 전투 개시와 함께 나팔을 불고 병사들이 함성을 지르는 관습은 적에게 두려움을 주고 아군의 사기를 높이는 것으로서 다 그만한 이유가 있는 것이다."

카이사르의 보병들은 폼페이우스의 병사들이 응전해오지 않자 중간쯤에서 스스로 멈춰 섰다. 이 장면을 가리켜 시오노 나나미는 "이것은 누구의 지시도 없었지만, 그동안의 수많은 경험과 훈련 덕분에 가능했던 것"이라고 말한다. 하지만 카이사르의 수석 백인대장이었던 크라스티누스를 비롯한 동료 백인대장들의 지시에 따른 것이었다고 설명하는 자료도 있다.

폼페이우스의 기대는 처음부터 어긋나고 말았다. 이윽고 1분 정도 전열과 호흡을 가다듬은 카이사르 보병들은 폼페이우스 병사들에게 투창을 던지며 달려들었다. 이때 가만히 있는 쪽보다는 함성을 지르며 달려드는 쪽의 기세와 돌파력이 앞서게 마련이다. 그래도 폼페이우스 병력은 수에서 워낙 앞서는 터라 질과 양이 대결하는 양상으로 보병들의 전투가 전개되었다.

이 장면을 지켜본 폼페이우스는 당장 7,000명의 기병대에게 돌격을 명령했다. 기병이 앞서고 그들을 지원하는 궁병과 투석병이 뒤따라 달려 나갔다. 이를 막는 카이사르의 1,000명의 기병은 애당초 그들의 상대가 될 수 없었다. 카이사르는 신호를 보내 기병을 후퇴시키고 비장의 카드인 4열의 병사들을 투입했다. 그들은 베테랑답게 겁내지 않고 폼페이우스 기병대에게 돌진하여 투창을 치켜세우며 또는 번쩍 뛰어올라 적의 얼굴을 창으로 찔렀다.

원래 보병은 투창을 적에게 던진 후 검을 뽑아 들고 싸우는 것이 정석이다. 그런데 카이사르는 신병인데다가 귀족 출신들이 많은 폼페이우스 기병이, 죽는 것은 두려워하지 않을지언정 얼굴을 다치는 것은 두려워하는 심리를 꿰뚫었다.

패전한 폼페이우스는 이집트로 도주했지만 이집트 군주와 측근에 의해 암살당했다

결국 폼페이우스 기병들은 카이사르의 백전노장들이 펼치는 매서운 공격을 당해내지 못하고 도주했다. 이어 기병의 보호를 받지 못하게 된 궁병과 투석병들이 섬멸되었다.

승기를 포착한 카이사르는 즉시 4열의 병사들과 1,000명의 기병

파르살루스 전투에 패배한 후 이집트로 도망가는 폼페이우스,
1470~1475, 장 푸케. 루브르박물관.

을 폼페이우스군의 왼쪽으로 보냈다.

이어 그때까지 강건한 전력을 유지한 채 대기 중이던 3열의 트리아리 병사들을 투입하자 폼페이우스의 보병 전열은 그가 직접 지휘하던 왼쪽부터 무너지기 시작했다. 완승한 카이사르는 이 전투에서 불과 200명을 잃었다. 패배한 폼페이우스 쪽 손실은 도주자를 제외하더라도 사상자 1만 5,000명, 포로가 2만 4,000명이었다.

폼페이우스는 권토중래를 노리며 그의 세력권이던 이집트로 도주했지만, 그를 환영하지 않는 이집트 군주 프톨레마이오스 13세와 그의 측근들에게 암살당했다. 이때 내전을 조기에 종결하려던 카이사르는 병력과 물자의 보급도 뒤로 미룬 채 3,200명의 병사만 대동하고 급히 폼페이우스를 추격했다. 그러나 알렉산드리아에 도착해 자신에게 바쳐진 폼페이우스의 잘린 머리를 지켜본 카이사르는 눈물을 흘렸다고 한다.

당시 이집트에서는 프톨레마이오스 13세와 그의 누이 클레오파트라 7세 사이에 내전이 벌어지고 있었다. 카이사르는 클레오파트라를 편들어 그녀를 이집트 왕위에 앉혔다. 그가 이집트에 머무르고 있을 때쯤 이전에 폼페이우스가 평정했던 폰투스의 국왕 파르나케스는 로마가 내전으로 혼란한 틈을 타 반란의 기치를 높이 들었다.

파르나케스가 로마군을 무찌르고 삽시간에 소아시아를 석권했다는 소식이 전해지자 카이사르는 직접 소아시아로 건너갔다. 그리고 젤라 전투에서 두 배에 달하는 적을 순식간에 무찔렀다. 지난 마케도니아 전쟁 당시 벌어진 키노스케팔라이 전투(B.C.197)나 피드나 전투(B.C.168)에서 증명되었듯이 그리스식의 팔랑크스는 더이상 로마 군단 레기온의 적수가 될 수 없었다. 승리한 카이사르는 로마 원로원에 단 세 어구로 승전을 보고했다.

"Veni(왔노라), vidi(보았노라), vici(이겼노라)."

종신 독재관에 취임한 카이사르는 공화정을 제정으로 바꾸는 개혁 추진

B.C.47년, 로마에 귀국한 카이사르는 이듬해 아프리카에서 기세를 회복하고 있던 폼페이우스의 잔여 세력을 소탕하기 위해 아프리카로 건너갔다. 그리고 그들을 상대로 탑수스 전투에서 승리하니 원로원은 카이사르를 10년 임기의 독재관으로 임명했다. 카이사르는 탑수스에서 패해 에스파냐로 달아난 폼페이우스의 두 아들과 라비에누스를 쫓아가 문다 근처에서 격돌했다.

카이사르가 생애 마지막으로 치른 문다 전투(B.C.45)는 "나는 이전에는 승리하기 위해 싸웠지만, 이번 전투는 살기 위해 싸웠다"라고 고백했을 만큼 고전한 전투였다. 8시간 넘게 전투가 계속되는 가운데 전황이 뜻대로 풀리지 않자 카이사르는 최선두에서 병사들을 독려했다.

"너희들은 나를 저 아이들에게 넘겨줄 생각이냐?"

이렇게 외치며 앞장선 그에게 200개가 넘는 투창이 날아들었고, 그의 방패에는 무수한 투창이 박혔다. 결국 카이사르군이 적의 실

카이사르의 암살, 1804~1805년, 빈센조 카무치니, 로마 국립현대미술관

수를 틈타 문다 전투에서 승리함으로써 원로원파의 저항은 완전히 종식됐다.

B.C.44년, 종신 독재관에 취임한 카이사르는 로마의 일인자가 되어 로마 공화국을 제정으로 전환하기 위한 각종 개혁을 추진했다. 원로원 체제를 고수하려는 카이사르 반대파가 온갖 권력을 집중시키며 독재를 펼치는 카이사르를 제거할 방법은 암살뿐이었다.

B.C.44년 운명의 3월 15일, 파르티아 원정을 떠나기 불과 사흘 전 카이사르가 원로원 회의에 참석하기 위해 폼페이우스 극장에 들

어섰을 때 카시우스와 브루투스를 비롯한 일단의 음모자들이 그를 암살했다. 그가 23회나 칼을 맞으며 쓰러진 곳은 공교롭게도 폼페이우스의 조각상 아래였다.

카이사르의 죽음과 함께 로마에서는 내전이 재발했다. 먼저 카이사르 누이의 외손자로서 그가 양아들로 입적한 옥타비아누스와 카이사르의 부장이었던 안토니우스가 연합하여 카시우스와 브루투스를 필리피 회전(B.C.42)에서 무찔렀다.

옥타비아누스는 이후 적으로 변한 안토니우스를 악티움 해전(B.C.31)에서 격파했다. 이렇게 해서 카이사르가 열어젖힌 제정으로의 길은 최종적으로 옥타비아누스, 즉 로마 초대 황제가 되는 아우구스투스에 의해 완성된다.

2장

5세기~16세기

중세 세계 전쟁의 신들

1187년의 하틴 전투는 십자군 전쟁의 전환점이었다. 하틴 전투에서 주력군이 궤멸당한 예루살렘 왕국은 도주했던 발리앙의 지휘 아래 예루살렘성에서 살라딘에게 맞섰다. 결국 발리앙이 그해 10월 2일에 성이 함락되기 직전 안전한 철수를 조건으로 성을 살라딘에게 넘겨줌으로써 예루살렘은 1099년 1차 십자군 전쟁 때 점령된 이래 다시 이슬람 세력의 손아귀에 들게 되었다.

광개토대왕

(생몰 374~413, 재위 391~413)

고구려를 최강국으로 만든 한반도와 대륙의 정복왕

제국주의帝國主義는 우세한 군사력이나 경제력으로 다른 국가나 민족을 정복하고 지배하는 패권주의 정책을 뜻한다. 근현대사에서 서구 열강의 침략으로 나라를 잃은 약소민족들은 수탈과 억압으로 점철되었던 제국주의에 하나같이 분노하고 치를 떨게 마련이다.

그런데 지금의 약소민족도 고대나 중세에 그들이 한때 제국을 이뤘던 사실에는 약속이나 한 듯이 관대하다. 가령, 2000년 동안 나라를 잃었던 이스라엘인들은 다윗과 솔로몬 시대에 강력한 통일 왕국을 이룬 일을 영광스럽게 여긴다. 20세기 초 영국과 러시아에 국토를 강탈당한 이란인들도 그들의 침략에는 분개하면서도 정작 조상이 페르시아 제국을 건국한 일은 자랑스러워한다. 헝가리인들 또한 수백 년간 오스만 제국과 합스부르크 왕조의 지배를 받아왔으면서도 고대에 훈 제국을 세웠던 아틸라를 국가의 영웅으로 여기고 있다.

우리 또한 예외가 아니어서 제국주의 시대에 식민지의 아픔을 겪었지만, 먼 과거에 조상들이 건설한 대제국에 커다란 자부심이 있다. 여기에서 대제국은 말할 것도 없이 한민족이 한반도와 만주 · 요동 · 연해주에 걸쳐 역사상 최대의 영토를 영유했던 고구려를 가리킨다. 또한 대륙의 위와 연은 물론 백제에게도 시달리던 고구려를 일약 동북아시아 최강국으로 만들어, 만주 벌판을 지배했던 대륙인의 기상을 지금까지도 느끼게 해주는 인물은 바로 광개토대왕이다.

391년에 18세 나이로 19대 임금에 즉위, 광개토대왕은 '영락'이라는 연호를 제정

광개토대왕은 고국양왕의 큰아들이자 소수림왕의 조카로 이름이 담덕이다. 고구려 16대 임금 고국원왕이 백제와의 싸움으로 전사하자 태자인 소수림왕이 왕위를 이었으며, 소수림왕이 아들 없이 승하하자 동생인 고국양왕이 뒤를 이었다. 고국양왕이 형과 마찬가지로 병약하여 즉위 7년 만에 승하하니, 391년에 태자 담덕이 18세의 나이로 19대 임금에 올랐다.

《삼국사기》에 따르면 광개토대왕은 어렸을 때부터 위엄이 있는 용모에 점잖으며 생각이 대범했다고 한다. 대왕의 기개를 가장 먼저 입증한 것은 한반도 역사상 최초로 '영락永樂'이라는 연호를 사용한 일이다. 연호는 한무제漢武帝가 처음 사용한 후 오로지 천자국만이 제정할 수 있었다. 그런데도 대왕이 즉위와 동시에 연호를 독자적으로 사용한 것은 자주적인 나라를 새로 열겠다는 의지를 내외에 표명한 것이었다.

392년 7월, 대왕은 친히 4만 명의 군사를 이끌고 백제의 북쪽을 공격하며 위대한 시호를 위한 생애 첫 군사적 행보를 시작했다. 이때 고구려는 석현성 등 10여 개의 성을 함락시켰다. 상황이 이러한데도 백제 진사왕은 대왕이 용병에 능하다는 말을 듣고 감히 나아가 맞서지 못했다.

대왕이 이때 공격한 백제의 북쪽은 한강 이북이라는 것이 일반적 견해이다. 그런데 일각에서는 백제가 당시 대륙에서 차지했던 요서遼西를 가리키는 것으로 보기도 한다. 이들은 김부식이 백제가 대륙에 진출했던 사실을 알지 못하고 《삼국사기》를 편찬했기 때문에 대왕과 백제가 벌인 전쟁을 한반도에서만 펼쳐진 것으로 착각했다고 주장한다.

같은 해 9월, 고구려군은 북쪽의 거란을 공격해서 거란의 남녀 500명을 사로잡았으며, 거란에 끌려갔던 고구려 백성 1만 명을 데리고 돌아왔다. 이어 10월에는 백제의 관미성을 공격했다. 다만 최북단의 거란을 공격하고 단 한 달 만에 남쪽의 관미성을 공격한다는 것은 시간적 · 지리적으로 무리이기 때문에 9월의 거란 전선은 다른 장군이 나선 것으로 봐야 할 것이다.

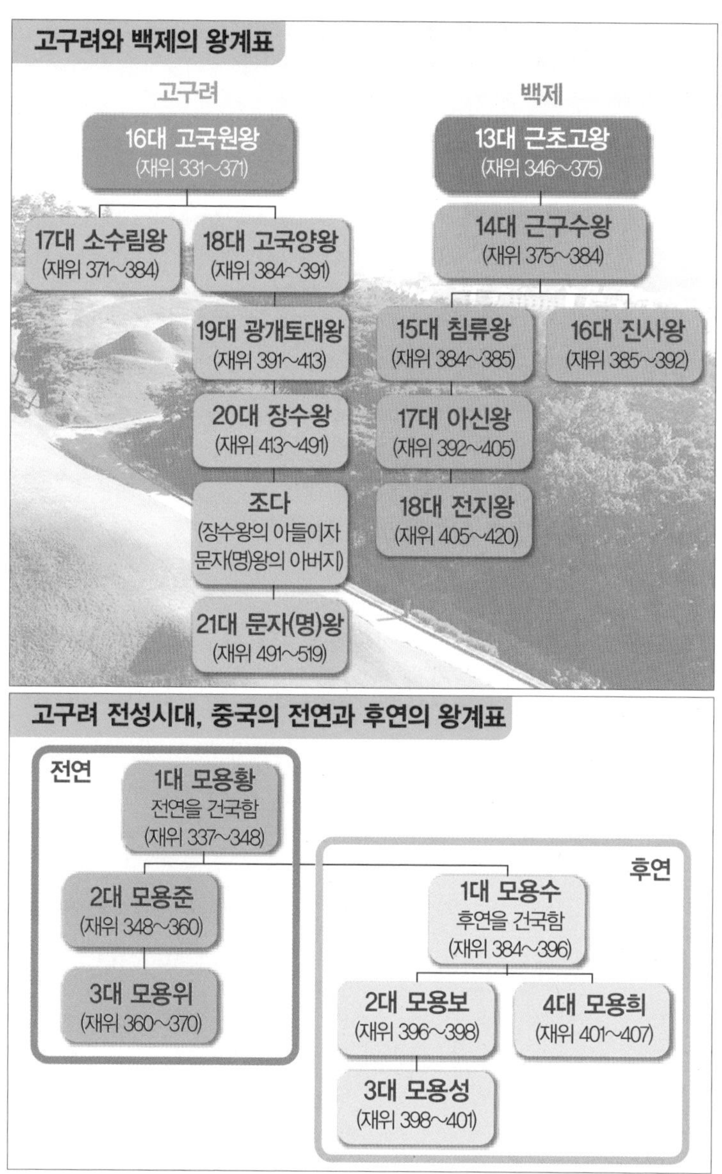
고구려와 백제의 왕계표
고구려
16대 고국원왕
(재위 331~371)
17대 소수림왕
(재위 371~384)
18대 고국양왕
(재위 384~391)
19대 광개토대왕
(재위 391~413)
20대 장수왕
(재위 413~491)
조다
(장수왕의 아들이자
문자(명)왕의 아버지)
21대 문자(명)왕
(재위 491~519)
백제
13대 근초고왕
(재위 346~375)
14대 근구수왕
(재위 375~384)
15대 침류왕
(재위 384~385)
16대 진사왕
(재위 385~392)
17대 아신왕
(재위 392~405)
18대 전지왕
(재위 405~420)
고구려 전성시대, 중국의 전연과 후연의 왕계표
전연
1대 모용황
전연을 건국함
(재위 337~348)
2대 모용준
(재위 348~360)
3대 모용위
(재위 360~370)
후연
1대 모용수
후연을 건국함
(재위 384~396)
2대 모용보
(재위 396~398)
4대 모용희
(재위 401~407)
3대 모용성
(재위 398~401)

관미성은 사방이 가파르고 바다에 둘러싸인 천연의 요새이며 백제에 있어 북방의 최전선 기지였다. 하지만 대왕은 군대를 7개 부대로 나누고 공격을 퍼부어 20일 만에 이 난공불락의 성을 함락시켰다. 관미성의 위치에 대해서는 지금의 강화군 교동도라는 설과 파주시 오두산성이라는 설 등이 있지만 한강과 임진강이 합쳐지는 강 하류를 제어하는 전략적 위치였다는 점에서는 대체로 의견이 일치한다.

광대토대왕이 도읍인 위례성을 포위하자 아신왕이 성문을 열고 신하의 예로 항복

392년 11월, 백제에서 숙부 진사왕을 제거하고 즉위한 이는 열정과 패기로 넘치는 아신왕이었다. 아신왕은 성격이 호탕하고 인품이 뛰어났다는 기록이 있는데, 만약 그의 상대가 여느 왕이었다면 백제의 중흥을 이루며 큰 이름을 남겼을지도 모른다.

하지만 고구려 고국원왕이 백제 근초고왕을 잘못 만났고, 백제 26대 성왕이 신라 진흥왕이라는 호적수를 만났듯이, 아신왕의 상대가 하필 광개토대왕이었다는 점에서 그는 비운의 왕이었다. 아신왕은 즉위와 동시에 다음과 같이 말하며 반격을 준비했다.

"관미성은 우리 북쪽의 요지인데 지금 고구려에 빼앗겼으니 애석하기 짝이 없다."

아신왕은 외삼촌 진무眞武를 좌장左將에 병마사兵馬事로 삼아 군마를 총괄케 한 후 1만 명의 군사를 주어 관미성 탈환을 지시했다. 393년 8월, 관미성 공략에 나선 진무는 용감무쌍하게도 돌과 화살을 무릅쓰고 최선두에서 백제군을 지휘했지만, 보급이 이어지지 않아 하릴없이 철수하고 말았다.

394년에 백제군이 황해도 수곡성에 침입하자 대왕은 정예 기병 5,000명을 이끌고 그들을 무찌른 후 남쪽 변방에 7개의 방어용 성을 쌓았다. 이듬해 아신왕이 진무를 시켜 다시 고구려를 치게 하자, 대왕은 이번에도 친히 병사 7,000명을 이끌고 패수(예성강으로 추정)에서 맞서 싸워 8,000명의 백제군을 죽였다.

패수에서 대승을 거둔 대왕은 북쪽으로 진군하여 고구려를 계속해서 노략질하던 비려(碑麗, 거란족의 일파)를 토벌했다. 이때 대왕이 군사를 이끌고 부산富山과 부산負山을 지나 염수鹽水에 이르러 3개 마을을 토벌해서 노획한 소 · 말 · 양의 수는 헤아릴 수 없었다고 한다. 여기에서 염수는 요하의 서쪽 지류인 시라무렌강을 말하니, 비록 영구히 복속시킨 것은 아니더라도 고구려의 세력이 한때 내몽골까지 진출했음을 알 수 있다.

한편 아신왕은 패수의 대패에도 불구하고 3개월 후 친히 7,000명의 병사들을 이끌고 고구려를 치기 위해 청목령(지금의 개성 인근)까지 나섰지만, 때마침 내린 폭설로 물러나고 말았다. 이 소식을 들은 대왕은 아신왕이 다시는 고구려를 넘보지 못하도록 대대적인 원정을 결심했다.

396년, 대왕은 수군까지 동원하여 육로와 해로를 통한 총공격을 개시했다. 고구려군은 수십 개의 성을 함락시키며 순식간에 한강 이북을 장악했다. 그런데도 아신왕이 계속 항거하자 대왕은 한강을 건넌 후 도읍인 위례성을 포위했다. 사태가 이에 이르자 아신왕은 마침내 성 밖으로 나가 남녀 1,000명과 세포細布 1,000필을 바치면서 신하의 예를 갖춰 항복했다.

지난날 조부인 고국원왕이 근초고왕과 싸웠던 평양성 전투에서 전사한 있으며, 그의 손자인 아신왕이 자신에게 몇 번이나 대적했지만 대왕은 이를 너그러이 용서했다. 대왕이 아신왕의 동생과 대신 10여 명을 볼모로 삼아 국내성으로 개선하니 이번 원정으로 한강 이북의 58개 성과 700개 촌이 고구려의 영역으로 편입되었다.

398년, 대왕은 군대를 파견해 동북부 지역의 숙신을 복속시켰다. 일찍이 서천왕이 동생 달가를 시켜 숙신을 공격했을 때 일부는 고구려에 복속하고 일부는 우수리강 동쪽의 연해주로 밀려난 바 있었다. 광개토대왕이 다시 군사를 내자 숙신이 조공을 바치면서 고구려의 동북부도 안정을 찾게 되었다.

아신왕이 왜와 동맹을 맺고 신라를 공격, 신라 내물왕이 고구려에 원군을 요청

이때 아신왕은 옛 맹세 따위는 집어던지고 다시 복수의 칼날을 갈고 있었다. 이제는 고구려와 단독으로 싸우는 것이 힘들었는지 397년에 태자 전지腆支를 왜국에 보내 동맹을 체결했다. 아신왕은 이번에는 순서를 바꿔 고구려의 동맹국인 신라를 먼저 공격하기로 하고 왜에 신라를 공격할 것을 요청하는 한편, 가야까지 신라 공격에 끌어들였다. 399년에 왜군이 가야군과 연합하여 신라를 공격하자, 신라의 내물왕은 광개토대왕에게 사신을 보내 원군을 요청했다.

그때 평양에 행차해 있던 대왕은 신라를 도와 보병과 기병을 합쳐 5만 명의 병력을 파견했다. 다만 대왕은 친정하지 않았는데, 그 이유는 이때 후연(後燕, 5호16국의 하나로 선비족의 나라)의 동태가 심상치 않았기 때문이다. 400년 초 고구려의 구원군이 진격해 오자 금성(경주)을 약탈하던 왜군은 즉시 퇴각했다. 고구려군은 추격을 계속해 가야 · 왜 연합군을 대파한 후 종발성(從拔城, 현 부산이나 김해로 추정)까지 진격했다.

변한에 질 좋은 철광석이 풍부하여 가야는 철을 수출하는 한편 군대를 철제무기로 무장시켰다. 막강한 경제력과 군사력을 바탕으로 가야가 변한의 패권을 차지하는 데 부족함이 없었지만, 고구려군의 등장으로 그 한계가 여실히 드러났다. 이미 중국과 고구려의 병사들은 찰갑(札甲, 비늘갑옷)을 착용했지만, 가야군은 여전히 판갑을 사용하고 있었다.

판갑은 단순히 커다란 철판을 이어 붙인 조끼 형태의 갑옷이며, 찰갑은 가죽에 작은 쇳조각을 이어 붙여 만든 갑옷이다. 판갑이 저렴하고 제작이 쉽지만, 찰갑은 방어력이 뛰어나며 몸을 움직이기에도 불편함이 없다. 한편 가야군은 말에 판갑을 씌울 수가 없어서 기

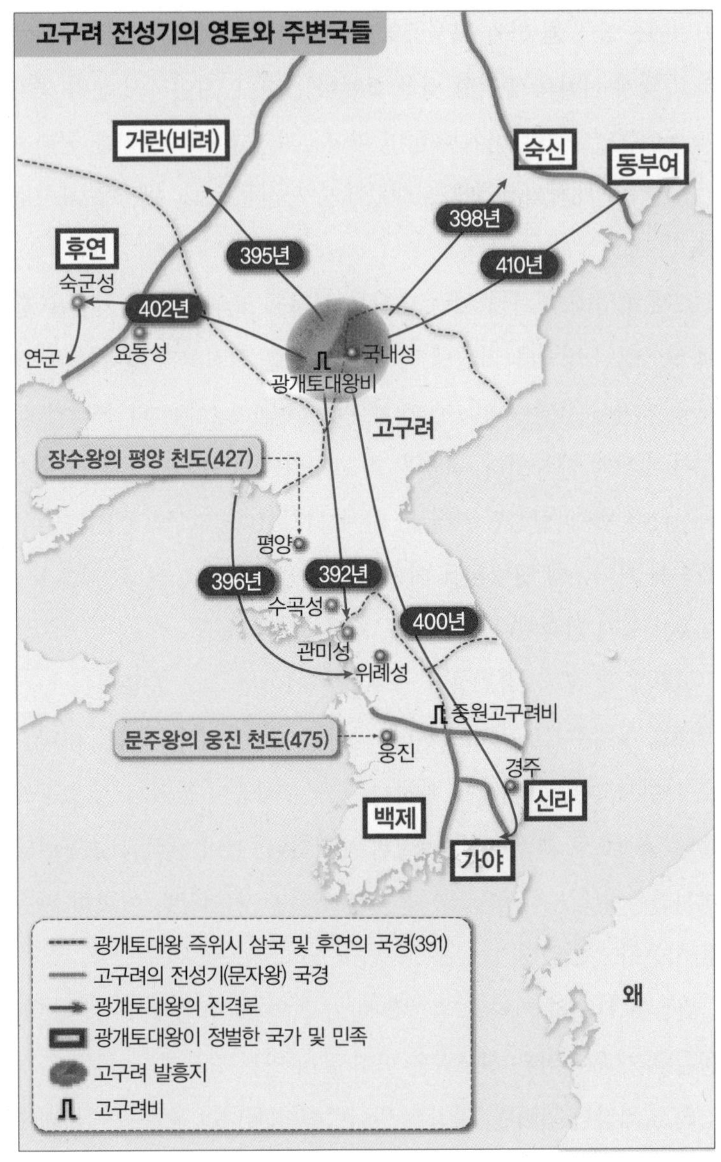
고구려 전성기의 영토와 주변국들
거란(비려)
숙신
동부여
398년
395년
410년
후연
숙군성
402년
요동성
연군
국내성
광개토대왕비
고구려
장수왕의 평양 천도(427)
평양
396년
392년
수곡성
400년
관미성
위례성
중원고구려비
문주왕의 웅진 천도(475)
웅진
경주
신라
백제
가야
왜
광개토대왕 즉위시 삼국 및 후연의 국경(391)
고구려의 전성기(문자왕) 국경
광개토대왕의 진격로
광개토대왕이 정벌한 국가 및 민족
고구려 발흥지
고구려비

병만 판갑을 입었는데, 고구려군은 기병은 물론 말까지 찰갑을 입은 개마무사鎧馬武士가 주력이었다.

고구려 궁병들이 쏘아대는 강력한 맥궁은 손쉽게 가야 기병들의 판갑을 뚫었으며, 뒤이어 들이닥치는 개마무사들은 일방적으로 가야군을 유린했다. 고구려군과의 전투 결과 여태껏 가야연맹을 주도했던 금관가야는 정예 병력을 잃고 몰락했으며, 이후로는 대가야가 가야연맹을 주도하게 된다.

아신왕은 믿었던 왜군과 가야군이 속절없이 무너지자 낙심했지만, 404년에도 왜군과 함께 대방군(현 황해도)을 공격하고 평양을 향해 진격하기도 했다. 하지만 이때 역시 한창 후연과 싸우는 중임에도 요동 전선을 정리하면서까지 급히 달려온 대왕의 반격을 받고는 물러나야 했다. 결국 405년 아신왕이 승하하고 온건한 전지왕이 즉위하면서 남부 전선은 비로소 조용해졌다.

중국 중원에서 5호16국의 혼란한 시대에 후연 모용희가 고구려 침략해 전쟁 시작

대왕의 치세 전반기가 주로 백제와 항쟁한 것이었다면 후반기의 주적은 후연(後燕, 384~407)이었다. 대왕과 후연의 항쟁을 살펴보기에 앞서 당시 화북의 정세를 살펴보기로 하자.

후한 멸망 이후 천하를 통일한 진晉나라가 얼마 안 가 팔왕의 난을 통해 무너지면서 중원에서는 5호16국 시대(五胡十六國 時代,

316~439)가 시작되었다. 5호16국이란 글자 그대로 다섯 이민족(흉노, 선비, 갈, 강, 저)이 건국한 16개의 국가를 말하며, 선비족의 모용황이 337년에 건국한 전연(前燕, 337~370) 또한 그중 하나였다. 특히 모용황은 고국원왕 재위 시절 고구려를 두 번 침입해 미천왕의 유해를 훔쳐 갔으며, 부여를 공격해 사실상 멸망시킨 인물이다. 이후 전진前秦의 부견苻堅이 등장하여 전연을 멸망시키는 등 화북 전체를 잠시 통일했지만, 저 유명한 비수대전(淝水大戰, 383)에서 동진東晉에게 완패하면서 화북은 다시 분열되었다.

후연은 전진의 신하였던 모용수가 이때 건국한 나라이다. 모용황의 아들인 모용수가 부견을 섬기다가 자립하여 연나라를 재건하니 이를 아버지의 전연과 구별하여 후연이라 부른다. 후연은 한때 하북 · 산동 · 요서 · 요동을 평정하며 화북 최강국으로 발돋움했지만, 북위와 치른 참합피 전투(395)에서 완패하며 화북의 주도권을 북위에게 넘기고 말았다. 중원에서 밀려난 후연이 이후로는 요서 및 요동 공략에 힘쓰니, 역시 이 지역으로 진출하려던 고구려는 후연과의 전면 대결이 불가피하게 되었다.

400년 2월, 후연의 모용희가 3만 명의 군사로 고구려를 침략하면서 7년에 걸친 고구려와 후연의 전쟁이 시작되었다. 400년은 대왕이 신라에 5만 명의 병력을 파견한 해이다. 양면 전쟁을 수행할 여력이 없었던 대왕은 이해 정월 후연에 사신을 보내 조공했지만, 후연 왕인 모용성은 대왕이 거만하다 하여 숙부인 모용희를 장수로 삼아 침략한 것이다. 후연군은 신성과 남소성을 비롯해 700리의 땅을 점령하고 그들의 백성 5,000호를 옮겨 놓고 나서야 돌아갔다. 이때 고구려는 주력군이 신라에 있었기 때문에 속수무책으로 당하고 있었다.

하지만 한반도 남부 전선을 안정시킨 대왕은 드디어 대륙으로 진출을 시도했다. 때마침 후연은 401년 모용성이 내분으로 죽고 모용희가 즉위한 탓에 어수선했다. 대왕은 이 틈을 타 402년 요하를 건너 평주의 숙군성을 공략하여 함락시켰고, 계속 진격해 요하 서부로 영향력을 넓혀나갔다.

아들 장수왕이 세운 광개토대왕 비문에는 64개 성과 1,400개 촌락의 정복을 기록

404년에 대왕은 후연을 공격해 연군燕郡까지 진격했다. 일각에서는 연군이 지금의 북경에 해당하며 고구려의 영향력이 이때 하북에까지 미쳤다고 한다. 하지만 요서에 있는 후연의 수도 용성을 배후에 두고 200km를 가로질러 북경을 치는 것은 사실상 불가능하므로 연군을 요서의 대릉하 일대로 보는 시각이 일반적이다.

연이은 고구려의 도발에 분기탱천한 모용희는 405년에 직접 고구려의 요동성을 공격했다. 성이 함락되려는 찰나에 모용희는 생뚱맞은 명령을 내렸다.

"성에 오르지 말라. 요동성을 깎아 평지가 될 때까지 기다리라. 나와 황후가 수레를 타고 먼저 입성할 것이다."

이 틈을 타 고구려군은 방어를 강화했고, 후연군은 어이없이 철군해야 했다. 이듬해에 모용희는 거란을 공격하다가 실패하자 회군하던 차에 고구려의 목저성을 급습했지만 이마저도 실패했다. 이렇게 해서 요동은 고구려의 영토로 확실히 편입되었다.

407년, 후연에서 패악질을 일삼던 모용희가 살해되고 모용수의 양손자 모용운이 즉위하는 정변이 발발했다. 모용운이 후연을 멸망시키고 건국한 연나라는 398년에 모용황의 아들 모용덕이 건국한 남연南燕과 구별하여 북연北燕이라 부른다. 그런데 모용운이란 인물은 지난날 전연의 모용황이 고구려를 침입해 환도성의 백성 5만 명을 끌고 갔을 때 전연으로 끌려간 고구려인이었다. 고구려계인 모용운과 광개토대왕이 덕분에 서로 사신을 주고받으며 종족의 우의를 다지자 서쪽 전선도 안정되었다.

'백성이 생업에 힘쓰고 편안히 살게 되었다.
나라는 부강하고 오곡이 풍성하게 익었다'

410년, 동부여가 배반하여 조공을 바치지 않자 대왕은 마지막으로 친정하여 동부여의 복속을 얻어냈다. 이처럼 광개토대왕은 413년 39세라는 한창 나이에 승하할 때까지 전방위적인 정복 활동을 벌여 남쪽의 백제와 신라, 북쪽의 거란 및 비려, 서쪽의 요동, 동쪽의 숙신 및 동부여를 복속시켰다. 414년에 아들 장수왕이 만주 길림성 집안시에 세운 광개토대왕비의 비문에 따르면, 대왕은 생전에

64개의 성을 공파攻破하고 1,400개의 촌락을 정복했다고 한다.

광개토대왕의 특이한 점은 22년의 재위 중 18년 동안 수많은 정복 전쟁을 치뤘지만, '백성이 생업에 힘쓰고 편안히 살게 되었다. 나라는 부강하고 백성은 윤택해졌으며, 오곡이 풍성하게 익었다'라는 내용의 비문을 남길 수 있었다는 것이다. 이것은 한무제, 유스티니아누스, 영락제, 루이 14세가 일평생에 걸친 정복 전쟁으로 말년에 국가 재정이 파탄 났던 것과 비교된다.

광개토대왕이 고구려의 영토를 상당히 넓혔으면서도 멸망시킨 나라는 사실 동부여뿐이었다. 대왕은 신라 · 숙신 · 비려의 경우에서처럼 정복지를 굳이 고구려의 영토로 편입하지 않고 종속국 형태로 존속시킴으로써 반란이나 수탈 같은 직접 지배에 따른 부담을 덜었던 것이다.

대왕이 비려를 공격해 가축과 소금을 얻고, 요동을 점령해 철광석과 식량을 확보한 장면을 상기해 보자. 대왕은 무작정 영토를 넓힌 단순한 정복 군주가 아니라 백성한테 부담을 주지 않고 국익에 도움 되는 곳을 주로 공략했던 경영 군주이기도 했다.

아틸라

(생몰 406~453, 재위 434~453)

훈족을 이끈 '신의 채찍', 유럽과 로마를 짓밟다

유럽을 흔들고 신기루처럼 사라진 훈족은 중앙아시아로 이주한 흉노족에서 출발

서양이 군사력의 우세를 점하며 세계사의 흐름을 주도한 것은 최근 300여 년 남짓에 불과하다. 전쟁은 대체로 속도와 정보에서 앞서는 자가 승리하는 법이다. 서양인들은 화약으로 속도의 우위를 점하기 전까지 동양의 유목민족이 가진 기동력을 따라잡을 수 없었다. 그중에서도 몽골족과 튀르크족은 동유럽을 집어삼키며 유럽인들을 오랫동안 두려움에 떨게 한 민족이다.

그런데 그들보다 훨씬 전에 고작 8년이라는 짧은 기간이었지만 유럽을 어느 때보다 공포에 떨게 한 아시아 유목민족이 있었다. 훌

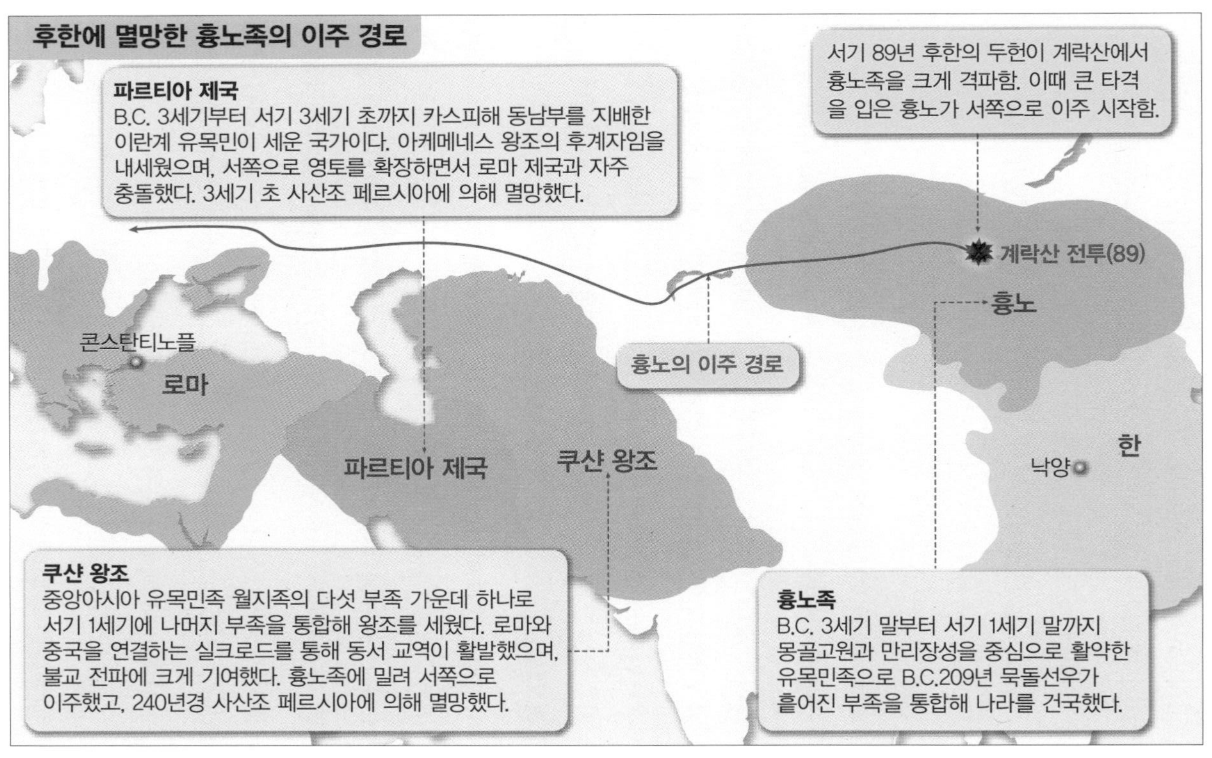
후한에 멸망한 흉노족의 이주 경로
파르티아 제국
B.C. 3세기부터 서기 3세기 초까지 카스피해 동남부를 지배한 이란계 유목민이 세운 국가이다. 아케메네스 왕조의 후계자임을 내세웠으며, 서쪽으로 영토를 확장하면서 로마 제국과 자주 충돌했다. 3세기 초 사산조 페르시아에 의해 멸망했다.
서기 89년 후한의 두헌이 계락산에서 흉노족을 크게 격파함. 이때 큰 타격을 입은 흉노가 서쪽으로 이주 시작함.
계락산 전투(89)
흉노
콘스탄티노플
로마
흉노의 이주 경로
한
낙양
파르티아 제국
쿠샨 왕조
쿠샨 왕조
중앙아시아 유목민족 월지족의 다섯 부족 가운데 하나로 서기 1세기에 나머지 부족을 통합해 왕조를 세웠다. 로마와 중국을 연결하는 실크로드를 통해 동서 교역이 활발했으며, 불교 전파에 크게 기여했다. 흉노족에 밀려 서쪽으로 이주했고, 240년경 사산조 페르시아에 의해 멸망했다.
흉노족
B.C. 3세기 말부터 서기 1세기 말까지 몽골고원과 만리장성을 중심으로 활약한 유목민족으로 B.C.209년 묵돌선우가 흩어진 부족을 통합해 나라를 건국했다.

연히 나타나 로마 제국을 뒤흔든 후 신기루처럼 어느 날 갑자기 역사의 무대에서 사라진 그들은 훈족이라 불리는 당대 최강의 기마민족이었다.

원래 이들은 강력한 전사 집단이었지만, 지리멸렬한 점에서는 여느 유목민족과 다를 바가 없었다. 그런데 이런 훈족을 통합하여 유럽의 야만인과 문명인 모두를 두려움에 떨게 만든 이는 로마의 기독교인들이 '신의 채찍'이라 불렀던 아틸라였다.

훈족의 기원은 진秦 · 한漢 시대 중국 북방에서 활약했던 흉노로 알려져 있다. 흉노는 진나라의 몽염과 전한의 곽거병에게 내몰렸다가 1세기 후반 결정적으로 후한의 두헌에게 패망한 바 있다. 이때 쫓겨난 흉노의 일족이 중앙아시아로 이주했고, 이들이 점차 일대에 거주하는 스키타이인들과 섞이면서 훈족이 되었다는 것이 일반적인 학설이다.

어떻든 훈족이 유럽사에 등장한 것은 4세기가 되어서이다. 목초지를 찾아 이동하던 훈족이 흑해 북안의 동고트족을 격파하고, 도나우강 하류에 거주하던 서고트족을 압박하여 게르만족의 대이동을 일으켰다는 것은 널리 알려진 사실이다. 게르만족 또한 뛰어난 전사 집단이었지만 훈족의 귀신같은 기마술과 궁술을 당해낼 수 없었다. 계속 서진하던 훈족은 루길라왕 때 지금의 헝가리에 정착하면서 동로마 제국과 직접 국경을 맞닿게 되었다.

훈족은 395년에 동로마를 대규모로 침략한 적도 있었지만, 초반에는 주변국과 대체로 사이가 무난했다. 집단적인 조직력이나 규율이나 목적도 없는 그들에게 애당초 전략적 목표라는 게 있을 턱이 없었기 때문이다. 오히려 상대를 가리지 않고 약탈을 일삼기도 했지만, 보수만 받는다면 누구한테나 선뜻 달려갔기에 훈족은 로마의 훌륭한 용병으로 활약하기도 했다.

이러한 양상은 434년에 루길라가 사망하고 조카인 블레다와 아틸라가 훈족의 공동 왕으로 즉위하면서 바뀌기 시작했다. 이전에 430년경 동로마 황제 테오도시우스 2세는 훈족이 국경을 침범하지 않는 조건으로 루길라에게 해마다 350파운드의 황금을 지불하기로 합의한 바 있었다. 그러나 이들 형제는 모이시아의 마르구스(현 세르비아 수도 베오그라드 근처)에서 동로마 사절들과 만나 기존에 받던 보조금을 두 배로 늘려 연간 황금 700파운드를 받기로 합의했다. 즉 마르구스 조약을 체결한 것이다.

블레다와 아틸라는 정복 사업을 통해 도나우강부터 캅카스와 발트해까지 지배

동로마와 마르구스 조약을 유리하게 체결한 블레다와 아틸라는 이후부터 기수를 돌려 스키타이와 게르마니아를 정복하는 데 집중할 수 있었다. 문자가 없던 훈족이 기록을 남기지 못한 탓에 이때의 정복 과정을 정확하게 알 수 없는 것은 아쉬운 일이다.

어쨌든 블레다와 아틸라는 즉위 후 7년 동안의 정복 사업을 통해 도나우강에서부터 캅카스와 발트해 연안에 이르는 광대한 지역을 다스리게 되었다.

여기서 잠시 아틸라의 인물됨을 들여다보기 위해 449년 동로마에서 사절로 파견되어 아틸라를 직접 목격했던 프리스쿠스(동로마 황제 테오도시우스 2세의 막시미누스 사절단의 수행원이자 외교관)의 《외교 사절 초록》에 나오는 기록을 일부 살펴보기로 하자.

'서너 명 이상이 앉을 수 있는 커다란 식탁이 놓였다. 우리와 다른 야만인들에게는 은접시에 담긴 호화로운 요리가 제공되었지만, 아틸라는 나무접시 위의 고기를 먹을 뿐이었다. 손님들에게 금 술잔과 은 술잔이 제공되었지만, 아틸라는 나무로 된 술잔을 들고 있었다. 그의 의복도 깨끗한 것을 빼면 다른 이들의 옷과 다를 게 없었다. 그가 옆구리에 찬 검과 신발과 안장에는 금이나 보석 같은 값비싼 장식품이 없었다.'

아틸라가 물질에는 관심 없이 검소하고 절제하는 인물임을 알 수 있다. 하지만 아틸라는 자신이 유일하게 추구하고 남과 나누기 싫어하는 권력을 유지하기 위해서는 물질이 중요하다는 것을 알고 있었다. 이미 로마라는 초호화 문명을 접하며 물질이 주는 안락과 쾌락을 맛본 게르만족과 훈족을 다독이는 데 필요한 것도 황금이었다.

황금만 있으면 가축 · 노예 · 용병을 비롯한 뭐든 얻을 수 있었기 때문이다. 결국 병력 · 용맹 · 지도력에서 만만치 않은 여러 부족장이 자신에게 감히 반역하지 못하게 하려면 아틸라는 지속해서 황금을 획득해서 분배해야 했다. 주변에 막대한 황금을 가진 부유한 나

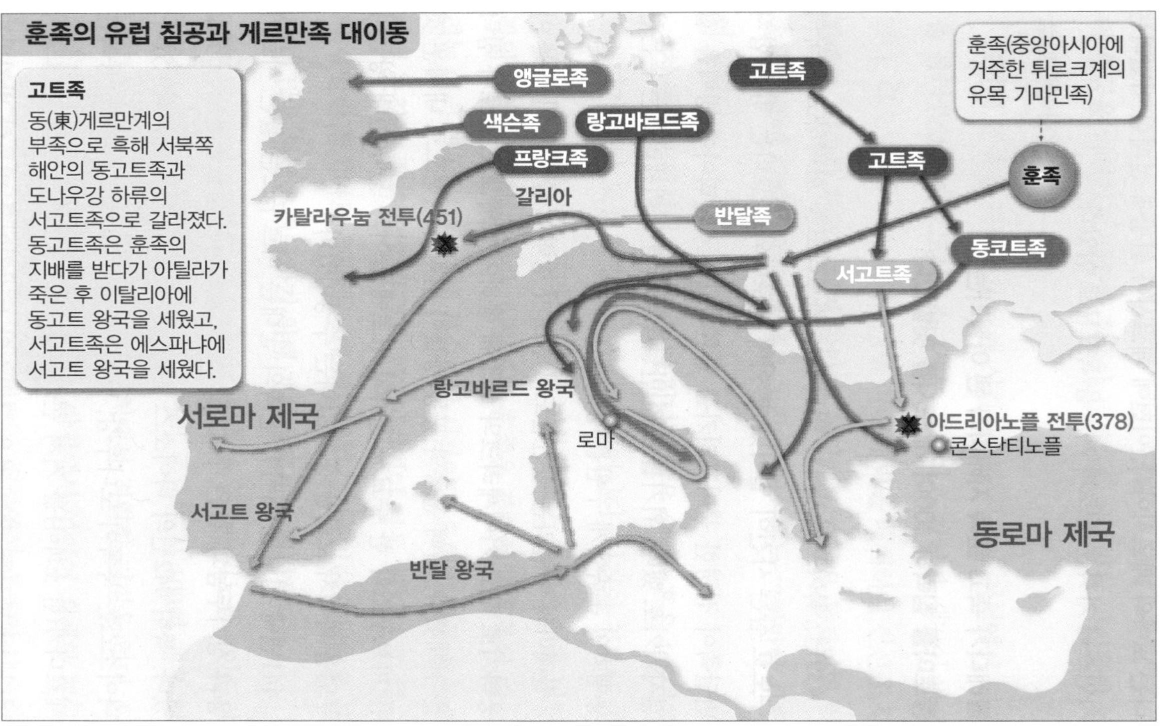
훈족의 유럽 침공과 게르만족 대이동
고트족
동(東)게르만계의
부족으로 흑해 서북쪽
해안의 동고트족과
도나우강 하류의
서고트족으로 갈라졌다.
동고트족은 훈족의
지배를 받다가 아틸라가
죽은 후 이탈리아에
동고트 왕국을 세웠고,
서고트족은 에스파냐에
서고트 왕국을 세웠다.
훈족(중앙아시아에
거주한 튀르크계의
유목 기마민족)
앵글로족
색슨족
랑고바르드족
프랑크족
고트족
고트족
훈족
갈리아
반달족
카탈라우눔 전투(451)
동코트족
서고트족
랑고바르드 왕국
서로마 제국
아드리아노플 전투(378)
콘스탄티노플
로마
서고트 왕국
동로마 제국
반달 왕국

자 동로마는 화평을 요청했다. 동로마는 이전까지 협정을 이행하지 않은 것에 대해 6,000파운드의 황금을 일시금으로 지급해야 했으며, 연공액은 황금 2,100파운드로 치솟았다.

서로마 제국의 반을 지참금으로 주겠다며 황제의 누이가 청혼하자 아틸라가 수락

450년 7월, 42년의 긴 치세에 걸쳐 콘스탄티노플 성벽을 난공불락으로 완성한 것을 제외하고는 한 게 없는 테오도시우스 2세가 낙마 사고로 사망했다. 황위를 이은 마르키아누스는 전임 황제와 달리 강경파였다. 그가 훈족에게 바치던 연공은 단호히 폐지했지만, 아틸라는 동로마의 신임 황제를 응징하겠다고 엄포를 놓을 뿐 실제로 군대를 움직이진 않았다.

아틸라가 전쟁터에서 잔뼈가 굵은 마르키아누스를 만만찮은 적수로 부담을 느꼈는지 아니면 자신이 동로마를 너무 짓밟아서 더 뜯을 게 없다고 판단했는지는 알 수 없다. 확실한 것은 아틸라의 관심이 이제는 동로마가 아닌 서로마에 있었다는 것이다. 이렇게 된 사연에는 다음과 같은 한 여인의 엉뚱한 한풀이가 있었다.

동로마가 훈족의 침략에 시달릴 당시 서로마 황제는 발렌티니아누스 3세(재위 425~455)였다. 그는 테오도시우스 대제의 외손자이며, 그에게는 호노리아라는 누나가 있었다. 그녀는 16세쯤에 황궁의 따분하고 절제된 삶에 지친 나머지 시종장과 밀회를 즐기다가

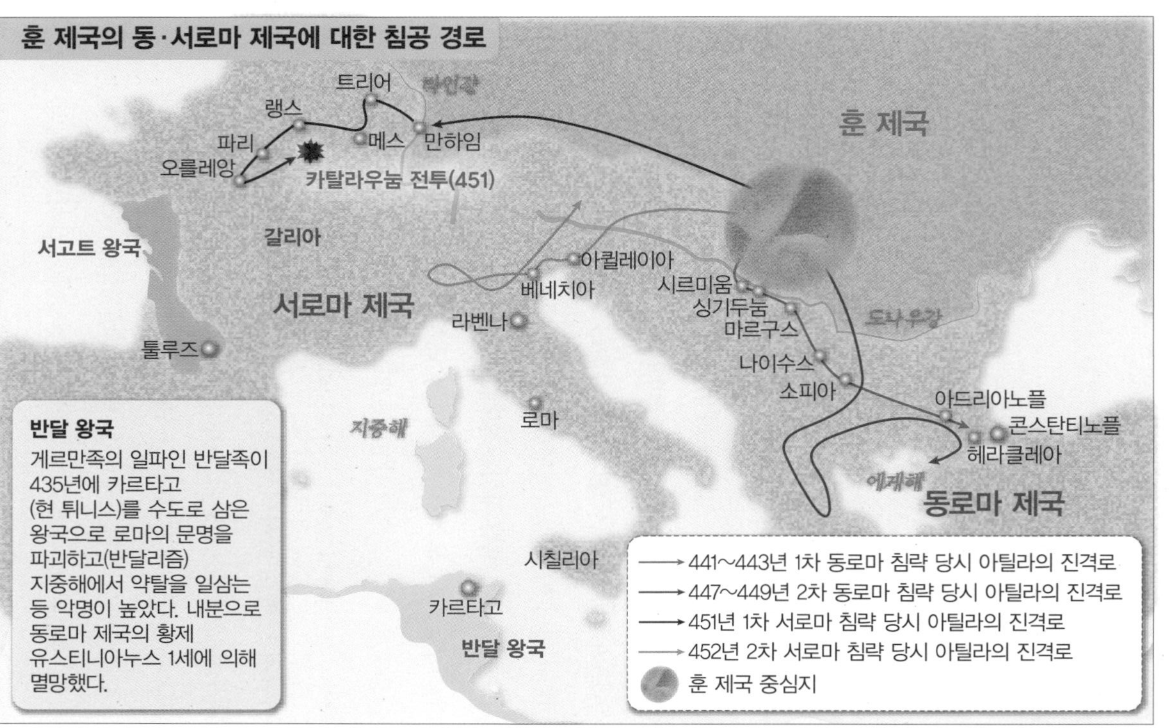
훈 제국의 동·서로마 제국에 대한 침공 경로
트리어
라인강
랭스
파리
메스
만하임
오를레앙
카탈라우눔 전투(451)
훈 제국
갈리아
서고트 왕국
아퀼레이아
시르미움
베네치아
싱기두눔
서로마 제국
라벤나
도나우강
마르구스
툴루즈
나이수스
소피아
아드리아노플
로마
콘스탄티노플
지중해
헤라클레아
에게해
동로마 제국
시칠리아
카르타고
반달 왕국
441~443년 1차 동로마 침략 당시 아틸라의 진격로
447~449년 2차 동로마 침략 당시 아틸라의 진격로
451년 1차 서로마 침략 당시 아틸라의 진격로
452년 2차 서로마 침략 당시 아틸라의 진격로
훈 제국 중심지
반달 왕국
게르만족의 일파인 반달족이 435년에 카르타고 (현 튀니스)를 수도로 삼은 왕국으로 로마의 문명을 파괴하고(반달리즘) 지중해에서 약탈을 일삼는 등 악명이 높았다. 내분으로 동로마 제국의 황제 유스티니아누스 1세에 의해 멸망했다.

발각되어 콘스탄티노플의 수녀원으로 추방되었다. 기도와 단식으로 점철된 14년이라는 수녀원 생활은 자유분방한 그녀에게 깊은 절망을 안겨줄 뿐이었다.

이때 호노리아가 자포자기하는 심정으로 매달린 것은 생면부지의 야만인 왕이었다. 그녀는 아틸라에게 서로마의 절반을 지참금으로 줄 테니 결혼하자는 내용의 편지를 반지와 함께 보냈다.

아틸라는 호노리아가 아닌 지참금을 탐내며 그녀의 청혼을 냉큼 받아들였다. 아틸라는 혼례의 대가로 서로마의 절반을 요구했지만, 발렌티니아누스는 서로마 제국군 총사령관 아이티우스와 상의한 후 이 혼담을 거부했다. 이에 아틸라는 대군을 이끌고 헝가리에 있는 근거지를 떠나 서로마를 침략했다. 그런데 아틸라가 향한 곳은 이탈리아가 아닌 갈리아였다.

당시 갈리아 북부에서는 일대를 통치하던 살리 프랑크 족장 클로디온이 사망한 후 두 아들 사이에 내분이 벌어지고 있었다. 형은 아틸라에게 원조를 요청했고, 동생 메로베우스(486년 프랑크 왕국을 건국하는 클로비스의 조부)는 서로마에 의탁하던 상황이었다. 아틸라는 지금의 만하임 근처에서 클로디온의 첫째 아들과 합류하여 갈리아 내부로 진격했다. 메스와 랭스를 함락하는 등 거침없이 진군하던 훈족이 향한 곳은 오를레앙이었다.

오를레앙은 프랑스에서 가장 긴 루아르강을 통제할 수 있는 요지이다. 오를레앙 시민들은 서로마에 충성하며 끝까지 항전할 생각이었지만 통치자인 알란족의 왕 상기바누스는 도시를 넘기겠다는 계획을 아틸라에게 몰래 전했다. 아틸라는 힘들이지 않고 도시를 손에 넣을 거로 생각했지만 오를레앙으로 진격하던 이들은 훈족만이 아니었다. 도시를 구원하고 훈족을 격퇴하기 위해 서로마군이 다가오고 있었다.

서로마 제국의 총사령관 아이티우스와 아틸라는 카탈라우눔 평원에서 대회전

아이티우스는 한 세대 앞서 살았던 스틸리코와 함께 흔히 최후의 로마인이라 불린다. 로마군 기병대장의 아들로 태어난 아이티우스는 9세부터 3년간 알라릭(로마를 최초로 점령한 서고트족의 왕)의 볼모로 지낸 후 다시 훈족의 볼모로 10년이 넘는 세월을 보냈다. 그는 훈족의 언어와 관습을 익혀 그들과 친분이 두터웠고, 10세나 어린 아틸라와도 오래도록 소식을 주고받을 만큼 사이가 깊었다.

아이티우스와 아틸라 중에서 정치적 · 외교적 능력이 더욱 뛰어난 이는 전자였다. 아이티우스는 자신의 영달과 제국의 보존을 위해 어렸을 때부터 다져놓은 훈족과의 관계를 활용했다. 425년, 그는 먼저 6만 명의 훈족 군대를 빌려 겨우 6세였던 서로마 황제 발렌티니아누스를 대신해 수렴청정하던 태후 플라키디아를 협박해 제국군 총사령관에 올랐다.

갈리아에 부임한 아이티우스는 훈족과 알란족을 이용해 서고트족과 프랑크족을 무찌르면서 제국을 수십 년간 지켜냈다. 그런데 아틸

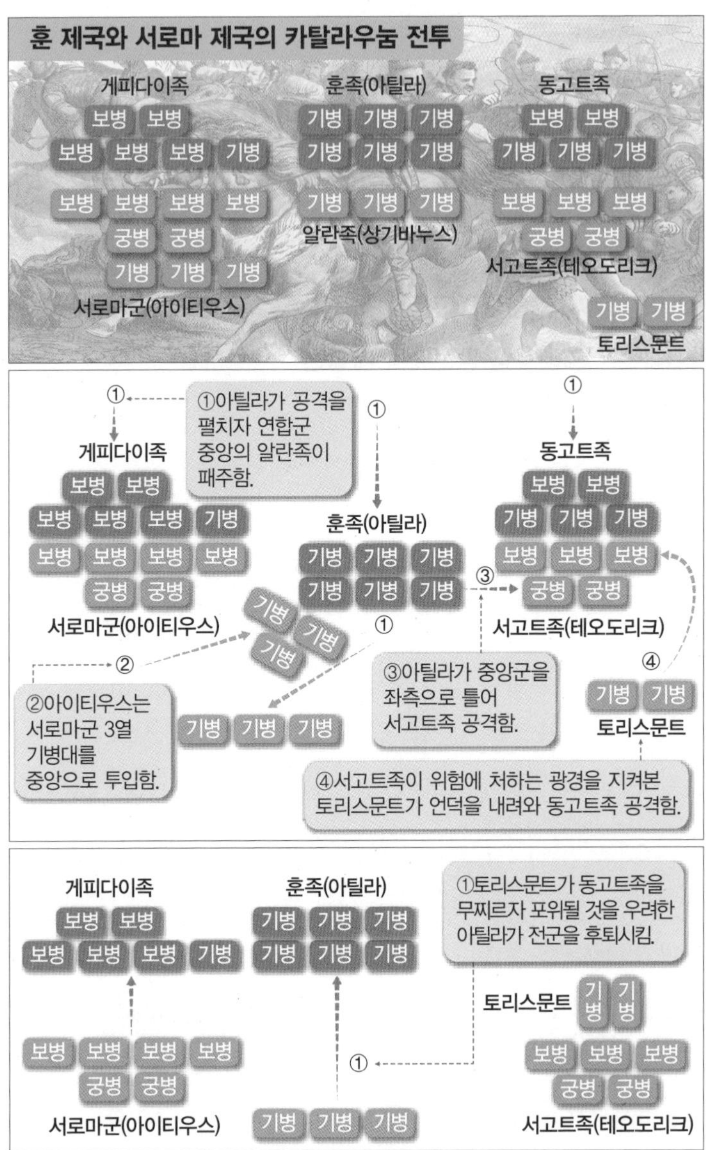
훈 제국와 서로마 제국의 카탈라우눔 전투
게피다이족
보병 보병
보병 보병 보병 기병
훈족(아틸라)
기병 기병 기병
기병 기병 기병
동고트족
보병 보병
기병 기병 기병
보병 보병 보병 보병
궁병 궁병
기병 기병 기병
서로마군(아이티우스)
기병 기병 기병
알란족(상기바누스)
보병 보병 보병
궁병 궁병
서고트족(테오도리크)
기병 기병
토리스문트
①아틸라가 공격을 펼치자 연합군 중앙의 알란족이 패주함.
②아이티우스는 서로마군 3열 기병대를 중앙으로 투입함.
③아틸라가 중앙군을 좌측으로 틀어 서고트족 공격함.
④서고트족이 위험에 처하는 광경을 지켜본 토리스문트가 언덕을 내려와 동고트족 공격함.
①토리스문트가 동고트족을 무찌르자 포위될 것을 우려한 아틸라가 전군을 후퇴시킴.

라가 갈리아에 쳐들어오자 그때까지 싸우던 서고트 국왕 테오도리크를 설득해 함께 손을 잡고 이번에는 훈족과 맞서게 된 것이다.

아틸라는 오를레앙을 거의 함락시키려던 차에 서로마와 서고트 연합군이 다가오자 성 안팎으로 협공당할 것을 우려하며 퇴각을 결정했다. 아이티우스와 테오도리크가 2주간이나 추격해오자 아틸라는 카탈라우눔 평원(현 프랑스 샬롱시 일대)에서 일전을 치르기로 했다. 이곳은 기병대와 궁수가 활약하기 좋은 곳이었다.

아이티우스는 드넓은 평원은 훈족에게 유리하다는 것을 알고 있었다. 싸움터에 있는 언덕을 발견한 그는 그곳에서 훈족에 일격을 가할 수 있음을 깨닫고 먼저 서고트의 왕자 토리스문트에게 반드시 언덕을 점령할 것을 명령했다. 아틸라 또한 자신의 진영을 훤히 내려다보는 언덕을 점령하려고 시도했지만, 토리스문트는 끝내 언덕을 지켜냈다. 전투 직전에 아틸라는 점을 쳤는데 훈족이 패배하고 적군의 주요 지휘관이 전사할 것이라는 점괘가 나왔다.

"내가 먼저 첫 번째 창을 던질 것이다. 나를 따르지 않는 자는 죽임을 당하리라"

카탈라우눔 전투에 참여한 양군은 대략 3~4만 명으로 엇비슷하게 추산된다. 연합군은 왼편에 서로마군(아이티우스가 지휘), 중앙에 알란족(상기바누스가 지휘), 오른편에 서고트족(테오도리크가 지휘)이 포진했다. 알란족을 믿을 수 없었기에 중앙에 가둬놓은 것이었다.

알란족은 훈족을 중앙으로 끌어들이는 미끼였을 뿐이다. 아이티우스는 이들 연합군을 일대에 있던 숲과 언덕 사이에 교묘히 배치했다.

이에 맞서 아틸라는 자신의 최정예 훈족 기병을 중앙에 배치하고 오른편에 게피다이족을, 왼편에 동고트족을 배치했다. 아틸라는 연합군의 왼편과 배후가 숲으로, 그리고 오른편이 언덕으로 보호되고 있었기 때문에 측면이나 배후를 공격할 수가 없었다. 그는 언덕에 있는 서고트군이 눈에 거슬렸지만, 단숨에 중앙을 돌파해 연합군을 양분시켜 격파하기로 했다. 몸소 선두에 선 아틸라는 소리를 지르며 전의를 북돋웠다.

"내가 먼저 첫 번째 창을 던질 것이다. 나를 따르지 않는 자는 죽임을 당하리라."

아틸라의 첫 창이 날아오른 후에 수만 개의 화살이 연합군에게 쏟아졌다. 아틸라의 군대가 먼저 중앙으로 돌격했으며 동쪽과 서쪽에서도 동고트족과 게피다이족이 연합군을 향해 진격했다. 중앙에서는 수와 용맹함으로 앞서는 훈족이 어렵지 않게 알란족을 무찔렀다. 반면에 양쪽에서는 연합군 1열 보병들이 방패 벽을 세워 적의 기병대에 맞서는 사이 2열에 있는 궁수들이 방패 벽 위로 계속해 화살을 쏘아대는 식으로 게피다이족과 동고트족을 막아내는 접전이 펼쳐졌다.

알란족이 무너지는 장면을 목격한 아이티우스는 자신의 3열에 있는 기병대를 보내 알란족 잔여 병력과 함께 간신히 중앙을 지탱

알란족과 전투 중인 훈족, 1873년, 페터 요한 네포무크 가이거, 목판화, 개인 소장.

할 수 있었다. 이에 아틸라는 중앙군을 왼편으로 틀어 동고트족과 교전 중이던 서고트족을 공격하도록 했다. 혼전 속에서 테오도리크 국왕이 전사했고, 정면과 왼편에서 공격받게 된 서고트족이 흔들리면서 훈족의 승리가 멀지 않아 보였다.

이때 언덕 위에서 이 장면을 지켜보던 토리스문트가 휘하의 기병대를 이끌고 언덕을 내려와 훈족의 왼편을 담당하는 동고트족을 공격했다. 훈족은 전력을 정면으로만 쏟은 탓에 후방과 측방은 무방비나 다름없었다. 토리스문트가 동고트족을 무찌르자 아틸라는 포위되기 전에 전군의 후퇴를 명령했다. 훈족은 마차를 빙 둘러 만든 후방의 진영으로 달아났고, 곧 어둠이 닥치면서 전투는 중단되었다. 이제 죽음을 각오한 아틸라는 장작더미를 쌓고 다음 날 아침 재개될 전투에서 패색이 짙어진다면 사로잡히느니 불 속에서 생을 마감하겠다고 공언했다.

452년에 훈족은 알프스산맥을 넘어 이탈리아반도 북부 도시들을 초토화

다음날 놀랍게도 아틸라의 정찰병들은 적군이 사라진 것을 발견했다. 아이티우스가 마음만 먹는다면 포위망에 갇힌 아틸라와 훈족을 궤멸시킬 수 있는 상황이었고, 아버지를 잃은 토리스문트도 즉각 공격을 요구했었다. 하지만 아이티우스는 서고트족을 비롯한 게르만족을 견제하기 위해서 훈족이 필요했다.

그는 토리스문트에게 툴루즈(서고트 왕국의 수도)에 조속히 돌아가 동생들의 찬탈을 막고 왕국을 얻는 것이 급선무라고 설득했다. 퍼뜩 정신을 차린 토리스문트가 철수하고 서로마군도 뒤따라 철수하면서 아틸라는 극적으로 목숨을 구한 것이다. 에드워드 기번이 '서로마가 거둔 최후의 승리'라 부른 카탈라우눔 전투는 이렇게 아틸라의 패배로 마무리되었다.

아틸라는 생애 최초로 패배를 맛보며 갈리아에서 헝가리로 퇴각했지만 떨어진 위신과 전리품을 되찾기 위해 다음 해인 452년에 서로마를 재침공했다. 이탈리아가 목표였는데, 이탈리아라면 갈리아에서 각자도생하는 게르만족들이 아이티우스에게 도움을 줄 리 없고, 로마와 맞서는 반달족의 협조도 기대할 수 있기 때문이다.

훈족은 알프스산맥 동쪽 끝자락을 넘어 이탈리아반도에 진입했다. 침략자에 용감히 맞섰던 아드리아해 최대의 도시 아퀼레이아가 항전 끝에 초토화되었고, 이탈리아반도 북부의 수많은 도시가 훈족에게 짓밟혔다. 이때 사람들이 훈족의 침략을 피해 아퀼레이아로부터 서남쪽으로 50km 떨어진 한 석호에 자리를 잡으니 이것이 베네치아의 시초이다.

시오노 나나미는 이때 아이티우스가 갈리아에서 전혀 움직이지 않은 채 아틸라의 침략을 방관했다고 비난하지만, 에드워드 기번의 저술을 비롯한 다른 자료들은 아이티우스가 소수의 직속 병력만을 가진 채 이탈리아로 들어와 용감히 훈족과 맞섰다고 한다. 사실 아틸라를 포강 이북에서 멈춰 세운 것은 볼로냐에서 최후의 결전을 준비하던 아이티우스가 아니었다. 아틸라가 로마로 진군하려 하자 미신을 믿는 부하들이 전에 로마를 점령했던 알라릭이 즉시 사망한 일을 상기하며 똑같은 일이 재현되지 않을까 하는 우려로 아틸라를 설득해서 단념시켰기 때문이다.

아틸라가 갈팡질팡하던 참에 교황 레오 3세가 민치오강 주변에 주둔 중이던 훈족의 진영을 찾아왔다. 교황과의 교섭 끝에 아틸라는 본국으로 철군했다. 아마도 교황은 훈족을 달래줄 금전적 보상을 했을 것이며, 당시 이탈리아 내에서의 기근과 이제 막 상륙하기 시작한 동로마의 원군 그리고 훈족 군대에 퍼진 전염병도 철군의 동기가 되었을 것이다.

로마 교황 레오 1세와 아틸라의 회담, 1514년, 프레스코화, 라파엘, 바티칸 교황청.

아틸라가 급사한 후 세 아들이 내전을 벌여 훈 제국은 역사에서 자취를 감추고 말았다

해가 바뀌어 453년 봄, 아틸라는 그의 목조 궁전에서 일디코라는 젊고 아름다운 게르만 족장의 딸과 결혼식을 올렸다. 하지만 연회에서 술에 잔뜩 취한 아틸라는 뇌출혈 혹은 동맥 파열로 그날 밤 허무하게 사망했다. 금 · 은 · 철로 된 3개의 관에 들어간 아틸라의 시신은 들판에 묻혔다. 인부들은 아틸라를 묻은 후 모두 살해되었기 때문에 그의 안식처는 지금도 영원한 비밀에 싸여 있다.

아틸라가 후계자를 지명하지 않고 사망한 탓에 세 아들 사이에서 내전이 벌어졌다. 그동안 아틸라의 위세에 억눌렸던 게르만 부족들도 덩달아 훈족에 반기를 들었다. 아틸라의 장남은 454년에 게피다이족과의 전투에서 전사했으며, 차남은 469년에 동로마와의 전투에서 전사했다. 마지막으로 막내 에르낙이 동로마로부터 땅을 떼어받고 동로마의 봉신으로 전락하면서 훈 제국은 역사에서 자취를 감추고 말았다.

사실 역사학자인 에드워드 기번이나 《전쟁의 역사》를 쓴 버나드로 몽고메리는 아틸라의 군사적 능력을 그다지 신통치 않게 보고 있다. 그러나 아틸라가 사망하자마자 초원 제국을 묶었던 끈끈한 유대관계가 순식간에 무너지면서 훈 제국이 와해된 사실은 주목해야 한다. 즉 아틸라는 느슨한 부족 연맹체에 가까웠던 훈족을 자신의 중앙정부에 단단히 결속시킨 것과 거친 게르만족을 복속시켜 든든한 동맹군으로 활용한 점에서 빼어난 리더십과 정치적 감각을 가진 사람이었음을 증명했기 때문이다.

할리드
(생몰 592(?)~642)

무함마드가 '알라의 검'이라 칭한 이슬람 제국의 상승장군

기독교와 불교는 창시된 이후 세계 종교로 자리잡는 데 수 세기가 걸렸지만, 이슬람교는 창시된 지 불과 100년도 안 되어 아시아 · 아프리카 · 유럽에 전파되었다. 무릇 종교의 포교와 세속적 권력은 떼려야 뗄 수 없는 관계인지라, 신흥 종교였던 이슬람이 순식간에 전파된 배경에는 정통 칼리프 시대(632~661)와 우마이야 왕조(661~750) 시절의 적극적인 군사적 팽창이 있었다.

그리고 그 중심에는 언제나 열세의 병력으로 싸웠지만 생애 50여 차례의 전투에서 단 한 번도 패하지 않은 상승常勝장군이 있었다. 그가 바로 이슬람 역사상 최고의 명장으로 일컬어지는 할리드 이븐 알 왈리드(통칭 할리드)이다.

메디나로 근거지를 옮긴 무함마드가 메카인의 시리아로 가는 무역로를 위협

할리드가 태어난 6세기 후반 사산조 페르시아와 동로마는 수백 년에 걸쳐 전쟁을 치르고 있었다. 이로 인해 콘스탄티노플과 장안을 잇는 실크로드가 안전하지 않게 되자 대신 아라비아반도의 해안을 잇는 무역로가 발달하게 되었다. 이슬람의 성지가 되는 메카는 이렇게 해서 급성장한 무역도시였다.

당시 메카를 지배하던 이들은 쿠라이시 부족이었다. 쿠라이시 부족에는 할리드가 태어난 마크줌 가문, 무함마드가 태어난 하심 가문, 이슬람 최초로 세습 왕조를 개창하는 우마이야 가문, 우마이야 왕조를 이어 이슬람의 황금시대를 여는 아바스 가문 등이 있었다. 즉 쿠라이시 부족은 나중에 이슬람 세계 전체를 지배하게 되는 부족인 셈이다. 이 중에서도 쿠라이시 부족의 주요 3대 가문은 마크줌, 하심, 우마이야 가문이었다.

할리드는 무역과 상업에 종사하는 마크줌 가문의 족장 알 왈리드의 아들로 태어났다. 그의 가문은 메카에서 가장 유복한 가문 중의 하나로, 알 왈리드의 캐러밴 행렬은 한 번에 낙타 100마리가 동원됐을 정도였다. 이렇듯 경제적으로 유복한 집안에서 자라난 할리드는 어렸을 때부터 말타기와 무예를 익히며 뛰어난 기마 전사로 성장할 수 있었다.

610년, 메카에서 무함마드라는 인물이 출현해 스스로 알라의 예

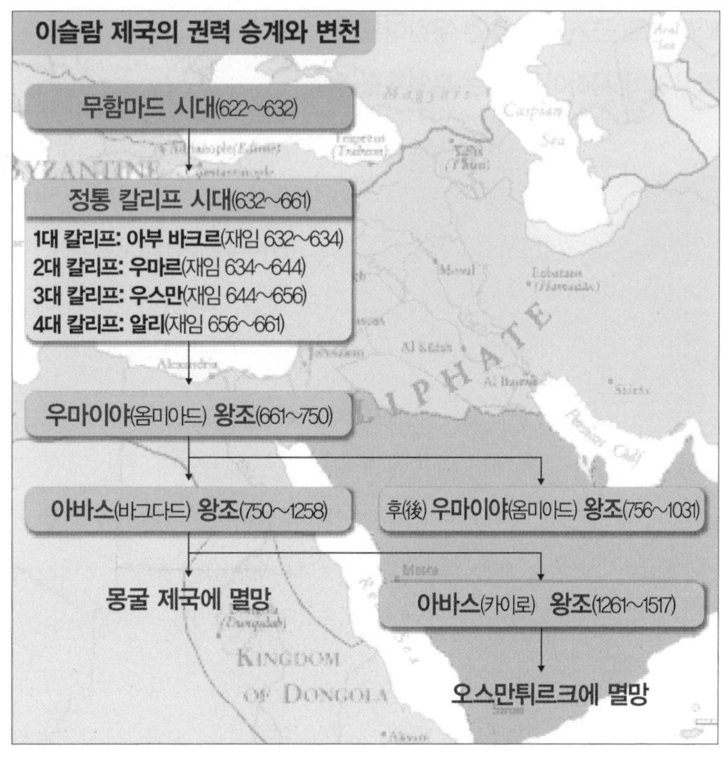

언자라 자처하면서 아라비아반도는 격랑의 소용돌이에 빠져들었다. 무함마드는 유일신 알라에 대한 복종을 강조하며 이슬람교를 전파했는데, 이것은 다신교를 신봉하며 순례자들을 상대로 큰 수익을 내던 메카인들의 이익에 배치되는 것이었다. 무함마드는 마크줌 가문을 비롯한 쿠라이시 부족들과 대립하게 되었고, 622년에 그들의 박해를 피해 추종자들을 이끌고 메디나로 피신했다.

메디나에 머물게 된 무함마드가 메카인들이 시리아로 가는 무역로를 위협하자 양측의 충돌은 피할 수 없게 되었다. 그렇게 해서 이슬람군과 쿠라이시군 사이에 최초로 벌어진 바드르 전투(624)에서 무함마드는 승리했지만, 이듬해 벌어진 우후드 전투에서는 할리드의 활약으로 패하기도 했다.

무함마드를 따르던 할리드의 형이 할리드에게 이슬람으로 개종을 권유

무함마드와 대적하던 할리드가 돌연 입장을 바꾼 것은 그의 형 때문이었다. 무함마드를 따르던 할리드의 형이 할리드에게 이슬람에 귀의할 것을 권유했고, 우후드 전투에서 할리드의 용맹과 능력을 알게 된 무함마드 또한 할리드를 받아들이려 했다. 이런 노력이 결실을 보아 할리드는 메디나로 달려가 무함마드 앞에서 이슬람교로 개종하기에 이르렀다. 이때 할리드와 나란히 이슬람으로 개종한 인물이 훗날 이집트를 정복하는, 또 다른 이슬람의 걸출한 명장 아므르 이븐 알 아스였다.

629년, 동로마 제국의 봉신국이던 가산 왕국의 관리가 보스라(현 시리아 남부)로 향하던 무함마드의 사절을 살해하는 사건이 일어났다. 무함마드는 이에 대한 응징으로 3,000명의 병력을 파견했다. 이들 이슬람군은 동로마와 가산의 연합군과 무타(Mu'tah, 현 요르단 서부)에서 전투를 벌였다. 아직은 동로마라는 대제국을 겨냥할 힘이 부족했는지 이슬람군은 사령관과 부사령관들이 셋 다 전사하는 패배를 겪었다.

이때 부장으로 참전하여 칼이 9개나 부러지는 맹활약을 펼친 할리드는 지휘권을 최종적으로 인수한 후 잔여 병력을 온전히 보존한 채 퇴각하는데 성공했다. 할리드는 이 공훈으로 무함마드로부터 '알라의 검'이라는 칭호를 하사받았다.

630년, 무함마드가 1만 명의 병력으로 메카를 점령할 때 할리드는 예언자가 이끄는 두 부대의 지휘관 중 하나로 메카에 함께 들어갔다. 메카인들은 곧 이슬람으로 개종했고, 그때까지 예언자에게 대적하던 아라비아반도 내 다른 부족들도 무함마드의 군대에 복속되어갔다.

특히 무함마드가 3만 명의 병력으로 동로마의 영향력이 미치는 타북(Tabuk, 현 사우디아라비아 서북부)에 생애 최후의 그리고 최대의 친정을 감행한 것은 예언자가 아라비아반도를 벗어나 동로마에 도전하겠다는 의지의 표출이었다. 다만 632년에 예언자가 사망하면서 그의 꿈은 칼리프라 불리는 계승자들에 의해서 실현된다.

이슬람의 1대 칼리프 아부 바크르는 할리드를 앞세워 아라비아반도를 통일

이슬람의 1대 칼리프에 추대된 이는 예언자의 장인이자 친구였던 아부 바크르였다. 그의 당면 과제는 예언자라 자칭하며 메디나의 통치에 반기를 든 아라비아의 여러 반란 세력이었다. 아부 바크르는 이슬람의 배교(릿다, Ridda) 전쟁이라 불린 진압 작전을 위해 할리드 이븐 알 왈리드와 아므르 이븐 알 아스를 비롯한 여러 장군을 지휘관으로 하는 11개의 부대를 편성했다. 할리드는 이 중에서 가장 강력한 부대를 이끌고 가장 강력한 적을 상대할 예정이었다.

아라비아반도 중앙으로 진격한 할리드의 첫 상대는 혼자만으로 1,000명의 전력을 가졌다고 우마르가 평가한 명장 툴라이하였다. 하지만 할리드는 부자카 전투에서 6배가 넘는 병력을 지닌 툴라이하를 격파했다. 계속해 동쪽으로 진격한 할리드는 최강의 세력을 떨치던 무사일리마를 야마마 전투에서 패퇴시키면서 불과 3개월 만에 자신의 임무를 완수했다.

아부 바크르는 아라비아를 평정한 후 계속해서 이웃한 동로마와 사산 왕조 페르시아를 상대로 이슬람 세력을 확장하기로 했다. 이렇게 해서 시작되는 이슬람군의 선공에 대해 아부 바크르가 원래부터 대외 팽창주의자였다는 의견도 있다.

반면에 분산된 아랍 부족들이 이슬람교를 중심으로 통합되어 동로마와 페르시아에 위협이 되자 그가 두 제국의 선제공격을 예상하고 차라리 아랍 측이 선제공격하는 것이 낫다고 판단했다는 의견도 있다. 다행히 동로마와 사산 왕조는 어느 한쪽이 결정적인 승리를 얻지 못한 채 대치 중이었고, 이런 정황 덕에 아랍인들은 어부지리를 얻을 수 있었다.

633년, 아부 바크르가 할리드에게 1만 8,000명의 병력을 주어 페르시아를 침공케 하고, 아부 우바이다에게 2만 3,000명의 병력을

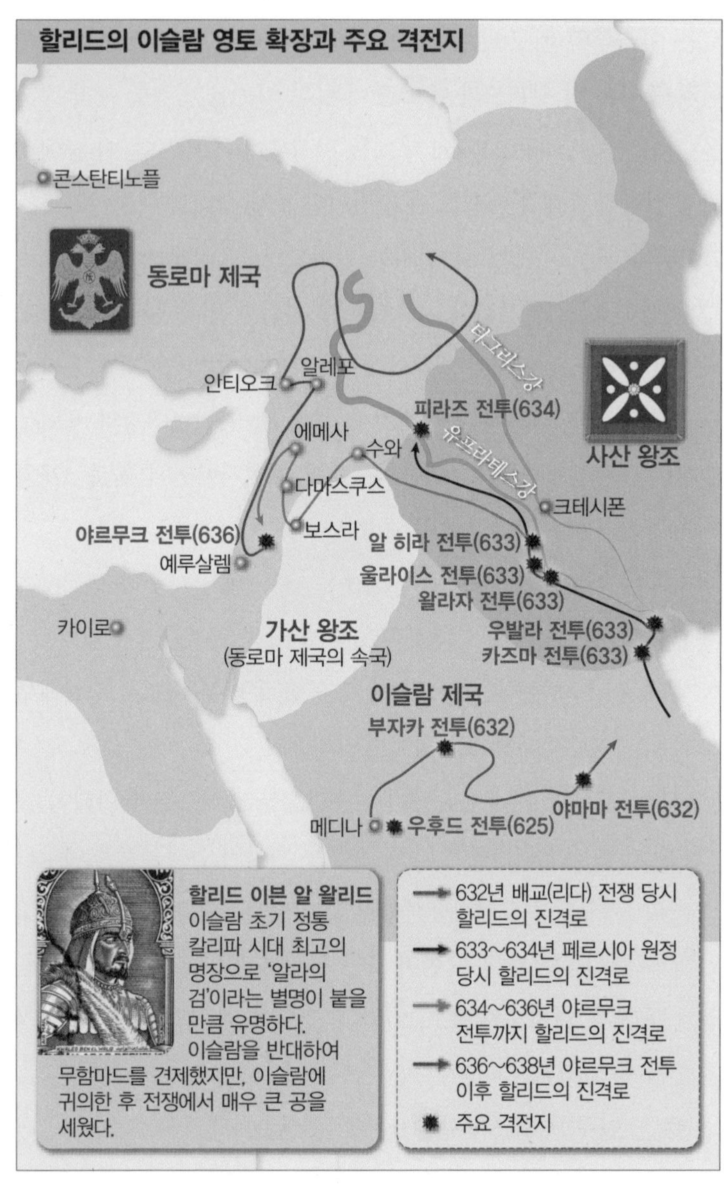
할리드의 이슬람 영토 확장과 주요 격전지
콘스탄티노플
동로마 제국
알레포
안티오크
티그리스강
피라즈 전투(634)
에메사
수와
유프라테스강
사산 왕조
다마스쿠스
크테시폰
야르무크 전투(636)
보스라
알 히라 전투(633)
예루살렘
울라이스 전투(633)
왈라자 전투(633)
카이로
가산 왕조
(동로마 제국의 속국)
우발라 전투(633)
카즈마 전투(633)
이슬람 제국
부자카 전투(632)
야마마 전투(632)
메디나
우후드 전투(625)
할리드 이븐 알 왈리드
이슬람 초기 정통 칼리파 시대 최고의 명장으로 '알라의 검'이라는 별명이 붙을 만큼 유명하다. 이슬람을 반대하여 무함마드를 견제했지만, 이슬람에 귀의한 후 전쟁에서 매우 큰 공을 세웠다.
632년 배교(리다) 전쟁 당시 할리드의 진격로
633~634년 페르시아 원정 당시 할리드의 진격로
634~636년 야르무크 전투까지 할리드의 진격로
636~638년 야르무크 전투 이후 할리드의 진격로
주요 격전지

주어 동로마령인 시리아를 침공케 하면서 아랍인들은 드디어 아라비아반도를 뛰쳐나갔다. 할리드는 페르시아의 심장부로 바로 진격하는 대신 우선 유프라테스강 서안을 따라 북진했다. 그렇게 배후를 확실히 다진 후 사산 왕조의 수도인 크테시폰으로 쳐들어갈 계획이었다.

할리드군은 카즈마에서 페르시아군 2만 명을 최초로 무찌른 후 마드하르, 우발라에서 연속해 승리했다. 페르시아 황제 야즈데게르드 3세가 크게 놀라 대군을 파견했지만 할리드는 이들마저 왈라자 전투에서 크게 무찔렀고, 이어서 울라이스 전투에서 7만 명의 페르시아군을 몰살시켰다.

계속해서 유프라테스강의 중부 지역 중심지였던 알 히라를 함락시킨 것은 그가 이번 원정에서 거둔 최대 성과였다.

불과 몇십 년 전까지만 해도 사산조 페르시아의 영향권이었던 라흠 왕국의 수도 알 히라는 할리드에게 항복하여 매년 6~9만 개의 은화를 조공으로 바치기로 했다. 할리드는 이를 메디나의 칼리프에게 보냈다.

페르시아인들은 과거의 아랍인들이 흔히 그랬듯이 할리드가 실컷 약탈했으니 이제 철수하길 바랐다. 하지만 그들의 기대는 물거품이 되었다. 할리드는 유프라테스 계곡을 따라 서북쪽으로 계속해 진군하여 안바르(현 이라크 중부)마저 함락시켰고, 페르시아 제국의 최전방 기지인 피라즈까지 다다랐다.

동로마가 지배하는 시리아 정벌에 나선 할리드는 사막을 건너 다마스쿠스를 정복

이때 동로마군은 이슬람군이 국경에까지 이르자 일단 숙적 페르시아군을 도와 이슬람군을 무찌르기로 결정했다. 이에 할리드는 동로마군과 페르시아군이 유프라테스강을 건너 배수진을 치도록 유도했다. 연합군이 기꺼이 강을 건너 이슬람군과 교전을 시작하자 할리드는 적의 양익을 방어하면서 교착시킨 후 별동대를 적의 후방으로 보내 다리를 점령하고 둑을 터트렸다. 피라즈 전투에서 10만 명이 넘는 연합군을 수몰시키면서 할리드는 유프라테스강 서쪽을 완전히 평정했다. 할리드가 크테시폰을 향해 진군하려는 찰나 아부 바크르로부터 서찰이 도착했다.

"그대를 시리아 방면군 사령관으로 임명한다. 즉시 시리아로 진군하여 아부 우바이다로부터 지휘권을 인수하고 시리아를 공략하라."

아부 바크르의 주된 관심은 메소포타미아가 아니라 아라비아의 무역로인 시리아였다. 그런데 아부 우바이다가 아즈나다인(현 이스라엘)에서 발목이 잡히며 지지부진하자 필승 카드인 할리드를 투입하기로 한 것이다. 덕분에 사산조 페르시아는 17년간 수명을 연장할 수 있었지만 동로마는 재난을 맞이하게 되었다.

634년 4월, 할리드는 이라크 점령지를 수비할 병력을 뺀 9,000명의 병력을 이끌고 즉시 알 히라를 떠났다. 이때 이라크 방면에서 시리아로 진격할 때는 시리아 사막을 북쪽으로 우회하여 남진하는 것이 맞지만, 그 예정된 길목은 동로마가 철통같이 수비하고 있었다. 따라서 할리드는 동로마의 의표를 찔러 시리아 사막을 횡단하기로 했다. 할리드 군대는 우물이 있는 수와(Suwa)에 도착할 때까지 물 한 방울 없는 사막을 횡단하는 과정에서 낙타를 도살해 위(胃) 안의 물을 마시는 등 5박 6일간 갖은 고난을 겪으며 어려운 사막 행군을 끝내 완수했다.

총 18일 간 800km를 주파하여 시리아에 진입한 할리드는 시리아 전역에서도 배후를 먼저 안전하게 만드는 전략을 세웠다. 다마스쿠스를 비껴 내려간 할리드는 먼저 가산 왕국의 수도 보스라를 함락시켜 동로마의 봉신국을 멸망시킨 후 아즈나다인으로 진격해 동로마군을 무찔렀다.

이렇게 후방을 안정시키고 나서야 훗날 우마이야 왕조의 수도가 될 시리아 최대의 도시 다마스쿠스를 포위해 634년 9월에 함락하기에 이르렀다.

이슬람군이 팔레스타인까지 점령하자 동로마가 탈환하기 위해 원정대를 편성

한편 메디나에서는 다마스쿠스가 함락되기 한 달 전쯤 아부 바크르가 사망하고 우마르가 2대 칼리프에 즉위했다. 우마르는 엄격하고 독재적인 기질 탓에 그다지 신망은 없었지만 비범한 의지력과 정치적 명민함을 가진 인물이었다.

다만 지난 배교 전쟁에서 할리드가 이슬람에 우호적인 말리크를 재판도 없이 임의로 처형하고, 그의 아내를 취하는 등 전횡을 일삼은 이유로 아부 바크르에게 그의 처벌을 요구했을 만큼 할리드와는 사이가 좋지 않았다. 그러한 개인적인 감정에 더해 연전연승하는 할리드가 우상화될 것을 두려워한 우마르는 할리드를 최고사령관에서 해임하고 지휘권을 다시 아부 우바이다에게 넘겼다.

다마스쿠스를 함락했을 무렵 이 소식을 전해 들은 할리드 휘하의 장군들과 병사들은 분노했지만, 할리드는 불만 없이 칼리프의 명령을 받아들였다. 다행히 아부 우바이다는 할리드의 능력과 인품을 아는 터라 그를 내치지 않고 함께 정복 전쟁을 이어갔다. 이슬람군이 다마스쿠스 탈환을 노리는 동로마군을 격파하고 계속해 티베리아스(현 이스라엘 북동부)와 에메사(현 시리아 홈스)가 이슬람군에 점령되자 동로마는 드디어 대규모 원정군을 편성해 시리아와 팔레스타인을 탈환하기로 했다.

당시의 동로마 황제 헤라클리우스는 610년에 쿠데타를 일으켜 101년간 지속될 헤라클리우스 황조를 개창한 인물이다. 그의 용맹함은 따를 자가 없었고 전략 · 전술에도 밝았다. 동로마가 사산 왕조의 호전적인 호스로 2세에게 빼앗겼던 시리아 · 팔레스타인 · 아나톨리아 · 이집트를 되찾는데 그치지 않고, 역으로 크테시폰을 침공해 그들의 위대한 샤한샤를 패멸시킨 것은 분명 헤라클리우스의 공이었다.

이슬람의 침략을 보고받았을 때쯤 환갑의 헤라클리우스는 중병에 걸려 있었다. 직접 전장에서 지휘할 수 없었던 황제는 안티오크(현 안타키아)에 머물면서 슬라브 · 아르메니아 · 조지아 · 프랑크 군대를 끌어들인 대군을 편성한 후 동생 테오도루스로 하여금 지휘하게 했다. 심지어 이들 연합군에는 황제가 딸을 야즈데게르드 3세에게 혼인시키면서 동맹을 맺은 페르시아군도 포함되어 있었다. 이슬람군이 네 방향으로 분산된 것에 주목한 황제는 재빨리 그 한가운데에 뛰어들어 분산된 적을 각개 격파할 계획이었다.

할리드가 야르무크 전투에서 승리하자 동로마의 헤라클리우스 황제도 퇴각

하지만 할리드는 헤라클리우스가 노리는 바를 알아챘다. 할리드는 전군이 일단 후퇴해 뭉쳐서 대회전으로 승부를 내야 한다고 건의했다. 아부 우바이다는 그의 의견을 좇아 어렵게 얻은 다마스쿠스와 에메사를 버리고 전 이슬람군을 야르무크강으로 후퇴시켰다. 요르단강의 지류인 야르무크강은 주위에 산과 계곡이 많아 중무장한 연합군에게는 불리하지만 경무장한 이슬람군에게는 유리한 장소였다. 동로마군이 남진하여 이들과 충돌하니 이 전투가 바로 할리드 생애 최대의 승리로 꼽히는 야르무크 전투(636)이다.

지금까지 이슬람이 맞선 그 어떤 적보다 강대한 적을 맞이하자 아부 우바이다는 대회전에 능한 할리드에게 전권을 위임했다. 다시 총사령관직을 맡은 할리드는 먼저 보병을 넷으로 나눠 좌우로 배치했다. 기병은 다섯으로 나눴으며, 그중 넷을 보병의 뒤에 각각 배치해 보병을 지원하게 하고, 자신이 직접 지휘하는 최고의 엘리트 기병대는 예비대로 최후방에 두었다. 이렇게 배치된 이슬람군 병력은 총 2~4만 명 정도로 추정된다.

뒤늦게 전장에 도착한 동로마군 또한 이슬람군과 마찬가지로 보병과 기병을 넷으로 나누었고, 기병을 보병 배후에 배치했다. 이렇게 배치된 연합군 전열은 13km에 달했으며 총병력은 10~15만 명 정도로 추정된다.

총사령관 테오도루스와 야전사령관을 맡은 아르메니아 국왕 바한은 긴 전열의 이점을 살려 양쪽 날개에 공격을 집중하기로 했다. 일단 방어에 치중하는 이슬람군을 살짝 두드려본 결과 그들의 오른편이 취약하다고 판단한 바한은 동로마군 왼쪽으로 하여금 집중 공격을 가하게 했다. 하지만 할리드는 이를 예측하고 오른쪽 군을 일부러 후퇴시켜 동로마 왼쪽 군을 깊숙이 끌어들였다. 이후 미리 매복시켜둔 군대와 함께 삼면에서 공격해 동로마 왼쪽 군대를 패퇴시키는 데 성공했다.

전투의 마지막 날 할리드는 결정적인 기동을 감행하기로 했다. 기병대 전체를 하나로 묶어 동로마군의 왼편부터 공격하여 먼저 적의 기병대를 무찌른 후 기병의 지원 없이 고립될 보병을 측면과 배후로부터 공격한다는 작전이었다.

몰려오는 8,000명의 이슬람 기병대를 본 바한 또한 동로마의 기

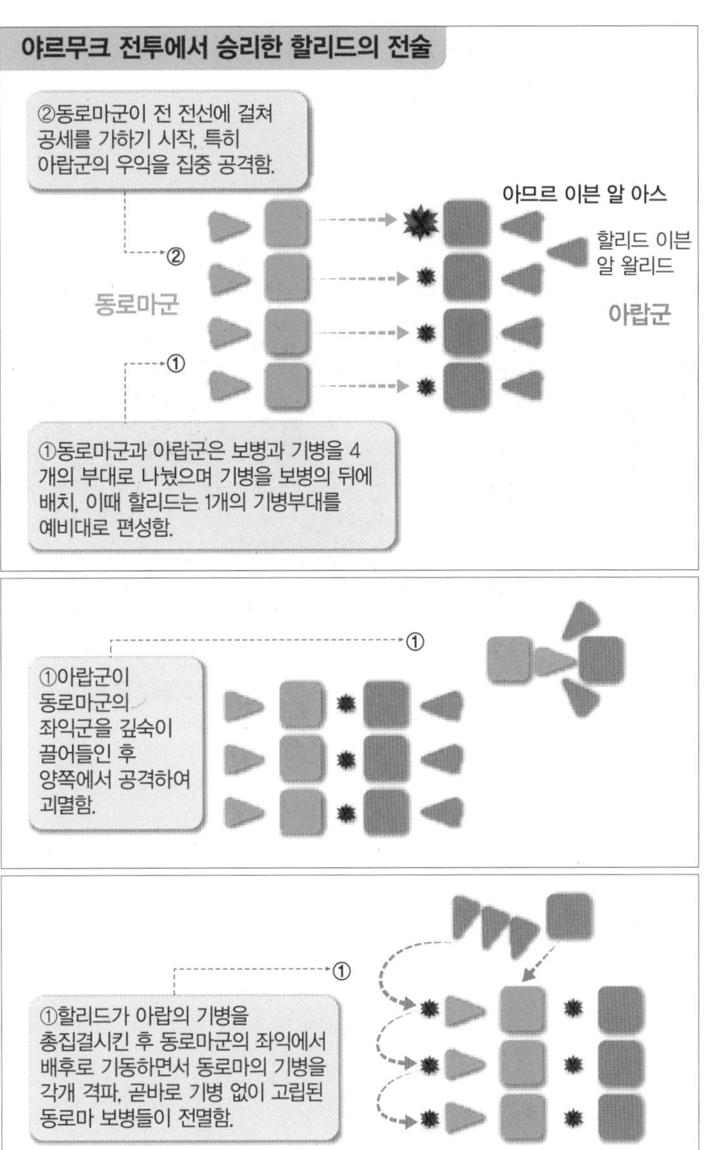

야르무크 전투에서 승리한 할리드의 전술
②동로마군이 전 전선에 걸쳐 공세를 가하기 시작, 특히 아랍군의 우익을 집중 공격함.
②
아므르 이븐 알 아스
할리드 이븐 알 왈리드
동로마군
아랍군
①
①동로마군과 아랍군은 보병과 기병을 4개의 부대로 나눴으며 기병을 보병의 뒤에 배치, 이때 할리드는 1개의 기병부대를 예비대로 편성함.
①
①아랍군이 동로마군의 좌익군을 깊숙이 끌어들인 후 양쪽에서 공격하여 괴멸함.
①
①할리드가 아랍의 기병을 총집결시킨 후 동로마군의 좌익에서 배후로 기동하면서 동로마의 기병을 각개 격파, 곧바로 기병 없이 고립된 동로마 보병들이 전멸함.

야르무크 전투 일러스트레이터, 1310~1325년, 카탈루냐 일러스트레이터(익명), 개인 소장. 사라센인은 별과 초승달이 그려진 깃발을 들고 있고, 동로마군은 별이 그려진 깃발을 들고 있다.

병대를 총집결시켜 맞서고자 했지만, 이슬람의 경기병만큼 민활하지 못했다. 동로마 기병대는 분산된 채 차례로 격파되어 전장을 이탈했으며, 이어 전장에 남겨진 보병들은 이슬람 기병과 보병의 협공을 받아 궤멸했다. 전사자 중에는 총사령관 테오도루스와 바한을 비롯한 주요 지휘관들이 포함되어 있었다.

할리드가 야르무크 전투에서 결정적인 승리를 거두자 더는 병력도 자금도 없던 헤라클리우스는 콘스탄티노플로 돌아갈 수밖에 없었다. 할리드가 다마스쿠스를 재점령한데 이어 이듬해 예루살렘 · 알레포 · 안티오크를 함락시키면서 시리아와 팔레스타인은 영원히 동로마의 품을 떠났다.

시리아를 평정한 할리드는 637년과 638년에 매서운 창끝을 북으로 향해 아나톨리아를 짓밟았다. 여기에서 그의 연전연승을 멈추게 한 것은 동로마가 아니라 그의 주군인 칼리프였다.

'알라의 검'이라 불리던 명장 할리드는 642년에 시리아에서 숨을 거두었다

무함마드가 사망한 지 불과 몇 년 만에 이슬람이 세계적인 제국을 건설하게 된 중심에는 분명 할리드가 있었다. 하지만 할리드의 드높은 명성으로 칼리프의 권위마저 위협받게 되자 우마르는 그를 해임하고 만 것이다. 우마르는 다음과 같이 할리드를 달랬다.

"나는 당신에게 분노를 느끼거나 당신을 배신하기 위해 면직시킨 것이 아니다. 영광을 받아야 할 분은 알라이시며 나는 사람들이 이 점을 이해하길 바란다."

'알라의 검'이라 일컬어지던 불패의 명장 할리드는 해임되어 메디나로 소환된 후 시리아의 에메사로 돌아갔으며, 642년에 그곳에서 숨을 거두었다.

640년, 우마르는 야르무크 전투에서 왼편을 지휘했던 우마이야 가문의 야지드 이븐 아비 수피안을 시리아 총독으로 임명했다. 그해 야지드가 병사하자 그의 이복동생 무아위야가 시리아 총독을 계승했다. 644년, 우마르가 암살당했을 때 우마이야 가문의 우스만이 3대 칼리프로 즉위하면서 무아위야의 입지가 탄탄해졌다.

656년에 우스만이 의문의 암살을 당했고, 그 배후가 풀리지도 않은 채 알리가 4대 칼리프로 즉위했다. 이에 반발한 무아위야가 다마스쿠스를 수도로 하는 우마이야 왕조를 열어 이슬람 세계를 제패하면서 4대에 걸쳤던 정통 칼리프 시대는 끝나게 되었다. 이 우마이야 왕조가 동으로는 중앙아시아에서 서로는 이베리아반도까지 세력을 확장하면서 이슬람인들은 아라비아반도를 뛰쳐나온 지 백년도 안 되어 그때까지 없었던 최대의 제국을 건설하게 된다.

샤를마뉴

(생몰 742(?)~814, 재위 768~814)

게르만족의 프랑크왕으로 서로마 제국 황제에 즉위

서로마가 멸망 후 게르만 국가들 가운데 최대 세력을 자랑한 나라는 프랑크 왕국

서로마 제국이 멸망한 476년은 고대와 중세의 분기점이다. 그 후 전개된 유럽의 대략적인 역사는 동쪽에서 로마 제국의 법통을 이은 동로마 제국이 이슬람 세력을 막아내는 사이 서쪽에서는 게르만족이 세운 국가들이 각축을 벌이는 양상이었다. 서유럽인들은 잇따른 내홍과 이민족의 침입으로 혼란에 빠지자 차츰 번영과 질서가 있었던 로마 제국을 그리워했다.

8세기 후반 그들의 염원대로 서로마 제국을 부활시키며 현재 서유럽의 기틀을 마련한 인물은 프랑크 왕국의 샤를마뉴였다. 샤를마뉴(Charlemagne)는 프랑스어 이름이며, 영어 이름은 찰스 대제(Charles the Great), 독일어 이름은 카를 대제(Karl der Große), 라틴어 이름으로는 카롤루스 대제(Carolus Magnus)로 부르기도 한다.

서로마가 멸망하면서 건국된 게르만 국가들 가운데 최대의 세력을 자랑한 나라는 프랑크 왕국이었다. 프랑크 왕국은 486년에 살리 프랑크족(Salian Franks)의 부족장이던 클로비스가 프랑크족을 통일하고 메로빙거 왕조를 세우면서 출범했다. 가장 비옥한 토지를 점유했던 반달 왕국, 한때는 최대의 영토를 지배했던 서고트 왕국, 게르만 국왕 중 최초로 '대왕' 칭호를 받은 테오도리쿠스를 배출한 동고트 왕국을 제치고 프랑크 왕국이 가장 오래 번영했던 이유는 다음과 같다.

첫째, 군사적으로 게르만족 대이동 당시 그들의 근거지에서 그리 멀지 않은 곳으로 이주했기 때문에 전투 인력의 누수가 적었다.

둘째, 지리적으로 동로마와 이슬람 제국으로부터 멀리 떨어져 있었기 때문에 두 강대국으로부터 침략의 위험이 적었다.

셋째, 종교적으로 다른 게르만 국가들이 당시 이단으로 여겨지던 아리우스 학파를 믿었던 것과 달리 가톨릭을 받아들임으로써 교회 및 현지인들과 쉽게 융화할 수 있었다.

하지만 게르만족 특유의 분할상속과 어린 왕들의 연속적 등극으로 메로빙거 국왕의 권위는 유명무실해졌고, 점차 궁재(宮宰, 궁전의 행정을 맡은 최고의 궁정직)라 불리는 귀족이 실권을 차지했다. 이후 궁재였던 카롤링거 가문의 카를 마르텔이 투르 · 푸아티에 전투

프랑크 왕국의 왕계표

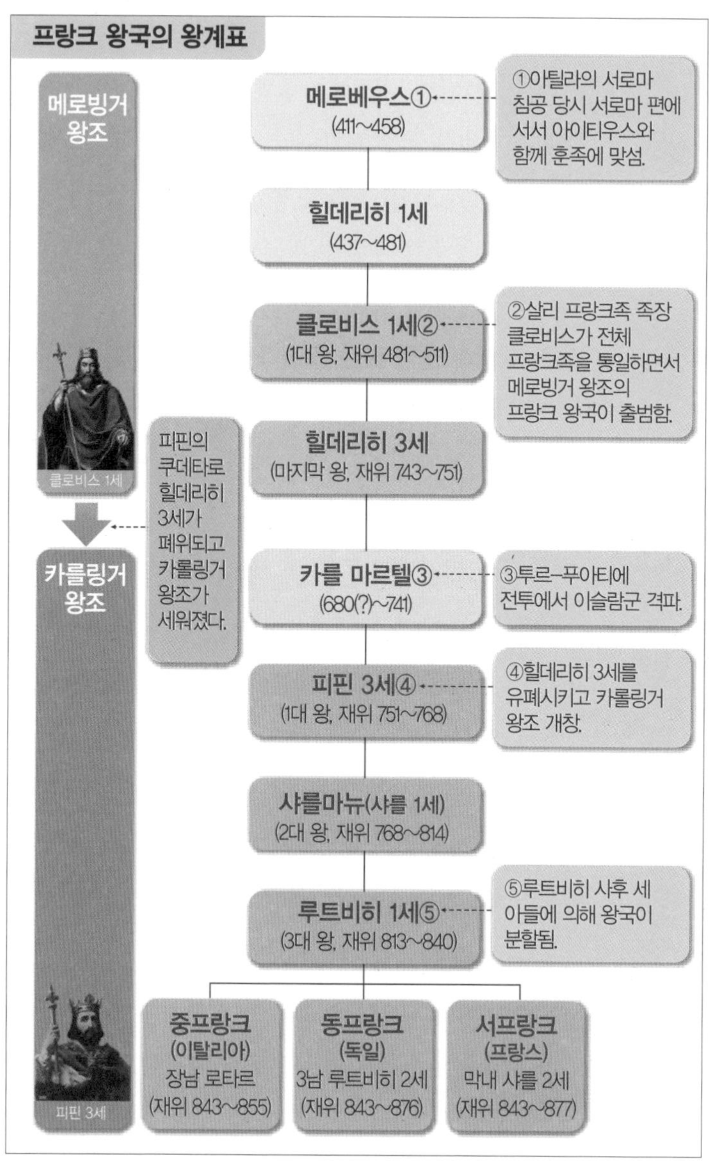
메로빙거 왕조
메로베우스① (411~458)
①아틸라의 서로마 침공 당시 서로마 편에 서서 아이티우스와 함께 훈족에 맞섬.
힐데리히 1세 (437~481)
클로비스 1세② (1대 왕, 재위 481~511)
②살리 프랑크족 족장 클로비스가 전체 프랑크족을 통일하면서 메로빙거 왕조의 프랑크 왕국이 출범함.
클로비스 1세
힐데리히 3세 (마지막 왕, 재위 743~751)
피핀의 쿠데타로 힐데리히 3세가 폐위되고 카롤링거 왕조가 세워졌다.
카롤링거 왕조
카를 마르텔③ (680(?)~741)
③투르-푸아티에 전투에서 이슬람군 격파.
피핀 3세④ (1대 왕, 재위 751~768)
④힐데리히 3세를 유폐시키고 카롤링거 왕조 개창.
샤를마뉴(샤를 1세) (2대 왕, 재위 768~814)
루트비히 1세⑤ (3대 왕, 재위 813~840)
⑤루트비히 사후 세 아들에 의해 왕국이 분할됨.
중프랑크 (이탈리아) 장남 로타르 (재위 843~855)
동프랑크 (독일) 3남 루트비히 2세 (재위 843~876)
서프랑크 (프랑스) 막내 샤를 2세 (재위 843~877)
피핀 3세

(732)에서 이슬람군을 무찌르면서 카롤링거 가문의 세습적 권력이 확고해졌다. 마침내 751년에 아버지 카를 마르텔과 달리 정치적 야심이 남달랐던 피핀 3세가 교황 자카리아스의 승인 아래 메로빙거 왕조 최후의 왕 힐데리히 3세를 수도원에 유폐시키고 스스로 왕위에 오르면서 카롤링거 왕조가 시작되었다.

'샤를마뉴는 강한 체력과 균형 있는 몸에다 쾌활했기 때문에 품위와 위엄이 있었다'

768년, 피핀 3세가 사망하면서 큰아들 샤를마뉴가 프랑크 왕국을 물려받았다. 샤를마뉴의 출생이나 어린 시절에 관한 기록이 별로 없어서 그가 태어난 연도와 장소 그리고 성장 과정은 확실치 않다. 하지만 샤를마뉴를 옆에서 보좌하며 단둘이 사적인 비밀까지 나눌 정도로 친밀했던 아인하르트(Einhard, 775(?)~840)가 훗날 《샤를마뉴의 생애》라는 전기傳記로 그에 대한 기록을 남겼다. 이 기록은 샤를마뉴에 대한 가장 직접적이고 일차적인 사료인데, 여기에서 아인하르트가 지켜본 샤를마뉴의 모습을 살펴본다면 다음과 같다.

'샤를마뉴는 강한 체력과 균형 있는 몸을 갖고 있었다. 키가 큰데다 표정이 명랑하고 쾌활했기 때문에 앉으나 일어서나 품위와 위엄이 있었다. 그의 발음은 명료했으나 목소리는 덩치치고는 가는 편이었다. 건강은 양호했지만 죽기 4년 전부터 열병에 자주 시달렸다. 그가 좋아하는 것은 승마 · 사냥 · 수영이었다. 그가 수도를 아헨에 정하고 죽을 때까지 거기에만 머물렀던 것은 근처의 많은 온천에서 목욕을 즐기고 틈날 때마다 수영을 할 수 있었기 때문이다.

샤를마뉴는 독실한 신앙심을 갖고 있었다. 그는 아침과 저녁에 규칙적으로 교회에 나가 예배가 엄숙히 치러지도록 각별한 주의를 기울였다. 그가 가장 소중히 여긴 교회는 성 베드로 대성당이었다. 그는 안타깝게도 47년의 치세 동안 로마를 네 번만 방문할 수 있었다.

언변이 유창했던 샤를마뉴는 열심히 외국어를 배웠다. 라틴어는 모국어만큼 구사할 수 있었으며, 그리스어는 이해는 하지만 말을 잘하는 수준은 아니었다. 학문을 좋아한 그는 당대 최고의 학자인 앨퀸에게서 수학했다.'

이처럼 아인하르트가 《샤를마뉴의 생애》에서 샤를마뉴의 용모 · 종교 · 습관 · 사생활 등을 언급했어도 가장 비중 있게 다룬 부분은 역시 프랑크 왕국의 팽창 전쟁이었다. 하지만 아인하르트가 전쟁을 모르는 학자여서 그런지 샤를마뉴의 정복 전쟁을 개략적으로 기록했을 뿐 그의 구체적인 전략 · 전술이나 프랑크 군대에 관한 묘사는 없다.

아인하르트뿐 아니라 그 시대 누구도 샤를마뉴의 위대한 군대에 관한 구체적인 기록을 남기지 않았으니 현재로서는 그저 추측에 의존할 뿐이다. 가령 버나드 로 몽고메리는 먼저 궁병이 일제히 화살을 쏜 후 기병이 돌격하는 단순한 전술을 사용했을 것이고, 마지막으로 보병은 뒷정리했을 것이라고 말한다.

샤를마뉴 초상화, 1512년, 알브레히트 뒤러.

중요한 것은 프랑크 군대에서 그 어느 때보다도 중장기병의 존재가 돋보였다는 것이다. 과거의 프랑크 군대로는 동쪽의 아바르, 서쪽의 바이킹, 남쪽의 사라센인과 랑고바르드, 북쪽의 작센을 효과

적으로 대적하기 힘들었다.

사방이 끊임없이 침략당하는 상황에서 샤를마뉴가 거대한 통일 왕국을 이루기 위해서는 기동성의 증대, 즉 기병이 요구되었다. 드넓은 유라시아 초원이나 중동의 사막이라면 경기병이 알맞지만, 삼림에 둘러싸이고 곳곳에 깊은 강이 있는 프랑크 왕국의 군대에는 중장기병이 제격이었다.

샤를마뉴가 랑고바르드 왕국을 정복해 이탈리아 중북부는 프랑크 왕국령에 편입

그런데 유럽의 다른 통치자라고 해서 이러한 중장기병의 위력과 효용을 모를 리 없었다. 하지만 중세 유럽의 중장기병, 그러니까 기사를 양성하기 위해서는 기본적으로 말 · 사료 · 마갑 · 갑옷 · 무기를 마련해야 한다. 이외에도 기사의 갑옷 시중을 들어줄 한 명과 말을 돌봐줄 한 명, 이렇게 최소 두 명의 시종이 필요했다.

여기에 더해 말과 기사가 혼연일체가 되어 움직이도록 말은 잘 훈련되어야 하며, 기사는 무예를 닦는 데만 전념해야 한다. 이렇게 기사 한 명을 만들기 위해서는 너무나 큰 비용이 필요한 것이다. 다른 왕들은 이를 해결할 수 없었지만 프랑크 왕국의 통치자들은 봉건제도를 통해 해결할 수 있었다.

화폐경제가 발달하지 못했던 중세 유럽에서 프랑크 왕국은 가신들에게 돈 대신 땅을 지급했다. 봉토를 하사받은 영주들은 자신들의 장원莊園을 보호하기 위해 기사들을 휘하에 거느렸다. 이들 기사는 영주로부터 하사받은 땅을 소작인들에게 경작시키면서 훈련에만 집중할 수 있었다.

이때 기사들은 영주에게, 영주들은 왕에게 충성하고 유사시 군사력을 제공할 의무가 있었다. 이러한 체제는 영주뿐만 아니라 교회나 수도원에도 적용되어 주교나 수도원장 또한 땅과 기사를 소유하고 전시에는 국왕에게 군사력을 제공해야 했다. 결과적으로 국왕은 따로 비용을 들이지 않고 기동성을 갖고 동서남북으로 종횡무진할 수 있는 잘 훈련된 중장기병을 보유하게 되었다.

다만 봉건제에는 장점만큼이나 커다란 단점이 두 가지 있었다. 우선 왕은 제후들에게 1년에 통상 40일 정도의 군역을 요구할 수 있었기 때문에 다양하고 체계적인 전술을 익힐 수 없었다. 더구나 엘리트 의식이 강한 기사들이 보병과 제병합동전술諸兵合同戰術을 구사하는 것에 관심이 있을 리가 없었다.

더 큰 문제점은 쌍무적雙務的 계약 관계를 근간으로 하는 봉건제하에서는 강력한 권위를 가진 국왕이 있을 때 비로소 결집력을 갖는다는 것이다. 군주가 유약하거나 국왕이 외적의 침입에 제대로 대처하지 못할 경우 독자적 군사력을 지닌 제후들이 제멋대로 난립할 것은 자명하기 때문이다. 한편 이와 같은 봉건제의 결함에도 불구하고 프랑크 왕국과 신성로마 제국이 유럽 최강의 국가가 될 수 있었던 것은 각각 샤를마뉴와 오토 대제라는 걸출한 인물을 배출했기 때문이다.

샤를마뉴가 즉위하자마자 당면한 과제는 아키텐인들의 반란이었다. 아키텐은 피핀 3세가 10여 년간의 치열한 전쟁을 통해 간신히 복속시킨 지역이었다. 아키텐 공작 후날드가 샤를마뉴의 즉위를 틈타 다시 반기를 들었지만 친정한 샤를마뉴에게 패해 가스코뉴(현 프랑스 남서부)로 도주했다. 프랑크군이 후날드를 뒤쫓자 가스코뉴 공작 루프스는 후날드를 샤를마뉴에게 넘기고 프랑크 왕국에 복종했다. 이로써 남서부의 아키텐과 가스코뉴는 프랑크 왕국 영토로 편입되었다.

773년, 프랑크 왕국에 랑고바르드의 침입을 호소하는 로마 교황 하드리아누스의 사절과 이를 부정하는 랑고바르드 국왕 데시데리우스의 사절이 동시에 도착했다. 부친의 정책을 답습해 교황을 돕기로 결심한 샤를마뉴는 알프스를 넘어 진군하여 랑고바르드 왕국의 수도 파비아를 포위했다. 이때 샤를마뉴는 병력을 나누어 베로나에서 군대를 일으킨 데시데리우스의 아들을 공격해 동로마로 달아나게 만든 후 로마를 방문해 교황을 접견하는 여유까지 부렸다.

샤를마뉴의 치세 중 가장 격렬했던 전투는 33년 동안 18차례 전투를 치른 작센 전쟁

이후 샤를마뉴가 파비아로 회군하자 더 이상 버틸 수 없었던 데시데리우스는 성문을 열고 항복했다. 이렇게 랑고바르드 왕국이 멸망하면서 이탈리아 북부와 중부는 프랑크 왕국령이 되었다. 샤를마뉴는 남부마저 점령하고자 했지만, 동로마의 지원을 받던 베네벤토 공작의 끈질긴 저항으로 이탈리아를 완전히 손에 넣는 데는 실패했다.

기독교의 수호자를 자처하는 샤를마뉴에게 에스파냐 원정(778)은 오점과 전설을 남긴 전쟁이었다. 당시 이베리아반도 대부분은 코르도바에 수도를 둔 후옴미아드 왕조의 지배하에 있었다. 당시 후옴미아드에 맞서던 이슬람 총독들이 샤를마뉴에게 원군을 요청하자, 그는 프랑크군을 두 길로 나눠 피레네산맥을 넘었다. 샤를마뉴는 후옴미아드와 대립하던 아바스 왕조의 원정군 및 이슬람 총독들의 군대와 함께 코르도바를 공격할 계획이었다.

하지만 프랑크군은 고작 사라고사 포위전에서도 실패했으며 약속된 이슬람 측의 지원도 없었다. 엎친 데 덮친 격으로 본국에서 작센인들이 반란을 일으키자 샤를마뉴는 원정을 포기할 수밖에 없었다.

프랑크군이 다시 피레네산맥을 넘어 회군할 때 바스크인들이 프랑크군의 후미를 공격해 전멸시키니 이것이 롤랑의 노래(중세 프랑스의 무훈시 중 최고의 걸작)로 유명한 롱스보 전투(778)이다. 다만 이 서사시는 샤를마뉴의 외조카인 브르타뉴 백작 롤랑이 이교도인 사라센인들과 싸우다 전사한 것으로 각색되어 있다.

샤를마뉴의 치세 중에 가장 격렬했고 오랜 시간이 걸렸던 전쟁은 33년 동안 18차례의 대전투를 치른 작센 전쟁(772~804)이었다. 이교도인 작센인들은 국경에서 끊임없이 말썽을 일으키는 사납고 호

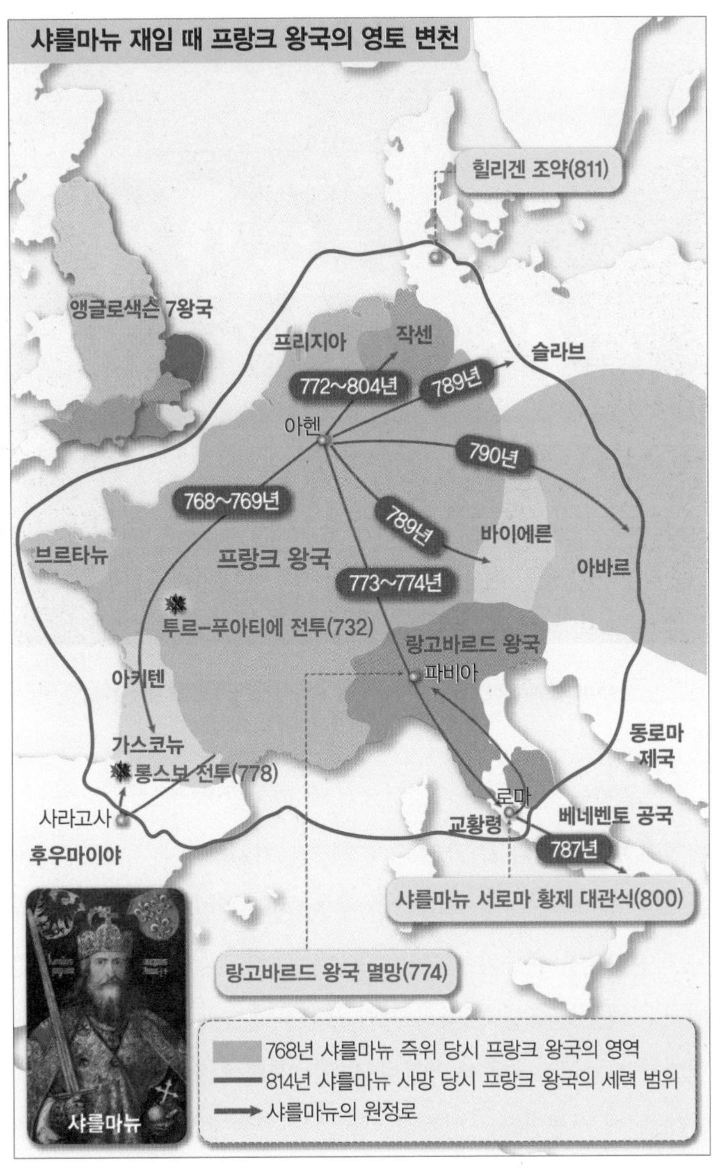
샤를마뉴 재임 때 프랑크 왕국의 영토 변천
힐리겐 조약(811)
앵글로색슨 7왕국
프리지아
작센
슬라브
772~804년
789년
아헨
790년
768~769년
789년
바이에른
브르타뉴
프랑크 왕국
773~774년
아바르
투르-푸아티에 전투(732)
랑고바르드 왕국
파비아
아키텐
가스코뉴
론스보 전투(778)
동로마
제국
로마
사라고사
교황령
베네벤토 공국
후우마이야
787년
샤를마뉴 서로마 황제 대관식(800)
랑고바르드 왕국 멸망(774)
샤를마뉴
768년 샤를마뉴 즉위 당시 프랑크 왕국의 영역
814년 샤를마뉴 사망 당시 프랑크 왕국의 세력 범위
샤를마뉴의 원정로

파더보른에서 작센인의 지도자 비두킨트의 항복을 받는 샤를마뉴, 1835년, 아리 셰퍼, 베르사이유 궁전.

전적인 민족이었다. 반골(反骨)의 기질을 가진 이들은 힘에 부칠 때는 복종을 맹세했다가 이후 배반하기를 반복했다. 더구나 샤를마뉴는 작센인들을 개종의 대상이자 비문명인으로 여겼기 때문에 그들에게는 매우 잔혹했다. 특히 그가 시행한 종교에 관련된 법령이 엄격해서 기독교로 개종을 거부할 경우는 사형에 처할 정도였다.

782년에 작센인들은 비두킨트를 중심으로 샤를마뉴의 압제에 항거하여 최대의 반란을 일으켰다. 그러나 샤를마뉴는 반란에 대한 보복으로 베르됭에서 4,500명의 작센인을 처형했다. '베르됭 학살'로 기가 꺾인 비두킨트가 785년 항복하면서 작센인들의 대규모 반란은 종식되었다. 이후 20여 년 동안 소규모 반란이 지속되었지만 결국 작센과 작센인들은 프랑크 제국으로 귀속되었다.

샤를마뉴가 아바르인들과 벌인 전쟁은 작센 다음으로 중요한 전쟁이었다. 788년에 아바르인들이 제국을 침범했지만, 샤를마뉴는 다른 문제들로 인해 2년 후에야 판노니아 평원으로 진격할 수 있었다. 8년에 걸친 긴 전쟁 동안 아바르인들의 수도는 두 차례나 함락되었으며, 프랑크인들은 어떤 전쟁에서보다도 많은 전리품을 획득했다. 이 막대한 재화와 보물은 영토만 넓을 뿐 가난했던 프랑크 왕국으로 보내졌으며, 샤를마뉴는 이를 주위에 골고루 나누어 주었다.

싸울 의지를 잃은 아바르 군주가 아헨으로 가서 항복과 개종을 청하면서 아바르 전쟁은 매우 만족스럽게 마무리되었다. 샤를마뉴는 아바르를 복속시키면서 국경을 접하게 된 슬라브 및 크로아티아 일대에도 공세를 더해 이 지역들에도 영향력을 행사했다.

교황 레오 3세는 성베드로 성당을 방문한 샤를마뉴에게 서로마 황제의 제관을 수여

프랑크 왕국이 이토록 강성해지자 이를 예의 주시한 인물은 교황 레오 3세였다. 그는 안으로는 자신을 박해하는 귀족 세력을 꺾고,

밖으로는 종주국인 동로마로부터 독립할 수 있게 해줄 보호자가 필요했다. 그래서 그는 샤를마뉴를 찾아가서 도움을 청했으며, 함께 이탈리아로 진군해 자신의 권위와 지위를 확고히 했다.

800년 12월 25일, 레오 3세는 성탄절 미사를 위해 성베드로 성당을 방문한 샤를마뉴에게 서로마 황제의 제관을 씌워주었다. 귀족들은 아우구스투스라는 칭호를 바치며 환호했다. 그런데 이것은 샤를마뉴 본인도 전혀 예상치 못한 일이었다. 그는 교황의 계획을 미리 알았더라면 절대 성당에 들어가지 않았을 것이라고 확언했다.

이와 같은 레오 3세의 극적인 연출로 가장 이득을 본 사람은 교황 자신이었다. 이때부터 신성로마 제국의 황제들이 즉위하기 위해선 로마에 와서 교황의 주재로 대관식을 치르는 관례가 생겨남으로써 교황은 황제 선임권을 주장할 수 있게 된 것이다. 여기에 더해 서로마 제국을 부활시킴으로써 콘스탄티노플에서 황제교황주의를 부르짖으며 간섭하던 동로마 황제를 배제할 수 있게 되었다.

반면에 샤를마뉴는 대관식을 통해 얻은 것도 있었지만 잃은 것도 있었다. 서로마 제국의 부활을 이루어 황제 호칭을 얻은 것은 큰 명예였지만, 교황과 교회에 대해 절대 우위를 누리지 못하게 된 것이다. 이 때문에 그는 대관식에 불만을 터트렸으면서도 황제 호칭을 인정받기 위해 동로마 제국과 전쟁까지 벌이게 된다.

마지막으로 샤를마뉴의 대관식으로 가장 큰 손해를 본 쪽은 동로마 제국이었다. 동로마인들로서는 그들의 권위와 정통성에 대한 도전이었기에 절대로 용납할 수 없었다.

샤를마뉴 황제의 대관식, 1903년, 카울 바흐, 개인 소장.

드디어 양국 간에 전쟁까지 벌어졌지만, 그때 불가리아 왕국이 강력한 위협으로 등장했기 때문에 동로마는 프랑크 왕국과 끝까지 전쟁을 지속할 수 없었다. 샤를마뉴 또한 동로마와 전쟁 중 아들이 사망하는 등 결과가 신통치 않았기 때문에 812년에 양국 간 협상이 체결되었다. 동로마가 이탈리아에서 주도권을 갖는 대신 샤를마뉴는 로마 황제가 아닌 프랑크 황제 칭호를 유지한다는 내용이었다.

이후 데인족과의 충돌을 마지막으로 샤를마뉴의 정복 전쟁은 종

카롤링거 프랑크 제국의 분할을 축복하는 루트비히 1세, 15세기, 작가 미상.

결되었다. 데인족의 왕 고드프레드는 프리지아를 침범한 데 이어 아헨까지 공략할 듯했지만, 그전에 허무하게 암살되었다. 고드프레드를 뒤이은 헤밍이 샤를마뉴와 데인족의 남쪽 국경을 아이더강(현 유틀란트반도에 위치)으로 정하는 힐리겐 조약을 체결하면서 데인족들은 프랑크 왕국에 더 이상 위협이 되지 않았다.

814년에 샤를마뉴가 사망할 당시 왕국의 영역은 동쪽으로 다키아와 판노니아에 이르렀으며, 북쪽으로는 프리지아와 작센을 병합했고, 남쪽으로는 중부 이탈리아와 에브로강까지 뻗었으며, 서쪽에서는 아일랜드가 스스로 복종했다. 과거 서로마 제국 영역의 절반을 정복한 셈이다.

샤를마뉴가 사망한 후 유일한 계승자였던 루트비히 1세(루이 1세)는 반란과 내전의 혼란을 겪으면서 세 아들에게 왕국을 분할했다. 이후 삼형제 사이에 베르됭 조약(843)이 체결되면서 왕국은 동프랑크, 중프랑크, 서프랑크로 조각나고 말았다. 먼 훗날 동프랑크 왕국이 독일로, 중프랑크 왕국이 이탈리아로, 서프랑크 왕국이 프랑스로 발전하였으니, 샤를마뉴의 카롤링거 프랑크 제국은 현대 서유럽의 뿌리라 부를 수 있다.

살라딘
(생몰 1138~1193, 재위 1174~1193)

3차 십자군 사자왕과 싸워 예루살렘을 지켜냈다

1138년에 이라크 북부의 티크리트에서 쿠르드족 무장 아이유브의 아들로 출생

이슬람의 영웅 중 살라딘만큼 널리 알려지고 친숙한 이름은 없을 것이다. 사실 이슬람 역사에서는 살라딘의 군사적 능력이 할리드 이븐 알 왈리드에 미치지 못하고, 정복한 영토는 티무르보다 작으며, 외적을 막아낸 공로는 바이바르스에 뒤처진다고 기록하고 있다.

그런데도 살라딘이 오늘날까지 동서양에서 모두 칭송받는 이유는 종교 · 국적 · 인종 · 신분을 차별하지 않고 인류에게 베푼 그의 휴머니즘 때문이다. 불과 1세기 전 십자군이 저지른 만행이나 그의 사후 1세기도 지나지 않아 바이바르스가 보여준 잔인함을 생각할 때, 살라딘이 패배한 적에게까지 베푼 관대함은 그가 지략과 덕을 겸비했던 이상적인 통치자였음을 증명한다.

살라딘의 아랍식 본명은 '살라흐 앗 딘 유수프 이븐 아이유브'이다. 흔히 알려진 '살라딘'이란 이름은 살라흐 앗 딘을 영어식으로 발음한 것이다. 그는 1138년에 지금 이라크 북부에 위치한 티크리트에서 쿠르드족 무장 아이유브의 아들로 태어났다. 훗날 티크리트에서 태어난 사담 후세인이 쿠르드족을 학살하면서도 살라딘을 사표師表로 여겼던 것은 흥미로운 일이다.

살라딘의 부친 아이유브는 유능한 무장이었던 자신의 동생 시르쿠와 함께 셀주크 제국으로부터 독립한 장기Zangid를 섬기고 있었다. 장기는 십자군 국가인 에데사 백국을 멸망시켜 2차 십자군 전쟁을 유발한 인물이다. 장기가 죽은 후 즉위한 그의 아들 누르 앗 딘 또한 야심과 능력이 있는 군주였으며, 아이유브 형제는 이라크와 시리아 북부를 지배한 장기 왕조에 충성을 바쳤다.

당시 이집트는 카이로를 수도로 하는 파티마 왕조(909~1171)가 통치하고 있었다. 파티마 왕조는 시아파로서 바그다드를 수도로 하는 수니파인 아바스 왕조와 대립했다. 두 왕조가 같은 점이 있다면, 칼리프 두 사람이 실권이 없기 때문에 국내에서 내분이 빈번했다는 점이다.

1163년에 파티마 재상인 샤와르가 권력 투쟁에서 밀려나 누르 앗 딘에게 도움을 청했다. 누르 앗 딘은 이 기회에 분열된 이슬람 세계를 통일하고자 이때부터 세 차례에 걸쳐 구원군을 파견했다. 구원군을 이끈 사령관은 시르쿠였으며, 그는 조카인 살라딘과 함께 출정하여 파티마 왕조의 분란을 종식시켰다. 파티마의 칼리프는 살라딘이 체포한 샤와르를 처형하고 시르쿠를 재상에 임명했다.

운 좋게 이집트와 시리아의 왕에 올라 이슬람 세력의 새로운 실력자로 부상

살라딘은 일평생에 걸쳐 수많은 행운이 함께 했다. 그 시작은 숙부인 시르쿠가 재상에 오른 지 불과 두 달 만에 과식으로 사망하자 파티마 칼리프가 살라딘을 후임 재상에 앉힌 것이었다. 이때 다마스쿠스의 누르 앗 딘과 바그다드의 칼리프는 살라딘에게 금요일 예배 때 파티마가 아닌 아바스 칼리프의 이름을 낭송하도록 요구했다. 이에 대해 살라딘은 비록 자신이 수니파 신도지만 이집트에서 혁명이 일어날까 두려워 주군의 명을 따르지 않았다.

그러던 차에 파티마 칼리프인 알 아디드가 21세에 사망했다. 그에게는 아들들이 있었지만 살라딘은 후계자를 옹립하지 않았다. 이렇게 해서 파티마 왕조가 멸망했고, 살라딘은 이집트를 손아귀에 넣었다. 이와 같은 살라딘의 독단적 처신은 그의 명목상 주군인 누르 앗 딘의 분노를 자아냈다. 사실 누르 앗 딘은 아버지나 숙부와 달리 자신에게 고분고분하지 않는 살라딘을 그전부터 의심의 눈초리로 지켜보고 있었기 때문이다.

1173년에 누르 앗 딘은 어느 십자군 요새를 공격하기 위해 살라딘에게 참전할 것을 명령했다. 하지만 예루살렘 왕국을 비롯한 십자군 세력이 자신들과 누르 앗 딘 사이의 완충지대로 남기를 바라는 살라딘이 적극적으로 나설 리 만무했다. 먼저 요새에 도착했던 살라딘은 누르 앗 딘이 오고 있다는 소식을 듣자 마음을 바꿔 먹고 이집트로 돌아가 버렸다.

1174년, 드디어 누르 앗 딘은 자신에게 복종하지 않고 이집트에서 독자적 세력을 키우던 살라딘을 응징하기로 했다. 그런데 이집트로 진군할 군대를 소집하던 누르 앗 딘이 급작스레 질병으로 사망하고 말았다. 누르 앗 딘의 11세 아들 앗 살리흐가 뒤를 이었지만, 어린 왕이 제대로 정무를 처리할 리 없었다. 살라딘은 차제에 시리아를 아예 접수하기로 결심하고 700명의 기병만 이끈 채 신속히 다마스쿠스에 입성했다.

살라딘은 자신을 앗 살리흐의 후견자로 자처하면서도 주군의 왕국을 가로채기 시작했다. 에메사와 하마 같은 주요 도시들이 잇따라 살라딘의 수중에 떨어졌다. 이때부터 살라딘이 스스로 왕위에 오르자, 바그다드의 칼리프도 그를 이집트와 시리아의 왕으로 재가하며 관복과 인증서를 보냈다.

하지만 살라딘을 피해 알레포로 달아난 앗 살리흐와 모술을 다스리던 그의 사촌 세이프 앗 딘의 입장에서 살라딘은 장기 왕조의 반역자일 뿐이었다. 그들은 살라딘을 처단하기 위해 군대를 일으켰다. 하지만 하마 인근에서 대패하며 살라딘이 기존의 점령지를 다

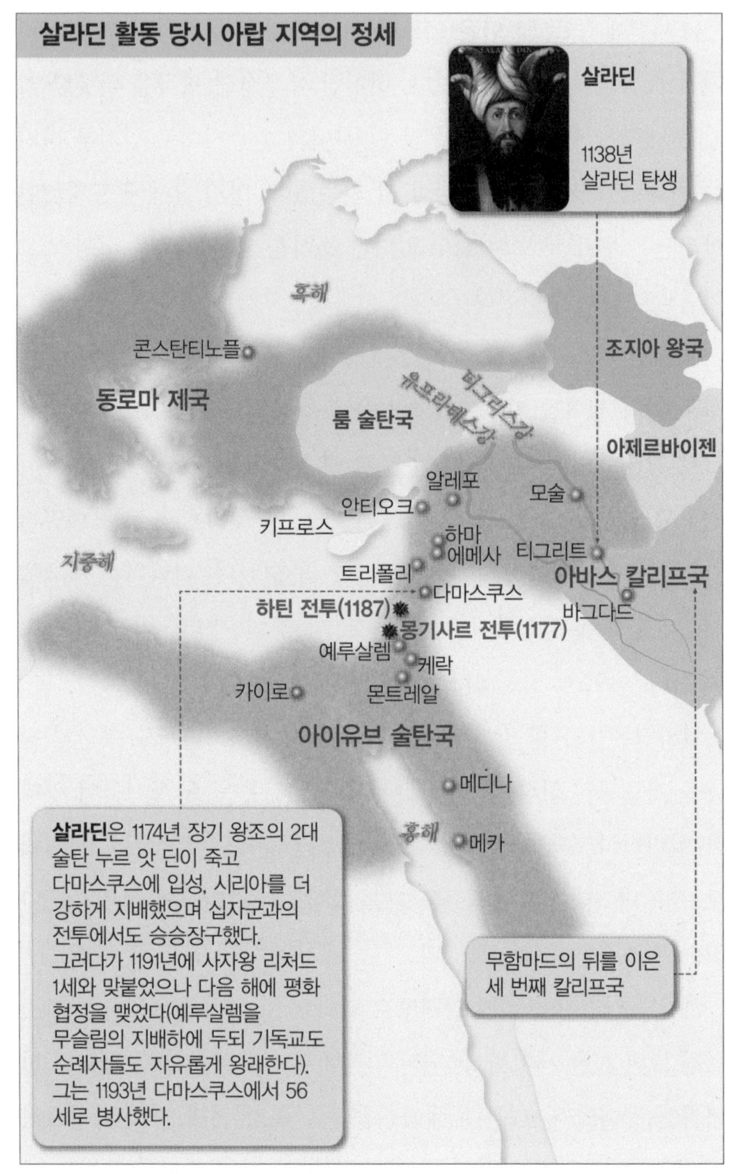
살라딘 활동 당시 아랍 지역의 정세
살라딘
1138년
살라딘 탄생
흑해
콘스탄티노플
조지아 왕국
동로마 제국
티그리스강
유프라테스강
룸 술탄국
아제르바이젠
알레포
모술
안티오크
키프로스
하마
에메사
티그리트
지중해
트리폴리
아바스 칼리프국
다마스쿠스
하틴 전투(1187)
바그다드
몽기사르 전투(1177)
예루살렘
케락
카이로
몬트레알
아이유브 술탄국
메디나
홍해
메카
살라딘은 1174년 장기 왕조의 2대 술탄 누르 앗 딘이 죽고 다마스쿠스에 입성, 시리아를 더 강하게 지배했으며 십자군과의 전투에서도 승승장구했다. 그러다가 1191년에 사자왕 리처드 1세와 맞붙었으나 다음 해에 평화 협정을 맺었다(예루살렘을 무슬림의 지배하에 두되 기독교도 순례자들도 자유롭게 왕래한다). 그는 1193년 다마스쿠스에서 56세로 병사했다.
무함마드의 뒤를 이은
세 번째 칼리프국

스리는 것을 인정한다는 굴욕적인 협정을 체결할 수밖에 없었다.

십자군 국가의 종주국인 예루살렘 왕국을 지하드 대상으로 삼아 정벌에 나섰다 대패

1181년에 살라딘을 증오하던 앗 살리흐가 사망하자, 그는 더욱 거칠 것이 없어졌다. 살라딘은 알레포와 모술을 점령해 장기 왕국을 통합하고 싶었지만, 두 성이 워낙 굳건해 끝내 함락시킬 수 없었다. 결국 1183년에야 살라딘은 세이프 앗 딘의 형제 이마드 앗 딘이 다스리던 알레포를 협상 끝에 얻을 수 있었다. 모술 또한 1186년이 되어서야 독립은 유지하되 살라딘의 봉신封臣이 된다는 협상을 맺고 그의 세력에 편입되었다.

1174년에 군사를 일으켜 전쟁을 시작한 이후, 1186년까지 12년에 걸쳐 이집트와 시리아를 통합하는 데 성공한 살라딘에게 남은 숙원은 지하드였다. 지하드의 대상은 두말할 것도 없이 바로 이웃하여 반갑지 않은 십자군 국가들이었다. 이들 이교도 국가는 1차 십자군 전쟁(1096~1099) 때 레반트 해안을 점령한 뒤 일대에 세력을 구축하고 있었다.

그중에서도 십자군 국가들의 종주국인 예루살렘 왕국은 아모리 1세(1162~1174) 때 이집트를 연이어 공격할 정도로 번영을 누리고 있었다. 그런 아모리 1세에게 크나큰 근심은 그의 외아들이 회복 불가능한 나병에 걸렸다는 사실이다. 아모리 1세가 사망하고 13세

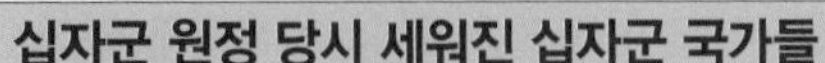

안티오크 공국
11세기에 십자군들이 서아시아 지역((현재의 튀르키예 남부와 시리아 국경 부근)에 세운 국가로 1268년 맘루크 왕조에게 정복당했다.

에데사 백국
제1차 십자군 원정 도중 세워진 최초의 십자군 국가로, 4개 십자군 국가 중 가장 약했다. 60년을 지탱하다가 4개 국가 중 가장 먼저 사라졌다.

에데사 백국
안티오크 공국
에데사
안티오크
트리폴리 백국
트리폴리
다마스쿠스
예루살렘
예루살렘 왕국

트리폴리 백국
4개의 십자군 국가 중 가장 나중에 건국된 해양국가이다. 주변국과의 활발한 교역으로 부유했으나 1289년 맘루크 왕조에게 함락되었다.

예루살렘 왕국
제1차 십자군 원정 당시 세워진 십자군 국가들의 종주국이었다. 6차 십자군 때까지 종교기사단의 활약으로 존재했지만, 1291년 맘루크 왕조에 의해 멸망했다.

의 외아들이 보두앵 4세로 등극하자 왕국에는 암운이 드리워지기 시작했다.

1177년에 예루살렘 왕국이 알레포의 영역을 침공했을 때 이집트에 있던 살라딘은 그러한 보두앵 4세를 만만히 보고 팔레스타인 원정에 착수했다. 보두앵 4세는 비록 몸은 정상이 아니었지만, 정신은 총명했고 왕국을 수호하고자 하는 불타는 의지를 갖춘 인물이었다. 그는 불과 455명의 기사와 3,000여 명의 보병만으로 람라(현 이스라엘 중부) 근처의 몽기사르에서 2만 6,000명의 살라딘군에 맞섰다.

최선두에 앞장선 예루살렘 왕을 따라 돌격하는 예루살렘군의 예상치 못한 기습공격에 살라딘은 당황했다. 이 몽기사르 전투에서 살라딘은 거의 전 병력을 잃는 대패를 당했으며, 자신도 포로로 잡힐 뻔했다가 간신히 몸을 빼서 이집트로 달아날 수 있었다. 2년 후 살라딘은 보두앵 4세를 상대로 복수전에 성공하기도 했지만, 둘 사이에 그 이상의 대결은 없었다.

살라딘 입장에서 더 이상 보두앵 4세를 상대하는 것보다는 이슬람 통합이 급선무였으며, 보두앵 4세 또한 자신의 수명이 얼마 남지 않은 것을 알고 후계자 문제에 골머리를 앓고 있었기 때문이다.

보두앵 4세는 매형 기 드 뤼지냥이 탐탁지 않은 터라 어린 조카 보두앵 5세를 후계자로 삼아 공동왕에 임명했다. 하지만 1185년에 한센병에 시달리던 보두앵 4세가 24세에 승하한 이듬해, 보두앵 5세마저 사망하면서 보두앵 4세가 끝내 피하고 싶었던 상황이 현실이 되었다. 보두앵 4세의 누이인 시빌라와 기 드 뤼지냥이 공동왕의 자격으로 예루살렘 왕국을 다스리게 된 것이다.

하틴 전투에서 대패한 예루살렘 왕국은 살라딘에게 예루살렘성을 넘기고 철수

살라딘이 이슬람 세력을 막 통합했을 때쯤 지용을 겸비한 보두앵 4세가 사라지고 군사적 · 정치적으로 무능한 기 드 뤼지냥이 왕위에 오른 것은 분명 좋은 기회였다. 그러한 살라딘에게 지하드의 명분을 제공한 인물은 프랑스 출신의 르노 드 샤티용(1125~1187)이라는 인물이었다.

2차 십자군 원정에서 프랑스군으로 참전한 르노 드 샤티용은 원정이 실패로 끝난 후에도 본국으로 돌아가지 않고 팔레스타인에 남았다. 이후 우여곡절 끝에 미망인이던 안티오크 공작부인과 결혼해 공작이 된 그는 동로마 제국령인 키프로스를 공격할 만큼 저돌적인 면이 있었다. 그는 1160년에도 이슬람과 싸우다가 포로로 잡혀 알레포에서 16년간 감옥살이를 하다가 석방된 후 보두앵 4세에게 등용되어 요르단 서부의 케락과 몬트레알의 성주가 되어 있었다.

문제는 이슬람을 증오하던 르노 드 샤티용의 새로운 영지가 이집트 · 시리아 · 아라비아반도를 제어할 수 있는 전략적 요충지에 있었다는 점이다. 그는 휴전 기간임을 아랑곳하지 않고 대상隊商과 순례자들을 상대로 약탈을 일삼았으며, 심지어 해군까지 조직해 이슬

하틴 전투 후 살라딘에게 항복하는 예루살렘 국왕 기 드 뤼지냥,
사이드 타흐신, 개인 소장.

람의 성지인 메카와 메디나를 노리기도 했다. 르노 드 샤티용이 주군인 보두앵 4세와 기 드 뤼지냥의 질책조차 무시하고 멋대로 행동하자 살라딘은 반드시 그를 죽이겠다고 맹세하기에 이르렀다.

1187년 봄이 되자 살라딘은 지하드를 선포하고 각지의 영주들로부터 병력을 소집해 다마스쿠스에 1만 2,000명의 기병을 포함한 4만 명의 병력을 집결시켰다. 그의 공격 목표는 당연히 예루살렘이었다.

하지만 살라딘은 결속력이 약하고 공성술이 서툰 이슬람 병사들을 데리고 두터운 예루살렘 성벽을 넘을 수 없다고 생각했다. 살라딘은 십자군 병사들을 평야로 끌어내 싸우기로 하고 그들을 유인하기로 했다. 6월 26일, 진격을 개시한 살라딘은 갈릴리 호수를 오른쪽으로 낀 채 요르단강을 건넌 다음 티베리아스성을 천천히 포위했다.

이 소식이 예루살렘에 전해졌을 때 티베리아스 영주인 트리폴리 백작 레몽 3세는 살라딘이 의도하는 바를 알아차렸다. 레몽 3세는 다음과 같이 말하며 출정을 반대했다.

"설령 티베리아스성과 성 안에 있는 내 아내를 잃는다 하더라도 팔레스타인 전체를 잃는 것보다는 낫다."

하지만 7월 2일 저녁에 개최된 지휘관 회의에서 공동왕 기 드 뤼지냥은 레몽 3세를 겁쟁이라고 비난하던 르노 드 샤티용과 템플 기사단장의 뜻을 좇아 출정하기로 결정했다.

다음 날 1,200명의 기사를 포함한 2만 명의 십자군 병사들이 안전한 주둔지인 사푸리야를 떠나 티베리아스를 향해 출발했다. 십자군 선두는 레몽 3세가, 본대는 기 왕과 르노 드 샤티용이, 후위는 발리앙이라는 귀족이 맡았다. 뜨거운 태양 아래에서 메마른 땅을 행군하는 병사들에게 1차적으로 중요한 것은 식수였다. 기 왕이 당장 하루면 티베리아스 호수(현 갈릴리 호수)에 도달할 수 있을 것이라 보고 물 문제를 고려하지 않은 것이 결정적 패인이었다.

십자군이 미끼를 물자 살라딘은 티베리아스 호수와 십자군 사이에 군대를 배치한 후 경기병으로 끊임없이 화살을 쏘아대는 동시에 관목에 불을 지펴 십자군을 괴롭혔다. 갈증에 목마르고, 불에 그슬리고, 연기에 눈이 먼 십자군은 이미 싸우기도 전에 전의를 잃어버렸다.

그들은 티베리아스 호수를 12km 눈앞에 두고 두 개의 언덕이 마치 뿔 같다 해서 '하틴의 뿔'이라 불리는 언덕 사이에서 최종적으로 섬멸되었다. 기 왕과 르노 드 샤티용은 포로로 붙잡혔고, 레몽 3세와 발리앙은 가까스로 탈출했다. 살라딘이 기 왕은 살려 주었지만, 르노 드 샤티용은 직접 처형하여 이전의 맹세를 실행했다.

1187년의 하틴 전투는 십자군 전쟁의 전환점이었다. 하틴 전투에서 주력군이 궤멸당한 예루살렘 왕국은 도주했던 발리앙의 지휘 아래 예루살렘성에서 살라딘에게 맞섰다. 결국 발리앙이 그해 10월 2일에 성이 함락되기 직전 안전한 철수를 조건으로 성을 살라딘에게 넘겨줌으로써 예루살렘은 1099년 1차 십자군 전쟁 때 점령된 이래 다시 이슬람 세력의 손아귀에 들게 되었다.

예루살렘 탈환을 위한 3차 십자군 전쟁은 영국 사자왕 리처드와 살라딘의 용쟁호투

예루살렘이 함락되었다는 소식에 경악한 서유럽은 성지 탈환을 위해 다시 십자군을 결성했다. 신성로마 제국의 붉은 수염왕 프리드리히 1세를 선두로 영국의 사자왕 리처드와 프랑스의 존엄왕 필리프 2세가 참전했다 하여 왕들의 전쟁이라 불리는 3차 십자군 전쟁이다.

그런데 최대의 세력을 자랑한 프리드리히 1세가 소아시아에서 강을 건너다 익사하여 신성로마 제국군이 귀국하는 사태가 발생했다. 설상가상으로 필리프 2세 또한 리처드와의 불화 끝에 곧바로 귀국했다. 결국 3차 십자군은 용두사미에 그쳐 사실상 리처드 왕과 살라딘의 대결이 되고 말았다.

리처드는 사자왕이라는 별칭에서 알 수 있듯이 빼어난 용맹과 뛰어난 전략적 식견이 있는 왕이었다. 1191년에 레반트(현 시리아, 팔레스타인, 요르단 지역)의 주요 항구인 아크레를 살라딘과 싸워 빼앗은 것은 사자왕의 첫 번째 무훈이었다. 아크레를 정복한 리처드가 예루살렘을 점령하기 위해서는 예루살렘에 가까운 야파라는 항구를 점령해 보급선을 유지해야 했다. 야파를 향해 진군하는 리처드를 뒤쫓던 살라딘은 드디어 아르수프에서 일대 격돌을 벌였다.

비록 병력은 이슬람군이 우세했지만, 일대일의 백병전에서는 기병과 보병 모두 단단한 갑주로 무장한 십자군이 우월했다. 특히 리처드는 최선두에서 닥치는 대로 적을 베어 넘기며 승리를 견인했다. 아르수프 전투에서 살라딘은 2배가 넘는 병력을 갖고도 10배의 사상자를 내는 대패를 당했다. 이후 리처드는 계획대로 야파를 점령하고 예루살렘을 향해 진군을 시작했다.

1192년 1월에 개최된 십자군 수뇌부 회의에서 더 이상의 진군은 무리라는 신중론이 제기되었다. 성전기사단과 구호기사단은 십자군의 힘으로는 살라딘이 지키는 예루살렘을 함락하기 어렵고 설령 성을 점령하더라도 통합된 이슬람 세력을 상대로 지키기는 더욱 어렵다고 주장했다.

그러잖아도 한겨울에 몰아닥친 폭우와 광풍에 시달리던 리처드는 결국 예루살렘 공략을 단념했다. 그 대신 살라딘의 본거지인 이집트와 시리아를 잇는 아스칼론 공략을 시도했다.

살라딘의 봉신들은 이때쯤 리처드에게 연이어 패배하는 살라딘의 능력에 의심을 품기 시작했다. 리처드 또한 프랑스의 필리프 2세가 자신의 영토를 침략하고 동생 존이 왕위를 찬탈하려 한다는 소식이 들려오자 더는 레반트에 머물러 있을 수가 없었다. 어느새 살라딘과 리처드의 진영에는 예루살렘 방어전을 지휘했던 발리앙과 살라딘의 친동생 알 아딜이 휴전 사절로 오가기 시작했다.

이슬람이 예루살렘을 소유하되 기독교도의 성지순례를 보장한다는 강화조약을 체결

그런데 전쟁의 공로에 목말라하던 살라딘은 리처드가 아크레에 가 있던 사이 야파를 급습하기로 했다. 이것은 도저히 살라딘의 명성에 어울리지 않았지만, 그로서도 그만큼 승리가 절실했다는 것을 뜻했다.

살라딘은 수만 대군을 이끌고 예루살렘에서 출발하여 당일로 야파에 도착했다. 야파의 얼마 안 되는 수비대가 격렬한 저항 끝에 항

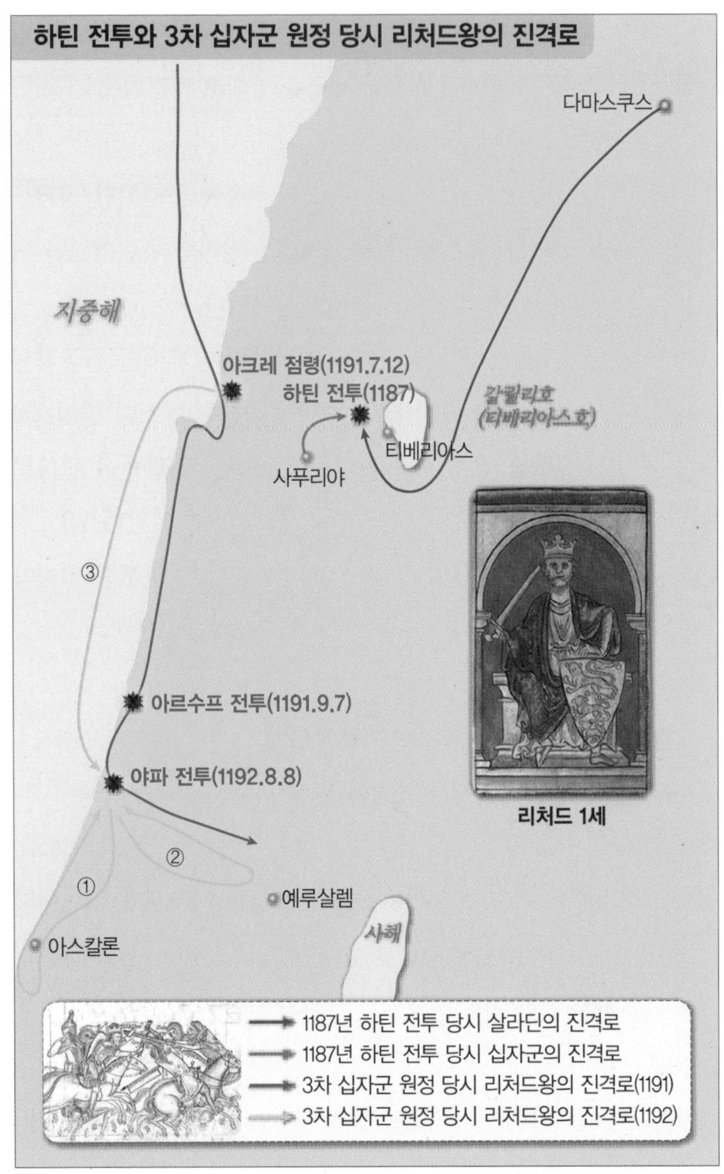
하틴 전투와 3차 십자군 원정 당시 리처드왕의 진격로
다마스쿠스
지중해
아크레 점령(1191.7.12)
하틴 전투(1187)
갈릴리호
(티베리아스호)
티베리아스
사푸리야
③
아르수프 전투(1191.9.7)
야파 전투(1192.8.8)
②
①
예루살렘
사해
아스칼론
1187년 하틴 전투 당시 살라딘의 진격로
1187년 하틴 전투 당시 십자군의 진격로
3차 십자군 원정 당시 리처드왕의 진격로(1191)
3차 십자군 원정 당시 리처드왕의 진격로(1192)

리처드 1세

복하려는 순간에 소식을 들은 리처드가 도착해 구원에 나섰다.

함선으로 급히 오느라 리처드에게는 고작 15필의 말과 2,000명의 병사뿐이었다. 하지만 사자왕의 무용이 어찌나 대단한지 약탈에 정신이 팔린 상태였던 이슬람 병사들은 리처드가 휘두르는 덴마크 도끼에 추풍낙엽처럼 쓰러졌고, 이것이 그들의 전면적인 패주로 이어졌다. 이때 리처드가 탄 말이 쓰러지자 이를 지켜본 살라딘은 왕이 말도 없이 싸우면 안 된다며 준마 두 필을 보내주는 여유를 보이기도 했다.

하지만 3차 십자군 최후의 전투인 야파 전투 또한 리처드의 승리로 돌아갔다. 리처드 측은 단 2명이 전사한 데 반해 살라딘은 700명의 병사와 1,500필의 말을 잃었다. 살라딘은 아크레와 아르수프에 이어 야파에서 다시 리처드에게 패배하며 체면을 단단히 구기고 말았다.

한편 야파에서 리처드가 어찌나 맹렬히 싸웠던지 고열로 앓아눕고 말았다. 비록 적이지만 서로 호감을 갖고 있던 터라 살라딘은 과일과 얼음을 보내주며 사자왕의 쾌유를 기원했다. 리처드는 사자로 온 알 아딜이 함께 데려온 15세 된 아들을 기사로 서임하고 멋진 검을 하사하는 것으로 보답했다. 이 살라딘의 조카가 훗날 5차 십자군 및 6차 십자군과 맞서게 되는 술탄 알 카밀이다.

1192년의 야파 전투를 끝으로 드디어 살라딘과 리처드 사이에 강화조약이 체결되었다. 조약 내용은 살라딘이 예루살렘을 소유하되 기독교도들의 성지순례를 보장한다는 것, 지금까지 3차 십자군이 정복한 영토를 인정하며 양측의 포로를 석방한다는 것이었다. 리처드는 훗날 다시 돌아와 반드시 예루살렘을 회복하겠다는 말을 남기고 떠났다. 살라딘은 만일 성지를 잃는다면 그 상대가 반드시 리처드이길 바란다고 멋지게 응수했다.

하지만 불과 6개월 후 살라딘이 55세의 나이로 숨을 거두면서 그들의 재대결은 실현되지 않았다. 분열된 이슬람 세계를 통일하고 십자군을 무찌른 영웅 살라딘의 시신은 목관에 안치되어 지금도 다마스쿠스의 한 모스크에 잠들어 있다.

칭기즈칸

(생몰 1162~1227, 재위 1206~1227)

유라시아 대륙을 통일한 몽골 제국의 건설자

유목민족의 잔혹함만을 후세에 전했을 뿐,
그들의 빼어난 군사적 업적과 전략은 경시

전쟁사는 대부분 서양의 장군들과 그들의 전략·전술을 중심으로 기술되어 있다. 서양인들이 현재 세계를 주도한다는 우월의식과 과거에 그들에게 숱한 패배를 안겼던 동양인들에 대한 피해의식이 어우러졌기 때문일 것이다.

특히 문자가 없었던 유목민족들은 자신들의 정복 사업을 기록으로 남기지 못했다. 정작 유목민족들을 기록한 정착민족들은 유목민족의 잔혹함만을 후세에 전했을 뿐, 그들의 빼어난 업적과 전략은 경시하곤 했다.

칭기즈칸 언덕의 초상화, 몽골.

그중에서도 몽골인만큼 일궈놓은 업적에 비해 역사에서 소홀하게 다뤄지는 민족도 없는 듯하다. 대부분 사료에서는 몽골군의 잔인함과 몽골 제국의 광대함을 강조할 뿐이며, 몽골군의 군사적 전략과 특성에 대해서는 간략히 묘사하고 넘어간다.

확실한 것은 13세기의 몽골군은 동양과 서양의 어떠한 군대보다도 전략·기동·병참·정보전에서 우수했다는 것이다. 그들을 조직하고 이끌며 역사상 최단기간에 최대로 넓은 제국을 건설한 인물은 칭기즈칸이었다.

칭기즈칸의 어릴 적 이름은 테무진이다. 그는 지금의 러시아와 몽골을 흐르는 오논강 일대에서 보르지긴 족장 예수게이와 온기라트 부족의 호엘룬 사이에서 태어났다. '테무진'은 예수게이가 타타르 족장을 무찔러 죽였던 날에 아이가 태어났기 때문에 이를 기념하여 붙여진 이름이다.

원래 호엘룬은 메르키트 부족 청년의 아내였으나 예수게이에 의해 납치되어 그의 아내가 되었다. 그런데 호엘룬이 납치된 지 10개월쯤 후에 테무진이 태어났기 때문에 그의 친부가 누구인지 명확하지 않았다. 이와 같은 출신에 대한 의문과 열등감은 훗날 테무진이, 특히 메르키트 부족에게 그토록 잔인한 처사를 내리는 배경이 되기도 했다.

테무진이 9세 되었을 무렵, 예수게이가 타타르족에게 독살당하는 사건이 일어났다. 보르지긴 부족민은 자신들을 지켜줄 수 없는 예수게이의 유가족을 떠나 뿔뿔이 흩어졌다. 졸지에 테무진은 성인이라고는 어머니밖에 없는 여덟 식구를 책임지는 소년 가장이 되었다. 그때부터 테무진 일가족은 야생 과일을 채집하고 들쥐, 작은 새, 물고기를 사냥하면서 궁핍한 생활을 이어갔다.

이 와중에 테무진은 자기 말을 듣지 않는 두 이복형제 중에서 벡테르를 활로 쏴 죽이고, 벨구테이를 부하로 만들면서 어릴 적부터 권력욕과 잔혹함을 드러냈다. 이후 이웃한 타이치우드 부족의 습격으로 포로로 잡혔다가 탈출하기도 하고, 전 재산이나 다름없는 말 8마리를 도둑맞았다가 되찾는 등 테무진의 어린 시절은 순탄하지 않았다.

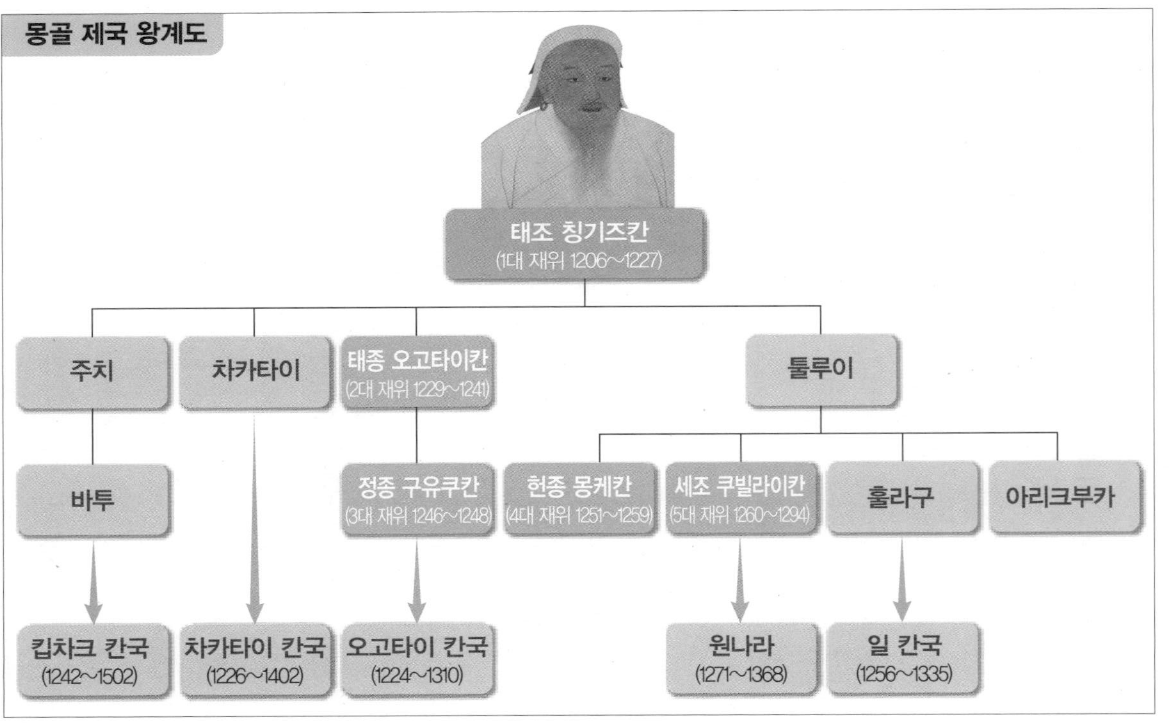
몽골 제국 왕계도
태조 칭기즈칸
(1대 재위 1206~1227)
주치
차가타이
태종 오고타이칸
(2대 재위 1229~1241)
툴루이
바투
정종 구유크칸
(3대 재위 1246~1248)
헌종 몽케칸
(4대 재위 1251~1259)
세조 쿠빌라이칸
(5대 재위 1260~1294)
훌라구
아리크부카
킵차크 칸국
(1242~1502)
차가타이 칸국
(1226~1402)
오고타이 칸국
(1224~1310)
원나라
(1271~1368)
일 칸국
(1256~1335)

테무진은 무리를 이끌고 자무카를 떠나
1186년 24세의 나이로 몽골 칸에 즉위

조금씩 가세를 일으킨 테무진은 17세가 되자 예수게이가 정혼시켰던 온기라트 부족의 보르테를 아내로 맞아들였다. 그런데 이전에 예수게이가 호엘룬을 납치한 것에 대한 보복으로 이번에는 메르키트족이 테무진을 급습해 보르테를 납치해 갔다. 이에 테무진은 의형제인 자다란 부족장 자무카와 옛날에 예수게이와 의형제를 맺었던 케레이트 부족장 토오릴 칸의 도움으로 메르키트족을 공격해 보르테를 되찾았다.

이때 1년 가까이 억류되었던 보르테는 임신 중이었다. 보르테가 자신과 같은 기구한 운명을 지닌 아들을 낳자 테무진은 손님이라는 뜻을 지닌 '주치'라고 이름을 지었다. 비록 테무진이 주치를 친자로 인정했지만, 이후 주치는 자신의 핏줄을 문제 삼는 동생들과 불화를 빚으며 아버지와 함께 정복한 이역만리 영토에 묻히고 만다.

테무진은 메르키트족을 전멸시켰지만 미약한 세력 탓에 잠시 자무카(몽골 자드란 부족의 지도자로 테무진의 친구이자 강력한 라이벌)에게 몸을 의탁했다. 뒤이어 몇 번이나 증명되지만 자무카의 군사적인 능력은 테무진에 버금가거나 능가할지 몰라도 정치적인 능력은 그에 미치지 못했다. 그래서 시간이 흐를수록 자무카의 부하 중에서 테무진을 추종하는 세력이 늘어났다.

둘의 사이가 냉랭해지자 테무진은 무리를 이끌고 자무카를 떠나

카라 지루겐산에 자리 잡았다. 1186년, 24세의 테무진은 이곳에서 주위의 추대를 받아 몽골 칸으로 즉위했다. 이때쯤 몽골 초원의 대략적 형세는 전통적인 강자인 케레이트 · 타타르 · 나이만을 비롯해 자무카와 테무진의 다섯 부족으로 분할된 모습이었다.

얼마 지나지 않아 자무카의 동생이 테무진의 영역을 침범해 말을 훔쳐 가다가 발각되어 살해되는 일이 벌어졌다. 격분한 자무카가 테무진을 공격해 서로 격돌하니 이것이 바로 양쪽의 부대가 똑같이 3만 명, 13개 부대로 편성되었다 해서 '13익의 전투'로도 알려진 달란 발주트 전투이다. 이 전투에서 테무진은 패배했다. 하지만 승리한 자무카가 테무진을 편들었던 치노스 부족의 귀족 70명을 가마솥에 삶아 죽이는 만행을 저지르자 민심은 자무카에게 등을 돌리고 말았다.

1204년에 나이만족을 토벌한 테무진은 타양 칸을 죽이고 몽골 전체를 통일

1194년, 타타르족이 금나라에 대항해 반란을 일으켰다. 케레이트족의 토그릴 칸과 테무진은 금나라 편에 서서 참전했다. 테무진한테 이번 전쟁은 아버지의 원수를 갚는 동시에 재기의 발판을 마련할 기회였다. 토벌 작전은 대성공을 거두어 타타르족은 자신들의 칸을 포함해 거의 모든 남성이 살해당했다. 참전의 대가로 금나라는 토그릴 칸에게 왕작을 내렸지만, 테무진에게는 백호장이라는 허

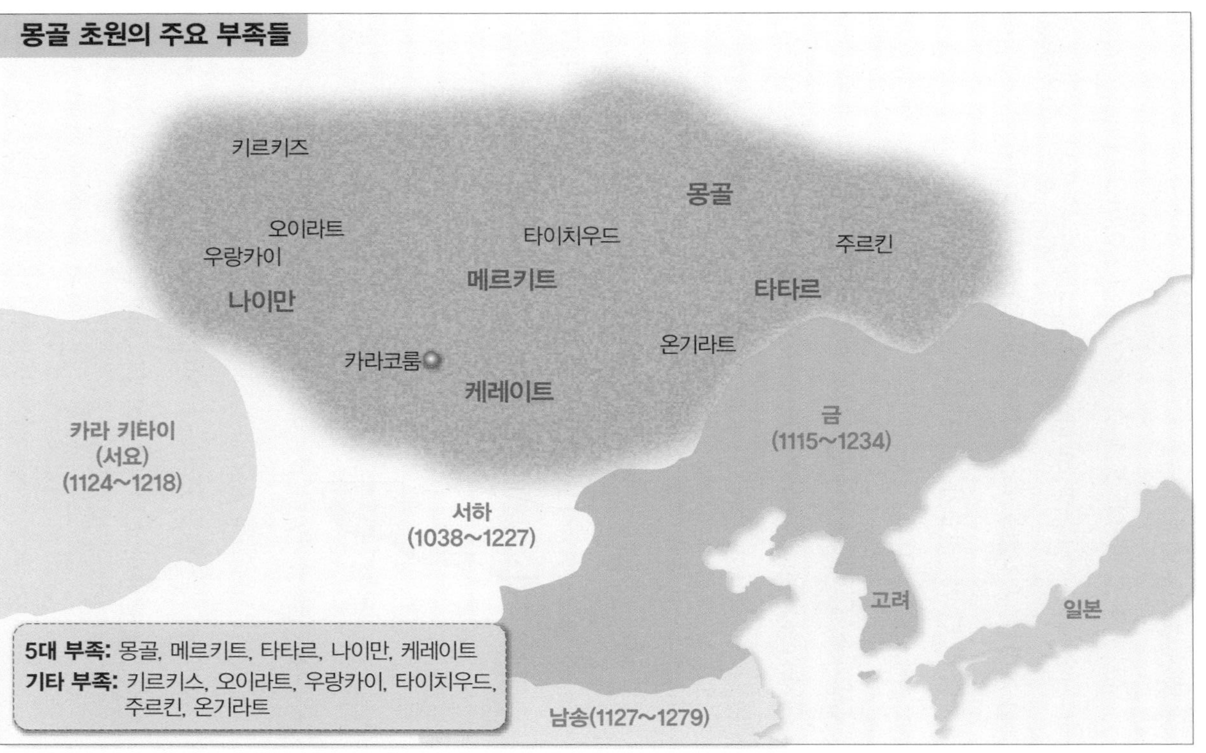
몽골 초원의 주요 부족들
키르키즈
오이라트
우랑카이
나이만
카라코룸
메르키트
타이치우드
케레이트
몽골
타타르
주르킨
온기라트
금
(1115~1234)
고려
일본
카라 키타이
(서요)
(1124~1218)
서하
(1038~1227)
남송(1127~1279)
5대 부족: 몽골, 메르키트, 타타르, 나이만, 케레이트
기타 부족: 키르키스, 오이라트, 우랑카이, 타이치우드, 주르킨, 온기라트

울뿐인 관작을 내렸다.

테무진은 그 작전을 통해 그동안 말로만 들었던 금나라의 허실을 확실히 깨닫게 되었다. 곧 만리장성 이남에 있는 중국은 엄청난 부와 강력한 군사력과 우수한 무기가 있어도, 기동전에서는 중장기병이 초원 민족의 적수가 될 수 없다는 사실이었다.

테무진이 금나라와 토그릴 칸의 세력을 등에 업고 주르킨 부족을 흡수하는 등 신진 세력으로 급성장해가는 일은 여타의 초원 민족에게 눈엣가시가 아닐 수 없었다. 나이만과 오이라트 부족을 포함해 테무진이 무찔렀던 메르키트 · 타타르 · 타이치우드의 잔당들까지 반 테무진 연합군에 가입했다. 이들은 1201년에 구르 칸으로 추대된 자무카 아래로 결집하였다. 하지만 테무진과 토그릴 연합군이 자무카 연합군을 쿠이텐 전투에서 격파하면서 자무카의 세력은 급속도로 위축되고 말았다.

이제 몽골고원은 서쪽 멀리 있는 나이만을 제외한다면 테무진과 토그릴 칸의 양대 세력으로 나눠졌다. 아직까지는 각자의 이익을 위해 협력해 왔으나 조만간 초원의 왕좌를 두고 벌어질 이들의 충돌은 명백한 일이었다. 아니나 다를까 토그릴 칸은 테무진을 시샘하는 아들 셍군에게 설득되어 그때 자신의 밑으로 들어온 자무카와 손을 잡고 테무진을 공격했다. 이때 벌어진 카라 칼지드 전투에서 테무진은 대패하고 단지 2,600명의 패잔병을 이끌고 도주할 수 있었다.

도피처였던 발주나 호수에서 점차 세력을 회복한 테무진은 토그릴을 공격하기에 앞서 동생 카살을 보내 거짓으로 항복을 청했다. 토그릴이 이를 믿고 방심하자 테무진은 허를 찔러 케레이트 부족을 급습했다. 간신히 달아난 토그릴 부자父子가 살해되면서 그의 부족 또한 몽골족에게 흡수되니, 이것이 최강의 부족이었던 케레이트족의 어이없는 종말이었다.

이제 초원에서 테무진에 대항할 수 있는 세력은 타양 칸이 이끄는 나이만 부족뿐이었다. 나이만에는 토그릴과 결별했던 자무카가 몸을 의탁하고 있었다. 1204년에 나이만 정벌에 나선 몽골군이 나이만군을 격파하고 타양 칸을 죽임으로써 테무진은 몽골 전체를 통일했다.

이때 테무진의 일생을 통틀어 가장 큰 적수이자 위협이었던 자무카가 도주하다가 그의 부하들에게 배반당해 끌려왔다. 그런데 테무진은 자무카를 끌고 온 그의 부하들에게 오히려 "너희들은 주인을 팔았으니 불충하기 짝이 없다"라고 말하며 자무카가 보는 앞에서 그들의 목을 베었다. 이어 자신과 함께하자는 권유를 거부하는 자무카에게는 피를 흘리지 않는 명예로운 죽음을 선사했다.

몽골 기병은 창과 칼로 무장한 동시에 활과 화살을 사용하는 경기병이었다

1206년, 오논강의 발원지에서 쿠릴타이(유목민 내부의 장로들이 국사를 의논하는 회의체)를 통해 테무진 칸이 칭기즈칸으로 추대되면서 몽골 제국이 건국되었다. 칭기즈칸에게는 전 몽골인들에게 부와 번영을 안겨줄 의무가 있었다. 하지만 그것은 몽골 초원이 아닌 중국에서 얻을 수 있었다. 중국으로 진출하는 길은 만리장성이나 동쪽의 흥안령산맥을 통과하는 것보다는 장성 서쪽을 지나는 편이 쉽고 안전했으므로, 그 길목에 있는 서하가 먼저 침공의 대상이 되었다.

서하를 공격한 몽골군은 야전에서는 쉽게 적을 격파할 수 있었지만, 경험이 없는 공성전에서는 애를 먹었다. 뜻대로 안 되자 수도 흥경으로 황하의 물줄기를 돌리는 토목공사까지 벌였지만, 둑이 무너져 오히려 몽골군 진영이 수해를 입기도 했다. 결국 온 국토가 유린당하게 된 서하의 국왕 이안전이 칭기즈칸에게 딸을 바치고 고개를 숙이면서 몽골군은 회군했다.

칭기즈칸이 금나라 원정을 준비할 때쯤 황제 장종이 죽고 위소왕 완안윤제完顔允濟가 제7대 황제로 즉위했다. 금나라에서 사신이 와서 조서를 내리며 조공을 독촉하자 칭기즈칸은 물었다.

"새로운 황제는 누구인가?"

사신이 위소왕이라고 대답하자 칭기즈칸은 남쪽에 침을 뱉으며 말했다.

"나는 중원의 황제가 귀인이라 생각했는데, 너희들이 윤제를 천자로 세웠으니 내가 어찌 절할 수 있겠는가?"

그러고는 말머리를 돌려 북쪽으로 가버렸다.

이때쯤 몽골군은 기존의 혈연 · 지연 중심의 씨족 별 전투 편제를 탈피해 아르반(10명), 자군(100명), 밍간(1,000명), 투멘(1만 명)이라는 십진법 체제로 변모되었다. 이들은 각각 십호장, 백호장, 천호장, 만호장의 지휘를 받았으며, 특히 만호장에는 칭기즈칸이 믿는 최측근이 임명되었다.

몽골 기병은 대다수가 경기병이었으며 창과 칼로도 무장했지만, 그들에게 가장 중요한 무기는 활과 화살이었다. 장거리용과 단거리용의 활을 갖고 다니며 320m까지 화살을 쏘니, 그들은 기병인 동시에 궁병이었다.

4.5kg 정도로 경무장한 이들 몽골 기병은 3~5마리의 말들을 끌고 다니며 전투 개시 직전 새로운 말로 바꿔 탐으로써 몇 시간이나 같은 말을 탄 적군보다 민첩하게 움직였다. 이와 같은 기동성이야말로 서로를 지원하고 엄호하는 공조 체계와 더불어 몽골군의 최대 강점이었다.

몽골군이 금나라 40만 대군을 전멸시키고, 내분으로 황제 위소왕이 살해된 1차 원정

1211년, 드디어 10만 명의 몽골군이 금나라 원정을 떠났다. 칭기즈칸의 동생 카살이 지휘하는 좌군, 칭기즈칸과 넷째 아들 툴루이가 지휘하는 중군, 칭기즈칸의 장남 주치 · 차남 차카타이 · 삼남 오고타이가 지휘하는 우군은 화북을 휩쓸었다. 제베(몽골어로 화살이라는 뜻, 본명은 지르고가타이로 궁술의 명장)를 중심으로 수부타이와 무칼리는 별동대로 움직였다.

얼마 안 가 칭기즈칸은 금나라의 서경인 대동을 점령했고, 제베가 이끄는 별동대는 동경인 요양을 함락했다. 특히 야호령 전투와 회하보 전투에서 금나라의 정예 40만 대군을 전멸시키니 금나라는 전장의 주도권을 완전히 몽골군에게 내주고 말았다.

상황이 이러하자 만주에서 야율유가耶律留可가 요왕을 칭하고, 포선만노蒲鮮萬奴가 동진국대진국을 건국하면서 금나라는 그들의 발원지인 만주에서 영향력을 상실했다. 이처럼 금나라 군대가 연전연패하고 궁정도 내분에 휩싸이는 바람에 금나라의 황제 위소왕이 살해되었다.

뒤를 이어 제위에 오른 선종은 공주와 많은 금과 비단, 어린 남녀 500명, 말 3,000필을 바치는 조건으로 화의를 요청했다. 마침 물자와 공성술 부족으로 수도 중도를 함락시킬 수 없었던 칭기즈칸이 이를 받아들이고 철군하면서 1차 금나라 원정이 마무리되었다.

1215년에 금나라 황제 선종이 수도를 중도에서 개봉으로 옮기자 칭기즈칸은 이를 배신행위로 간주하고 다시 금나라로 진격했다. 이번 2차 원정에서 중도성이 보급 두절로 함락되면서 금나라의 영역은 섬서성 일부와 하남성으로 축소되었다. 이에 칭기즈칸은 중국 전선을 무칼리에게 위임하고 자신은 초원으로 돌아갔다.

이후 공성전에 애를 먹던 무칼리가 1223년에 사망한 데다가 몽골군 주력이 서남아시아 방향으로 돌려지면서 몽골군은 2대 칸인 오고타이에 이르러서야 금나라를 멸망(1234)시키게 된다.

칭기즈칸이 파견한 외교사절 500명을 오트라르 성주가 간첩 혐의로 전원 처형

1218년, 칭기즈칸은 제베에게 2만 명의 군사를 주어 서요를 공격했다. 당시 서요의 국왕은 칭기즈칸에게 죽임을 당한 나이만 족장 타양 칸의 아들 쿠츨루크였다. 나이만이 멸망했을 때 쿠츨루크는 서요로 도망쳐 서요 국왕의 부마가 되었다가 틈을 타 왕위를 찬탈했다.

쿠츨루크가 배은망덕한 행위를 한데다가 백성들이 믿는 이슬람교를 탄압했기 때문에 민심은 그를 떠나 있었다. 백성들은 종교를 탄압하지 않는 침략자 몽골군을 되레 환영했다. 결국 파미르고원으로 도주한 쿠츨루크가 살해당하면서 서요 또한 몽골 제국에 흡수되었다. 이렇게 해서 몽골 제국은 이슬람 최강국인 호라즘 제국과 국경이 맞닿게 되었다.

칭기즈칸은 호라즘과 우호적인 통상관계를 원했다. 그런데 칭기즈칸이 파견한 사절 500명을 오트라르 성주가 간첩 혐의로 전원 처형하는 사건이 일어났다. 호라즘 왕국의 샤(국왕) 알라 웃딘 무함마드가 그에 대한 사과를 거부하자 격노한 칭기즈칸은 친정을 결심했다.

15만 명으로 추정되는 원정군이 4개 군과 1개의 별동대로 편성되었으며, 톈산산맥을 넘어 호라즘의 동북쪽으로 향한 이들의 진격로는 다음과 같았다. 주치의 1군은 시르다리야강 하류로, 차카타이와

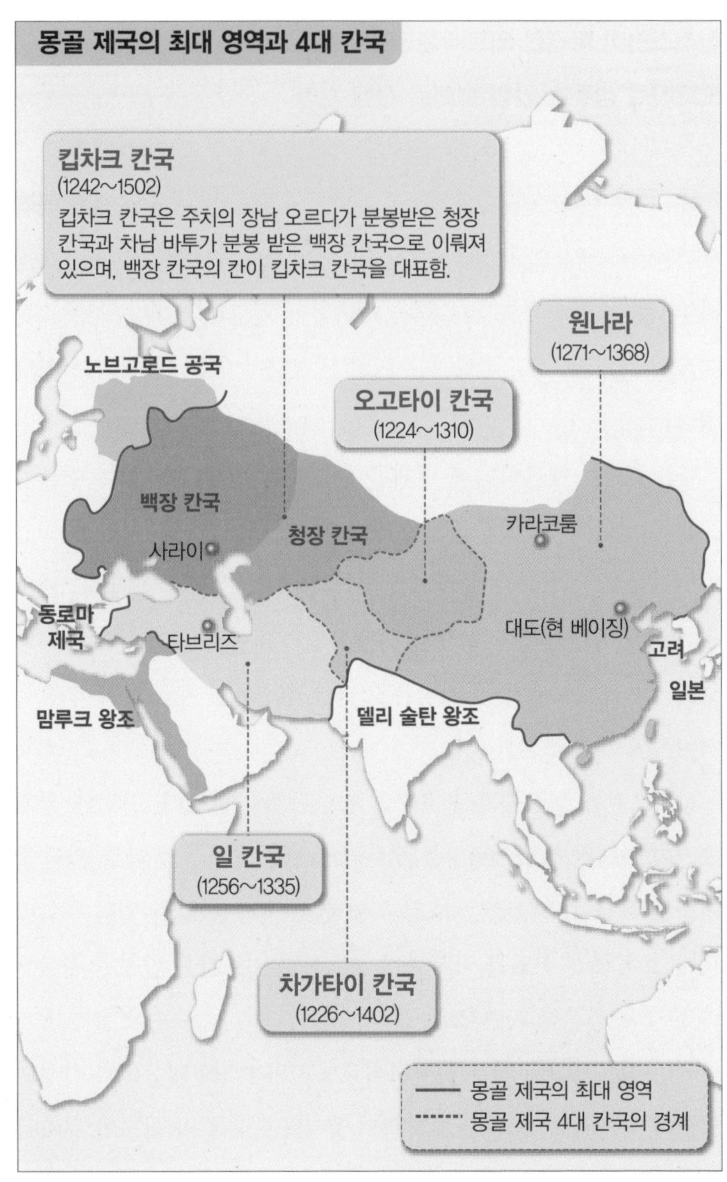
몽골 제국의 최대 영역과 4대 칸국
킵차크 칸국
(1242~1502)
킵차크 칸국은 주치의 장남 오르다가 분봉받은 청장 칸국과 차남 바투가 분봉 받은 백장 칸국으로 이뤄져 있으며, 백장 칸국의 칸이 킵차크 칸국을 대표함.
원나라
(1271~1368)
노브고로드 공국
오고타이 칸국
(1224~1310)
백장 칸국
청장 칸국
카라코룸
사라이
동로마 제국
타브리즈
대도(현 베이징)
고려
일본
맘루크 왕조
델리 술탄 왕조
일 칸국
(1256~1335)
차가타이 칸국
(1226~1402)
몽골 제국의 최대 영역
몽골 제국 4대 칸국의 경계

오고타이의 2군은 중류로, 3군은 상류로 진격해 각각 공격하는 동안 칭기즈칸이 수부타이 및 툴루이와 함께 지휘하는 4군은 아랄해를 우회해서 무함마드의 배후를 습격할 계획이었다.

한편 동서무역을 중개하며 번영을 누리던 호라즘 제국에는 40만 명의 병력을 비롯해 튼튼한 요새와 성채 그리고 대도시가 많았다. 무함마드는 몽골군이 금나라를 공격했을 때 공성전에서 애를 먹다가 제풀에 지쳐 회군한 것을 알고 있었다. 이에 따라 시르다리야강을 중심으로 방어전을 펼치기로 한 그는 병력을 주요 방어거점을 중심으로 분산 배치하는 실수를 저질렀다. 이러한 방식으로 쪼개진 그의 병력은 각개격파의 대상이 될 뿐이었다.

칭기즈칸이 분진합격 전략을 세워 이슬람의 강자 호라즘 원정에 착수

1219년, 몽골군은 훗날 분진합격(分進合擊, 각자 전진하되 목표는 함께 공격한다) 전략의 진수로 일컬어지게 될 호라즘 원정에 착수했다. 발하슈호 동쪽에 집결한 몽골군은 일단 부챗살처럼 흩어져 진격하다가 호라즘의 수도인 사마르칸트에서 집결할 계획이었다. 제베는 고생 끝에 험준한 파미르고원을 넘어 호라즘의 남쪽으로 진격했고, 주치는 페르가나 분지로 진격하며 무함마드의 주의를 끌었다.

그러자 몽골군의 주공을 오판한 무함마드는 예비대를 그쪽으로 투입하지 않을 수가 없었다. 그러는 사이 오고타이와 차카타이는 오트라르를 함락시키고, 이번 전쟁의 원인이었던 성주를 잔인하게 처형했다.

이처럼 무함마드가 동쪽만 바라보고 있을 때 칭기즈칸이 이끄는 본군은 키질쿰사막(우즈베키스탄과 카자흐스탄에 걸쳐 있는 사막으로 '붉은 모래'라는 뜻)과 아랄해를 북쪽으로 지나고 있었다. 그들은 300마일이 넘는 강행군을 한 끝에 무함마드의 배후에 모습을 드러냈다. 이로써 무함마드는 제국의 서쪽에서 동원할 수 있는 광대한 물적·인적 자원으로부터 차단되는 동시에 배후를 공략당할 위협을 받게 되었다.

칭기즈칸이 부하라를 함락시키고 사마르칸트에 진격할 때쯤 다른 몽골군들도 칸에게 합류해 왔다. 사마르칸트는 닷새 만에 항복했지만 이미 무함마드는 성에서 도망치고 없었다. 칭기즈칸은 수부타이와 제베에게 2만 명의 군사를 주며 끝까지 무함마드를 쫓을 것을 명령했다. 무함마드는 카스피해의 조그만 섬으로 도주했다가 그곳에서 지병으로 사망했다.

이 와중에 무함마드를 추격하던 수부타이와 제베가 캅카스산맥을 넘어 러시아를 침략하면서 몽골군은 유럽 정벌의 서막을 올리게 된다. 호라즘에서는 무함마드의 용맹한 아들 잘랄 웃딘이 아버지의 뒤를 이으며 항전하지만, 1231년에 그마저 살해당하면서 제국은 완전히 멸망하고 만다.

1225년, 칭기즈칸은 호라즘에 수비대 일부를 남기고 몽골에 돌아갔다. 그가 생애 마지막으로 행한 원정은 서하 정복이었다. 호라즘 원정 당시 서하가 협력을 거부한 것이 빌미였다. 서하의 수도 흥경이 함락되기 직전 칭기즈칸은 "금은 급히 치기 어려우니 남쪽 송으로부터 길을 빌리라"라는 유언을 남기며 숨을 거두었다. 그의 유해는 고향의 부르칸산에 매장되었다. 다만 칭기즈칸의 시신을 매장지로 옮기던 몽골군이 운구 중 만나는 이들의 동물까지 모두 죽여 없앤 탓에 칭기즈칸의 정확한 매장지는 알 수 없게 되었다.

티무르
(생몰 1336~1405, 재위 1370~1405)

칭기즈칸 후예를 자처한 중앙아시아 최고의 정복자

서아시아에서 인더스강에 이르는 대제국을 건설한 위대한 정복 군주

칭기즈칸 이후에도 아시아에는 위대한 정복 군주로 역사에 길이 이름을 남긴 이들이 있다. 원나라 쿠빌라이, 명나라 영락제, 무굴의 아우랑제브, 청나라 강희제가 그들이다. 그런데 이들은 시작부터 제국의 후계자였기에 막대한 군대 · 자원 · 자금을 물려받아 충분히 활용할 수 있다는 특권적 지위를 누리고 있었다. 이들과 달리 티무르는 시작부터 온갖 역경을 딛고 왕조를 일으켜 직접 원정군을 이끌며 서아시아에서부터 인더스강에 이르는 대제국을 건설했다. 티무르야말로 칭기즈칸 사후 아시아 최고의 정복자였다.

티무르가 즉위할 때의 모습을 담은 자파르나마(티무르의 정복 전쟁을 서술한 페르시아의 역사서), 1424~1428년, 비흐자드.

티무르는 1336년에 중앙아시아 차가타이 칸국의 케쉬(현 우즈베키스탄 사마르칸트 남부)에서 태어났다. 그의 아버지는 트란스옥시아나(중앙아시아 서쪽의 아무다리야강과 시르다리야강 사이)에 살던 바를라스 부족의 소귀족이었으며, 큰아버지는 바를라스 부족의 족장이었다.

소싯적부터 티무르는 힘이 세고 진지하며 승마에도 능해 또래의 많은 이들이 그를 따랐다. 티무르는 그의 추종자와 하인들을 데리고 여행객들과 이웃 부족의 가축, 재물을 도둑질하곤 했다. 한번은 양을 훔치다가 양치기로부터 두 대의 화살을 오른발과 오른손에 각각 맞아 평생 다리를 절게 되었고, 두 손가락도 잃고 말았다. 이것이 티무르가 '절름발이 티무르'라는 뜻을 지닌 '태머레인(Tamerlane)'으로 유럽에 알려지게 된 연유이다.

일찍이 칭기즈칸은 서요와 호라즘을 정복했을 때 트란스옥시아나를 포함한 중앙아시아 일대를 둘째 아들 차가타이에게 분봉했다. 그런데 차가타이 칸국은 오고타이 칸국을 멸망시키면서부터 내분에 빠져들어 카잔 칸의 사후 서차가타이 칸국과 동차가타이 칸국으로 분열되었다. 이 중에서 동차가타이 칸국은 몽골 제국을 계승했다고 자부했기에 그들 자신을 모굴(모굴리스탄) 칸국이라 불렀다. 이 모굴 칸국의 칸인 투글루크 티무르가 1360년과 1361년 2차례 걸쳐 서차가타이를 침입해 분열된 차가타이 칸국을 통일하는 데 성공했다.

티무르의 바를라스 부족은 서차가타이에 속했다. 투글루크 티무르의 침략을 받았을 때 부족장이던 큰아버지는 아무다리야강을 건너 도망쳤다가 나중에 살해되고 말았다. 반면에 약삭빠른 티무르는 대담하게도 투글루크 티무르를 직접 찾아가 충성을 맹세했고, 그 대가로 바를라스 부족장으로 서임받았다. 이렇게 서차가타이를 평정한 투글루크 티무르는 아들인 일리아스 호자를 서차가타이 총독으로 세우고 동차가타이로 돌아갔다.

서차가타이의 부족장에 오른 티무르는 아미르 후사인과 함께 모굴 칸국에 저항

이때쯤 티무르는 아미르(이슬람 세계에서 총독 혹은 군사령관을 의미)

였던 후사인과 친밀한 관계를 맺게 되었다. 특히 티무르가 후사인의 누이를 세 번째 처로 맞아들이면서 둘 사이는 더욱 돈독해졌다. 그런데 이들은 둘 다 반골의 기질이 강했는지 얼마 안 가 후사인이 투글루크 티무르에 반기를 들었다가 패해 쫓기게 되었다.

투글루크 티무르에게 내심 불만을 품고 있던 티무르 또한 반란을 일으켜 서차가타이의 중심지인 사마르칸트를 공격했다가 실패하고 말았다.

이때 도망자 신세로 전락한 티무르와 후사인을 따르는 무리는 기병 60명에 지나지 않았다. 한번은 히바라는 도시의 영주가 그들을 붙잡아 투글루크 티무르에게 바치기 위해 수백 명의 기병으로 추격해 왔다. 티무르와 후사인은 격렬한 전투 끝에 적병들의 추격을 뿌리치고 달아났지만, 최종적으로 겨우 7명의 부하만 남았을 뿐이었다.

일단 헤어진 둘은 비밀리에 사마르칸트와 카불에서 1,000명의 부하를 모은 후 용병으로 활약하기로 했다. 어떤 이들은 티무르가 절름발이가 된 것은 이때 용병이 되어 치렀던 전투 중에 입은 부상 탓이었다고 한다. 티무르와 후사인의 군대가 승리를 거듭하면서 이들의 명성을 우러러보고 합류하는 병사들이 늘기 시작했다.

1363년, 서차가타이를 다스리던 일리아스 호자는 이제 두고 볼 수 없을 정도로 강해진 티무르와 후사인을 치기 위해 군대를 일으켰다. 일리아스 호자의 병력은 2만 명이었고, 티무르와 후사인의 병력은 6,000명에 불과했다. 티무르는 물러나지 않고 자신이 고른 유리한 지형에서 매복과 야습을 전개하며 용감히 맞섰지만, 중과부적이어서 시간이 흐를수록 불리해졌다.

이때 최후의 일격을 준비하고 있던 일리아스 호자에게 아버지 투글루크 티무르가 사망했다는 소식이 들려왔다. 일리아스 호자에게는 티무르와의 전투보다는 칸의 제위를 잇는 것이 훨씬 중요했다. 일리아스 호자가 모굴 칸국으로 물러나면서 사마르칸트와 트란스옥시아나는 티무르와 후사인의 손아귀에 떨어졌다. 이때부터 티무르와 후사인이 서차가타이의 일인자 자리를 놓고 경쟁하면서 둘 사이는 차츰 벌어지기 시작했다.

1365년에 차가타이 칸국의 칸으로 등극한 일리아스 호자는 2년 전의 실패를 만회하기 위해 다시 쳐들어왔다. 티무르와 후사인은 다시 힘을 합쳐 타슈켄트 근처에서 적을 막아 내기로 했다. 그런데 전투 도중 엄청난 폭우가 내려 주변이 온통 진흙탕으로 바뀌면서 기병을 주축으로 하는 양측 군대는 전투 불능의 상태에 빠졌다. 이런 경우는 상대적으로 먼 거리를 달려온 원정군이 불리한 법이다. 기회를 포착한 티무르는 후사인에게 협공을 부탁하고 공격을 시작했다.

그러나 별로 공격에 나설 마음이 없던 후사인은 티무르를 외면하고 제자리만 지켰다. 결국 단독으로 공격하던 티무르는 적의 반격을 혼자서 받아낸 끝에 1만 명의 전사자를 내며 크게 패했다. 일리아스 호자는 흔히 '진흙탕 전투'로 알려진 이번 전투의 승리로 사마르칸트로 직행할 수 있었다. 그런데 사마르칸트가 함락되려는 순간

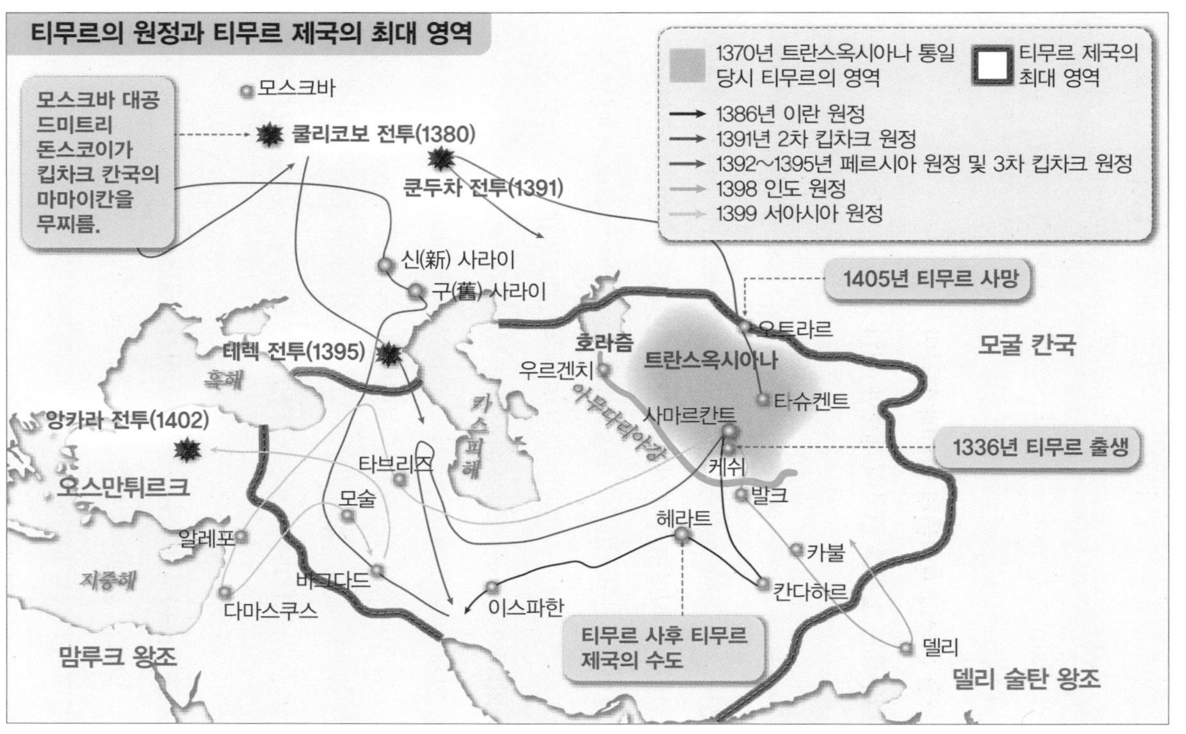
티무르의 원정과 티무르 제국의 최대 영역
1370년 트란스옥시아나 통일 당시 티무르의 영역
티무르 제국의 최대 영역
1386년 이란 원정
1391년 2차 킵차크 원정
1392~1395년 페르시아 원정 및 3차 킵차크 원정
1398 인도 원정
1399 서아시아 원정
모스크바 대공 드미트리 돈스코이가 킵차크 칸국의 마마이칸을 무찌름.
모스크바
쿨리코보 전투(1380)
쿤두차 전투(1391)
신(新) 사라이
구(舊) 사라이
테렉 전투(1395)
흑해
앙카라 전투(1402)
오스만튀르크
카스피해
타브리즈
모술
알레포
바그다드
지중해
다마스쿠스
맘루크 왕조
이스파한
헤라트
티무르 사후 티무르 제국의 수도
호라즘
우르겐치
아무다리야강
트란스옥시아나
사마르칸트
케쉬
발크
카불
칸다하르
델리
델리 술탄 왕조
오트라르
타슈켄트
1405년 티무르 사망
1336년 티무르 출생
모굴 칸국

진영에 전염병이 창궐하기 시작했다. 어쩔 수 없이 일리아스 호자는 다시 본국으로 돌아갔고, 얼마 후 반란을 일으킨 어느 아미르에게 살해되고 말았다.

모굴 칸국과 호라즘의 병합에 성공한 티무르는 킵자크 칸국의 내분에 개입

동쪽으로부터의 위협이 사라지자 티무르와 후사인의 갈등이 표면으로 드러나기 시작했다. 이들의 불화는 지난 진흙탕 전투에서 후사인의 비협조로 본격화되었지만, 일리아스 호자라는 공동의 적과 대치하느라 그동안 억눌러져 있었을 뿐이다. 1366년에는 그나마 둘 사이를 이어주던 티무르의 아내, 그러니까 후사인의 누이가 사망하면서 둘의 관계는 완전히 단절되었다.

이제 걸릴 것이 없어진 둘은 서로를 공격하기 시작했다. 티무르는 먼저 카르시 전투에서 후사인에게 승리하여 제후들의 지지를 얻었다. 계속해서 도주한 후사인을 쫓아가 그의 아들들과 함께 처형하고 서차가타이를 통일한 1370년을 티무르 제국의 건국 연도로 보고 있다.

당시 유라시아 대륙에는 오직 칭기즈칸의 직계혈통만이 칸이 될 수 있다는 불문율이 있었다. 이 때문에 티무르는 자신을 칸이라 칭할 수 없었다. 대신에 칭기즈칸의 혈통이었던 후사인의 아내를 아내로 맞아들여 칭기즈칸의 부마를 뜻하는 '구르칸'으로 칭했다. 이처럼 티무르는 칭기즈칸의 황제 가문에 억지로 끼어들면서까지 스스로 칭기즈칸과 차가타이의 후계자로 선언했지만 어쨌든 정통성의 문제가 있었다.

티무르는 칭기즈칸의 핏줄이 아니라는 치명적인 약점을 메우는 한편 현실적으로도 자신을 따르는 부하들을 다독일 재물이 필요했기 때문에 이후 죽는 날까지 대외원정을 펼쳤다. 흡사 칭기즈칸이 역경을 딛고 일어나 몽골족을 통일한 후 일사천리로 세계 제국을 건설했듯이 티무르 또한 갖은 고생 끝에 트란스옥시아나를 통일하고 나서야 그의 대제국을 향한 첫걸음을 내딛게 된 것이다.

제위에 오른 티무르는 즉시 동쪽과 북쪽 변경에 있는 모굴 칸국과 호라즘을 상대로 원정을 시작했다. 먼저 자신에게 그토록 위협을 가했던 모굴 칸국에 1370년부터 다섯 차례에 걸쳐 원정하여 복속시켰다. 호라즘에는 1372년 원정하여 항복과 조공을 받아냈다. 호라즘이 1379년 반기를 들자 실시한 2차 원정 때는 수도 우르겐치(현 우즈베키스탄 서부)를 점령하여 호라즘을 자신의 제국에 아예 병합시켰다.

티무르가 이렇게 동분서주하고 있을 무렵 멀리 북쪽에서 반가운 손님이 찾아왔다. 킵차크의 청장 칸국의 권력투쟁에서 밀려난 토크타미쉬라는 인물이 찾아와 티무르에게 충성을 맹세하며 칸의 자리를 찾을 수 있도록 도움을 요청한 것이다.

칭기즈칸의 장남 주치에 기원을 두는 킵차크 칸국은 주치의 장남 오르다가 먼저 분봉받은 청장 칸국과 차남 바투가 건국한 백장 칸국으로 이뤄져 있었다. 그렇다면 킵차크 칸국의 본가는 청장 칸국이 맞다. 하지만 바투가 유럽 원정을 실시하여 제국을 대폭 확장했기 때문에 백장 칸국이 더 강력해서 실제로는 방계인 백장 칸국의 칸이 킵차크 칸국을 대표했다.

티무르는 칭기즈칸의 핏줄을 이은 토크타미쉬를 도와 칸에 앉힌다면 킵차크 칸국을 자신의 영향력 아래에 둘 수 있다고 생각했다. 티무르는 토크타미쉬에게 군대 · 무기 · 군마를 제공하며 지원했지만, 전황이 녹록지 않자 1376년에는 친정에 나서 킵차크로 진군했다. 결국 토크타미쉬는 티무르의 도움에 힘입어 최종적으로 승리하여 청장 칸국의 칸에 오르게 되었다.

일 칸국 멸망 후 7개 왕국으로 쪼개진 페르시아를 집단학살 등 잔혹하게 정벌

동쪽과 북쪽 변경을 정리한 티무르는 남쪽의 아프가니스탄과 서쪽의 페르시아로 눈길을 돌렸다. 페르시아 원정에 앞서 1380년에 남쪽 공략을 시작하여 헤라트(현 아프가니스탄 서부)와 칸다하르(현 아프가니스탄 남부)를 점령하면서 아프가니스탄 공략을 마무리했다. 특히 헤라트는 티무르의 사후 사마르칸트를 대신해 제국의 수도가 되는 주요 도시였다.

1383년, 티무르는 본격적으로 페르시아 원정에 나섰다. 127년 전에 몽골의 훌라구가 중동을 점령해 일 칸국을 건국했고, 1335년에는 일 칸국이 멸망하면서 페르시아는 일곱 개의 왕국으로 쪼개졌다. 이렇게 분열된 페르시아 왕조들을 상대로 티무르는 칭기즈칸이 원정에서 사용했던 방식을 기꺼이 사용했다. 그것은 항복하면 살려주되 반항하면 몰살한다는 공포심을 조장해 심리적으로 적의 저항 의지를 꺾는 방법이었다.

게다가 정해진 월급이 없는 티무르 군대는 약탈이 주 수입이었기 때문에 점령지 곳곳에서 티무르 군대에 항거하는 반란이 계속되었다. 이것이 잔학한 진압으로 이어지니 저항하든지 항복하든지 상관없이 티무르가 진격하는 곳에는 아비규환의 지옥이 펼쳐졌다.

항복했던 헤라트가 반란을 일으키자 티무르는 도시를 점령하고 주민들의 해골로 탑을 쌓았으며, 호라산의 사브제바르(현 이란의 동북부)와 튀르키예의 중부 시바스에서는 수천 명의 포로와 시민들을 생매장했다.

티무르의 잔학함은 1387년에 페르시아의 주요 도시 이스파한을 점령했을 때 극에 달했다. 일단 항복했던 시민들이 반란을 일으키자 티무르는 도시를 재점령하고 10~20만 명의 주민들을 학살하면서 1,500개의 해골로 쌓은 탑을 28개가 넘게 만들었다. 이렇게 티무르가 재위 35년 동안 정복 전쟁을 치르면서 앗아간 목숨은 총 1,700만 명으로 추산된다.

티무르가 캅카스산맥 일대까지 진격하며 페르시아 원정을 성공적으로 이끌 무렵 북방에 강력한 적수가 등장했다. 이전에 티무르의 도움으로 청장 칸국의 칸으로 옹립된 토크타미쉬였다. 당시 모스크바 공국에 드미트리 돈스코이라는 영걸이 나타나 종주국이던 킵차크 칸국(백장 칸국)에 반기를 들었다.

1380년에 킵차크 칸국의 마마이 칸은 돈강 기슭에서 벌어진 쿨리코보 전투에서 드미트리가 이끄는 러시아 제후 연합군에 대패한 후 도주하다가 살해당했다. 소식을 들은 토크타미쉬는 이 틈을 놓치지 않고 백장 칸국을 공격해 병합하여 킵차크 칸국을 통일했다. 이어 모스크바를 공격해 점령하고 모스크바 대공작 드미트리를 비롯한 러시아 제후들의 복종을 얻어내 명실상부한 킵차크 칸국의 대칸이 되기에 이르렀다.

킵차크 칸국의 토크타미쉬를 제압하고 인도 원정길에 나서 인더스강을 도강

칭기즈칸의 혈통인 토크타미쉬의 눈에 티무르는 엄연히 칭기즈칸 일족의 영지인 차카타이 칸국과 일 칸국을 집어삼킨 찬역자에 지나지 않았다. 토크타미쉬는 전에 티무르에게 맹세했던 충성 따위는 깨끗이 잊고 티무르의 세력권이던 타브리즈와 트란스옥시아나를 공격했다.

티무르는 토크타미쉬를 국경에서 일일이 받아치기보다는 그의 본거지를 공략하기로 결심하고 1391년에 10만 대군을 이끌고 러시아 원정에 나섰다. 2,700km에 달하는 거리를 강행군한 끝에 티무르는 킵차크 칸국의 주력을 볼가강 근처의 쿤두차에서 따라잡아 크게 격파했다.

쿤두차 전투에서 패한 토크타미쉬는 일단 도주했다가 티무르가 회군하여 페르시아 원정을 이어나가는 사이 티무르에게 다시 도전했다. 하지만 1395년에 벌어진 테렉 전투에서 킵차크 칸국군은 다시 티무르에게 대패했다. 토크타미쉬는 이번에도 도주하여 재기를 노리다가 암살자에 의해 살해되니 킵차크 칸국은 더 이상 티무르를 위협하지 못하게 되었다.

1398년에 티무르는 칭기즈칸도 실행하지 못했던 인도 원정에 착수했다. 인도 침공의 명분은 지하드였지만 힌두교 왕국들이 다스리는 남인도와 달리 북인도는 이슬람을 믿는 투글라크 왕조가 지배하고 있었다.

힌두쿠시산맥을 넘은 후 인더스강을 건너 힌두스탄 평원에 진입한 티무르군은 곳곳에서 인도군을 격파하며 델리를 점령했다. 인도 전역에서 또한 예외 없이 대학살이 벌어졌으며, 티무르군은 많은 전리품과 포로 및 전투용 코끼리를 얻었다.

이번 인도 원정은 티무르의 생애를 통틀어 가장 짧은 기간 이뤄졌다. 하지만 만약 그가 3남 미란 샤(훗날 무굴 제국을 건국하는 바부르의 고조부)의 불온함 때문에 회군하지 않았다면 인도 전역을 정복했을지도 모를 일이다.

1399년, 64세의 티무르는 인도에서 얻은 코끼리를 앞세우고 서아시아를 향한 2차 원정에 나섰다. 시리아에 진격한 티무르가 알레포 · 다마스쿠스 · 모술 · 바그다드를 거침없이 점령하자, 140년 전일 칸국을 격파하며 기세등등했던 맘루크 왕조는 잔뜩 겁을 먹고 티무르에게 무릎을 꿇고 말았다.

이제 티무르에게 유일한 적수가 있다면 오스만의 술탄 바예지드 1세뿐이었다

이제 서아시아에서 티무르에게 대적할 수 있는 유일한 적수가 있다면 오스만튀르크의 술탄 바예지드 1세뿐이었다. 바예지드는 과감하고 신속한 군사적 능력 덕에 '번개'라는 별칭을 얻으며 평생 패배를 겪어보지 못한 전쟁영웅이었다.

그가 발칸반도와 아나톨리아의 수많은 공국들을 병합하자 정복당한 아나톨리아 공국들은 때마침 근처에 세력을 뻗쳐오던 티무르에게 원조를 청했다. 티무르는 자신을 코끼리에, 바예지드를 개미에 비유하는 서한을 보내며 바예지드에게 그동안 정복한 공국들을 독립시키라고 요구했다. 하지만 바예지드가 그러한 티무르의 요구를 들어줄 리 만무했다.

티무르의 침공이 임박하자 바예지드는 한창 진행 중이던 콘스탄티노플의 포위를 풀고 아나톨리아로 진군했다. 티무르의 강점이 기병대임을 간파한 바예지드는 숲이 많은 시바스에서 티무르를 막기로 했다. 이에 티무르는 오스만 정찰병들의 눈을 감쪽같이 속이고, 군대 전체를 철저히 은닉시킨 상태에서 서남쪽으로 우회 기동하여 후방의 앙카라를 급습하는데 성공했다.

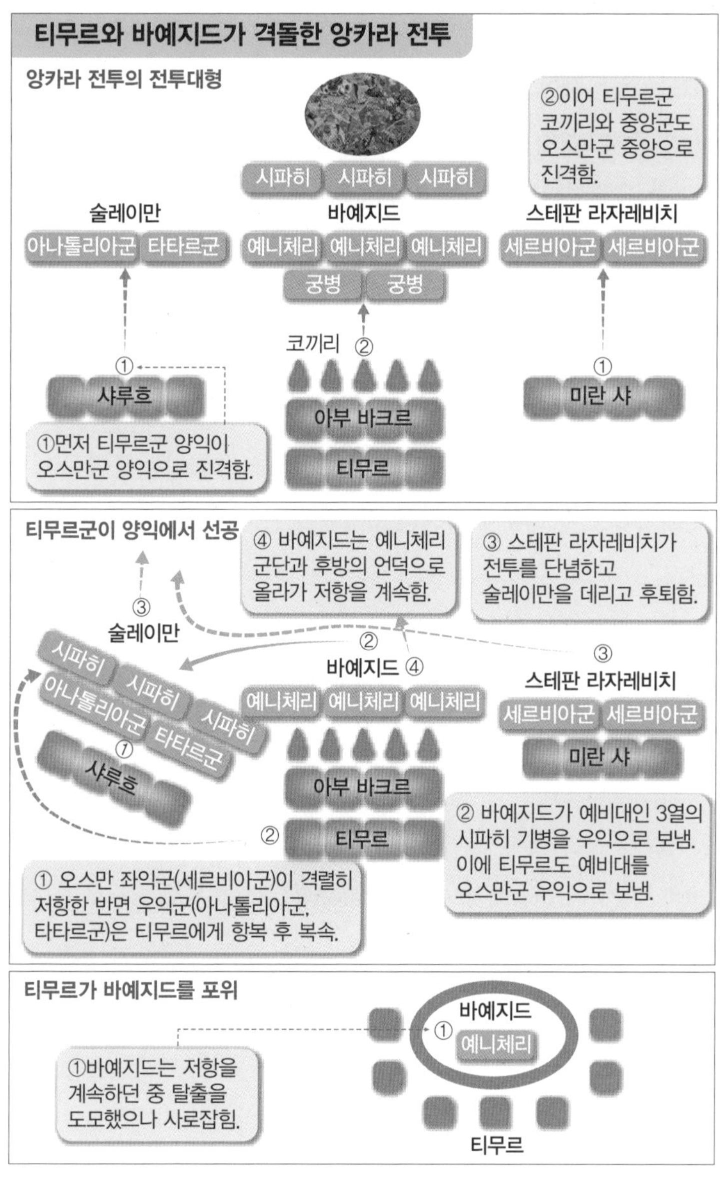
티무르와 바예지드가 격돌한 앙카라 전투
앙카라 전투의 전투대형
②이어 티무르군 코끼리와 중앙군도 오스만군 중앙으로 진격함.
시파히
시파히
시파히
술레이만
바예지드
스테판 라자레비치
아나톨리아군
타타르군
예니체리
예니체리
예니체리
세르비아군
세르비아군
궁병
궁병
코끼리 ②
①
①
샤루흐
미란 샤
아부 바크르
①먼저 티무르군 양익이 오스만군 양익으로 진격함.
티무르
티무르군이 양익에서 선공
④ 바예지드는 예니체리 군단과 후방의 언덕으로 올라가 저항을 계속함.
③ 스테판 라자레비치가 전투를 단념하고 술레이만을 데리고 후퇴함.
③
술레이만
②
③
바예지드 ④
스테판 라자레비치
시파히
시파히
시파히
아나톨리아군
타타르군
예니체리
예니체리
예니체리
세르비아군
세르비아군
①
샤루흐
미란 샤
아부 바크르
② 바예지드가 예비대인 3열의 시파히 기병을 우익으로 보냄. 이에 티무르도 예비대를 오스만군 우익으로 보냄.
②
티무르
① 오스만 좌익군(세르비아군)이 격렬히 저항한 반면 우익군(아나톨리아군, 타타르군)은 티무르에게 항복 후 복속.
티무르가 바예지드를 포위
바예지드
①
예니체리
①바예지드는 저항을 계속하던 중 탈출을 도모했으나 사로잡힘.
티무르

앞만 바라보다가 후방에 적이 출현한 것을 뒤늦게 알아차린 바예지드는 회군하여 급히 앙카라로 돌아갔다. 이렇게 해서 1402년 7월, 의도치 않게 콘스탄티노플 함락을 50년간 늦추어 유럽 기독교 세계를 구해줬다는 앙카라 전투가 시작되었다.

이때 티무르군 병력은 10~12만 명으로 추정된다. 이들은 거의 전원이 기병이었고, 그 외 32마리의 전투용 코끼리가 있었다. 티무르는 병력을 넷으로 나눠 왼쪽(막내아들 샤루흐가 지휘), 중앙(손자 아부 바크르가 지휘), 오른쪽(3남 미란 샤가 지휘)에 하나씩 배치하고 마지막으로 예비대를 중앙의 후방에 위치시켰다. 코끼리는 중앙군 전방에 배치했으며, 티무르 자신은 중앙에서 전군을 총지휘했다.

앙카라 전투에서 승리한 티무르는
포로로 잡힌 바예지드를 정중하게 대접

오스만튀르크군 병력은 10만 명으로 일컬어지지만, 시바스에서 앙카라로 급히 퇴각 중 무더위와 피로에 지쳐 낙오된 병력을 감안하면 대략 8만 명으로 추산된다. 바예지드의 병력은 혼성군에 가까웠다.

중앙에는 1열에 궁병이, 2열에는 저 유명한 예니체리 군단이, 예비대인 3열에는 제국의 핵심 전력인 시파히 기병이 위치했다. 왼쪽에는 봉신인 세르비아 공작 스테판 라자레비치가 지휘하는 1만 명의 중장기병을 배치했다. 오른쪽에는 아들 술레이만이 지휘하는 타타르 용병 1만 8,000명과 아나톨리아군이 위치했다.

티무르가 수원水原을 선점했기 때문에 어쩔 수 없이 바예지드가 선공을 펼쳤다는 자료도 있지만, 먼 길을 달려오느라 지친 바예지드를 티무르가 먼저 공격했다는 자료도 있다. 여기에서는 후자의 입장에 따라 서술할 것이다. 티무르가 양익을 먼저 전진시키면서 오스만군 양익에서 충돌이 시작됐다. 오스만군 왼편의 세르비아군은 몇 번이나 계속되는 티무르군의 돌격을 막아냈다. 비 오듯 쏟아지는 티무르군의 화살도 세르비아 기사들의 갑옷을 뚫을 수 없었다. 그들은 "마치 그들이 사자처럼 싸웠다"라고 티무르가 감탄할 만큼 분투했다.

한편 오스만군의 오른쪽에서는 타타르 용병과 아나톨리아군이 얼마 안 가 바예지드를 배반하여 티무르군에 합류했다. 티무르는 바예지드에게 갓 정복되어 오스만 제국에 충성심이 없던 그들을 이미 매수해 놓은 상태였다. 바예지드는 급한 대로 예비대인 3열의 시파히 기병을 오른쪽으로 보냈다. 하지만 티무르 역시 자신의 예비대를 오스만군 오른쪽으로 보내니 오스만군은 오른쪽에서부터 무너지기 시작했다.

이때 오른쪽의 배반을 알아차린 스테판 라자레비치는 일이 글렀음을 깨닫고 바예지드에게 후퇴해야 한다고 건의했다. 이 순간 바예지드는 자신의 안위보다 후계자의 도주가 더 중요하다고 생각했다. 바예지드가 후퇴를 거부하고 후방의 언덕으로 피신하자 티무르군은 즉시 언덕을 포위했다. 바예지드는 전투용 도끼를 휘두르며

티무르와 티무르에게 붙잡힌 감옥 속의 술탄 바예지드 1세,
1878년, 스타니스와프 클레보프스키, 우크라이나 리비우 국립미술관.

친위대인 예니체리 군단과 함께 맹렬히 싸웠다.

그 사이 스테판 라자레비치는 술레이만 왕자를 데리고 먼저 전장에서 탈출했다. 충분한 시간이 흘렀다고 판단한 바예지드 또한 마지막 순간에 탈출을 시도했으나 끝내 포위망을 뚫지 못하고 사로잡혔다. 이렇게 해서 앙카라 전투는 티무르의 승리로 끝났다.

티무르는 포로가 된 바예지드를 정중히 대접했지만, 이듬해 바예지드는 병사하고 말았다. 흔히 그랬듯이 티무르는 오스만튀르크를 굳이 정복하여 자신의 영토로 편입하지 않은 채 그대로 사마르칸트로 돌아갔다. 기사회생한 오스만 제국은 바예지드의 아들들 사이에 잠시 내분을 겪은 뒤 화려하게 부활하게 된다.

69세의 나이로 중국 원정 중 사망한 티무르의 주검은 사마르칸트에 매장

티무르의 다음 목표는 몽골을 몰아낸 이교도의 국가인 명나라였다. 게다가 명나라 태조 주원장은 티무르를 신하라 부르며 모욕을 준 바 있었다. 티무르는 몽골로 쫓겨난 북원과 연합하는 한편 오트라르에 20만 명의 침략군을 선발대로 집결시켰다.

이때의 명나라 황제는 주원장의 넷째 아들 영락제 주체였다. 영락제 또한 찬역으로 제위에 오른 후 티무르의 영향력이 미치던 중앙아시아의 여러 나라에 사신을 파견해 명나라의 종주권을 강요할 만큼 호전적인 인물이었다. 영락제는 티무르의 침략을 예견하고 서쪽 변방을 단단히 하며 세기의 결전을 준비했다.

1404년 12월, 69세의 노구를 이끌고 사마르칸트를 출발한 티무르는 한겨울에 무리한 탓으로 열병에 걸려 쓰러졌다. 결국 1405년 2월에 오트라르에서 티무르가 사망하면서 중국 원정은 중단되었다. 티무르의 주검은 방부 처리된 후 사마르칸트에 매장되었다.

티무르의 관에는 '누구든지 나의 관을 열어 내가 이 관에서 나오면, 무서운 재앙이 닥칠 것이다'라는 글귀가 씌어 있었다. 1941년 6월 19일, 소련의 고고학자들은 이 경고를 무시하고 티무르의 관을 열었다. 그들은 티무르의 유골을 조사한 결과 173cm의 키에 역사적 기록대로 오른발과 오른손에 장애가 있음을 확인했다.

그런데 3일 후 소련에 무시무시한 재앙이 닥쳤다. 1941년 6월 22일, 히틀러가 소련을 침공한 것이다. 스탈린은 티무르의 유골을 다시 매장한 후 그 누구도 다시는 티무르의 무덤을 열지 못하도록 했다.

오다 노부나가
(생몰 1534~1582)

일본 천하통일의 초석 놓은 전국 시대 최고의 전략가

천하는 뭉치면 흩어지고 흩어지면 다시 뭉치려는 습성이 있다. 주周나라가 멸망한 후 도래한 춘추전국시대를 통일한 진秦나라는 초楚와 한漢으로 나뉘었다가 다시 한나라로 통일되었다. 한나라는 나중에 다시 위 · 촉 · 오로 갈렸다가 결국에는 진晉나라로 뭉쳐졌다.

일본의 역사 또한 크게 다르지 않았다. 150여 년간 천하를 지배한 가마쿠라 막부가 쓰러지면서 남북조 시대(1336~1392)가 시작되었고, 이는 무로마치 막부 3대 쇼군將軍 아시카가 요시미쓰에 의해 통일되었다. 일본은 이후 전국 시대戰国時代를 맞이하여 다시 분열되었다가 재차 통일을 향해 나아가는데, 이때 전국 통일의 초석을 다진 인물이 바로 오다 노부나가織田信長이다.

쇼군 아시카가 요시마사의 후계자 놓고 오닌의 난이 발발하면서 전국 시대 개막

일본을 어느 때보다 혼돈에 휩싸이게 만든 전국 시대는 무로마치 막부 8대 쇼군 아시카가 요시마사의 후계자 문제를 두고 일어난 오닌応仁의 난(1467~1477)이 발단이었다. 10여 년의 전란이 지속되면서 지방의 유력 봉건영주인 다이묘大名들이 전국에서 들고 일어났고, 이를 통제하지 못하는 조정과 막부의 권위는 땅에 떨어졌다.

이때부터 정의와 명분보다는 실력과 세력을 내세워 다이묘들끼리 서로 먹고 먹히는 군웅할거의 시대가 전개되었다. 전국에서 피를 흘리는 전란이 이어지는 동안 차츰 몇 개의 국(國, 일본명 구니)을 장악해 막부의 통제를 벗어난 지방 세력이 출현했다. 이들을 기존의 다이묘와 구별하여 특히 전국 다이묘戦国大名라고 부른다. 당시 다이묘들의 대두에는 몇 가지 유형이 있었다.

첫째, 가마쿠라 막무와 무로마치 막부는 슈고守護라는 지방관을 임명해 전국 66개의 국을 감독하도록 했는데, 이들 슈고가 자연스레 전국 다이묘로 변한 경우이다. 스루가국의 이마가와 가문과 가이국의 다케다 가문이 대표적이다.

둘째, 일반적으로 슈고들은 수도인 교토에 거주하고, 관할지를 슈고다이守護代라는 대리인한테 다스리게 했다. 이들 슈고다이가 주군인 슈고를 몰아내고 전국 다이묘로 성장한 경우이다. 여기에는 에치고국의 우에스기 가문과 오와리국의 오다 가문이 있다.

오다 노부나가 초상화, 1583년, 가노 소슈, 도쿄대학교 역사학연구소.

셋째, 미천한 신분에서 시작하여 전란의 시대를 틈타 새로이 가문을 열고 전국 다이묘로 우뚝 일어선 경우이다. 미노국의 사이토 가문과 사가미국의 호조 가문이 이에 해당한다.

교토에 거주하는 슈고 시바 가문을 대신해 슈고다이인 오다 가문이 오와리국을 통치

오다 노부나가는 현재 아이치현에 있는 오와리국에서 오다 노부히데의 적장자로 1534년에 태어났다. 위에 나오는 예처럼 오다 가문은 교토에 거주하는 슈고를 대신해 오와리를 통치하던 슈고다이였다. 오다 가문이 차츰 강성해져 주군인 시바 가문을 대신해 오와리국 8개 군을 둘로 나눠 통치했는데, 오다 야마토노카미 가문과 오다 이세노카미 가문이 그들이었다. 이때 노부히데는 야마토노카미 가문의 가신이었으니 노부나가는 오다 가문의 본가가 아닌 방계 출신이었던 셈이다.

천하를 움켜쥐려는 노부나가의 야심은 부친으로부터 물려받은 것이 분명했다. 노부히데는 동쪽으로 미카와국의 마쓰다이라 가문을 공격하고, 북쪽으로 미노국의 사이토 도산과 맞서는 등 활발한 행보를 보였다. 그러다가 동쪽으로 스루가국의 강력한 이마가와 가문과 맞서게 되자 아들인 노부나가를 그때까지 싸우던 사이토 도산의 딸 노히메와 정략결혼을 시켰다. 1551년에 오다 노부히데가 42세의 나이로 급사하면서 불과 18세의 오다 노부나가가 가문을 잇게 되었다.

노부나가는 어렸을 때부터 온갖 기행을 일삼은 탓에 그의 교육을 담당했던 히라테 마사히데가 골치를 앓고 책임을 통감하며 자결했을 만큼 소문난 얼간이었다. 게다가 부친이 살아생전 사방에 적을 만들어놓은 탓에 안팎으로 많은 적을 두고 있었다.

이런 상황에서 노부나가의 친척들과 가신들은 그를 믿지 않았고, 물론 그도 그들을 믿지 않았다. 하지만 사람들은 노부나가의 비상식적인 행동 이면에 그의 풍부한 상상력과 창의력이 있음을 알아차리지 못했다.

오다 노부나가는 오케하자마 전투에서 적장 이마가와 요시모토를 죽이고 대승

1553년에 야마토노카미 가문의 거성인 기요스에서 슈고다이인 오다 노부토모가 슈고인 시바 요시무네를 살해하는 사건이 일어났다. 노부나가는 주군 시해죄를 물어 거병하여 기요스성을 공격해 함락시키고 자신의 거성을 나고야성에서 기요스성으로 옮겼다. 이 기요스성 전투에서는 노부나가가 편성했던 5m가 넘는 장창을 든 밀집부대가 크게 활약했다.

오다 노부나가는 1558년에 자신의 지위를 호시탐탐 노리며 반역을 꾀하던 친동생 노부유키를 기요스성으로 불러들여 척살(刺殺, 칼이나 창으로 찔러 죽임)했고, 이듬해 오다 이세노카미 가문의 아성인 이와쿠라성을 함락시키면서 드디어 전 오다 가문을 통일하기에 이르렀다.

노부나가가 오와리를 통일하자 스루가 · 미카와 · 도토미 3국을 지배하던 이마가와 요시모토가 2만 5,000명의 병력을 이끌고 침략해 왔다. 훗날 도쿠가와 이에야스라 불리는 미카와의 마쓰다이라 모토야스 또한 요시모토 측에 서서 참전하고 있었다.

반면 노부나가가 동원할 수 있는 병력은 3,000명에 불과했다. 전략회의가 열렸지만 노부나가는 대책도 세우지 못하고 잡소리만 하다가 가신들을 돌려보냈다. 가신들은 한편으로 비웃으며, 다른 한편으로는 한탄하며 돌아갔다.

“적군이 눈앞인데 아무런 대책도 없으니 이제 오다 가문과 우리의 운이 다했구나!”

상식적으로 8배가 넘는 적을 상대로 정면 대결은 불가능했다. 그렇다고 기요스성에서 농성을 한다 해도 가신들이 끝까지 배신하지 않고 버텨줄지 의문이었다. 노부나가가 판단하기에 최적의 장소와 시기를 찾아 기습하는 방법이 최선이며, 농성전은 이 방법이 실패한 후에도 늦지 않다는 것이었다. 그래서 그는 전략회의란 것이 결국은 항복 혹은 농성전으로 귀결될 것으로 생각하고 흐지부지 종결시켰던 것이다.

다음 날 노부나가는 요시모토군이 아군의 성을 공격한다는 보고를 접하자 다음과 같이 노래를 부르며 춤을 춘 후 출진을 명했다.

“인생은 일장춘몽이다. 덧없는 게 인생이니 생을 얻은 자 중에 멸하지 않는 자가 뉘 있으랴!”

얼마 후 세작(細作, 간첩)으로부터 요시모토군이 오케하자마에 주둔하고 있다는 보고가 노부나가에게 들어왔다. 연이은 승리에 들떠 있던 요시모토군은 점심 식사를 준비하며 휴식 중이었다. 이때 갑자기 거목이 뿌리째 뽑힐 정도의 강풍이 불고 폭우가 쏟아지는 이변이 일어났다.

노부나가군은 이 기회를 틈타 돌격하여 이마가와 요시모토의 목을 베었고, 총대장을 잃은 요시모토군은 속절없이 패주하고 말았다. 오케하자마 전투(1560)의 찬란한 승리는 노부나가가 전국 통일을 향해 디딘 첫발이 되었다.

일본의 역사와 막부의 변천
도쿠가와 이에야스
⑥에도 막부(1603~1868)
▶ 도쿠가와 이에야스가 수립
▶ 1868년 메이지유신으로 멸망
⑤무로마치 막부(1336~1573)
▶ 남북조 시대(1336~1392)의 전개
▶ 전국 시대(1467~1590)의 전개
③헤이안 시대(794~1185)
▶ 나라에서 교토로 천도,
이후 교토는
1000년 동안(794~1868)
일본의 수도로 군림
도호쿠
쥬부
간토
에도(현 도쿄)
교토
가마쿠라
쥬고쿠
오사카
나라
긴키
시코쿠
규슈
④가마쿠라 막부(1185~1333)
▶ 일본 최초의 무사정권
②나라 시대(710~794)
①야마토 시대(3세기 중반~710)
▶ 일본 최초의 통일정권
▶ 고훈 시대와 아스카 시대를 합쳐서 지칭

마쓰다이라 모토야스와 동맹을 체결하고 미노국의 합병 후 천하통일의 포부를 천명

한편 노부나가가 천하를 호령하기 위해서는 교토에 상경하여 조정과 막부의 권위를 빌리는 것이 급선무였다. 당대의 여느 전국 다이묘들도 비슷한 생각이었고, 이마가와 요시모토가 침범한 이유 중 하나도 오와리국이 교토로 통하는 길목에 있기 때문이었다.

그런데 서쪽의 교토로 진출하기 위해서는 먼저 동쪽과 북쪽으로부터의 위협을 없애야 했다. 이 때문에 노부나가는 마쓰다이라 모토야스를 기요스성으로 불러들여 동맹을 체결하였고, 최강의 무력을 가진 다케다 신겐과도 사돈이 되는 조건으로 동맹을 체결했다. 이처럼 동쪽에서 본거지를 공격당할 우려를 불식시킨 후 본격적으로 창을 겨눈 곳은 북쪽의 미노국이었다.

1556년 당시 미노국에는 노부나가의 장인인 사이토 도산이 아들인 사이토 요시타쓰와 싸우다 전사하였으며, 연이어 사이토 요시타쓰가 급사하는 정변의 회오리가 몰아치고 있었다. 1561년에 요시타쓰의 14세 된 적장자 사이토 다쓰오키가 가독(家督, 집안의 장남으로 가문의 유산과 권리를 갖는 것)을 잇자 노부나가는 즉시 출병했다.

노부나가는 사이토군과의 전투에서 일진일퇴를 거듭했지만, 적의 내분을 틈타 1567년에 미노국의 아성인 이나바산성을 함락시켜 사이토 가문을 멸문하는 데 성공했다. 그가 미노국을 합병한 후 '천하포무天下布武'라 새겨진 인장을 공식적으로 사용하니, 이것은 무력으로 천하를 얻겠다는 포부를 숨김없이 드러낸 것이었다.

미요시 일족을 몰아내고 교토를 접수한 노부나가는 요시아키를 쇼군으로 추대

노부나가가 한창 미노국과 혈전을 벌이던 1565년 당시 교토에서는 막부의 실권을 장악한 미요시 일족이 13대 쇼군 아시카가 요시테루를 살해하고 요시테루의 사촌동생 아시카가 요시히데를 쇼군으로 옹립하는 사건이 일어났다. 그러자 출가했던 아시카가 요시테루의 친동생 아시카가 요시아키가 환속해 미요시 가문의 토벌을 노부나가에게 부탁했다.

미노국 합병 후인 1568년에 노부나가는 적통 쇼군을 추대한다는 명분으로 5만 명의 병력을 이끌고 아성인 기후성을 출발했다. 교토를 얻기 위해서는 남(南) 오미국의 롯카쿠 요시카타와 교토의 미요시 일족을 무찔러야 했다. 롯카쿠 요시카타는 거성인 간온지성에서 저항할 생각이었지만, 정작 노부나가의 대군을 보자 겁을 먹고 도망쳤다.

이 소식을 들은 미요시 일족도 일이 글렀음을 알고 교토를 탈출해 버리자 노부나가는 어렵지 않게 교토를 접수할 수 있었다. 노부나가는 즉시 아시카가 요시아키를 불러들여 쇼군으로 세웠다. 하지만 막부를 재건하려는 요시아키와 자신이 천하의 주인이 되려는 노부나가의 갈등은 잠재되어 있었다.

중부의 일개 약소 다이묘였던 노부나가가 급성장하여 교토를 장악하자, 이를 경계하는 주변의 세력들이 연합하여 노부나가에게 대항하기 시작했다. 동쪽의 다케다 신겐과 우에스기 겐신, 서쪽의 모리 모토나리, 남쪽의 혼간지本願寺 법주 겐뇨, 북쪽의 아자이 나가마사와 아사쿠라 요시카게가 그들이었다. 이 중에서 다케다 신겐과 아자이 나가마사는 노부나가와의 동맹을 청산하고 적으로 돌변한 경우이다. 이들이 노부나가에 맞선 순서대로 정황을 살펴보기로 하자.

1570년에 쇼군 요시아키가 에치젠국의 아사쿠라 요시카게에게 노부나가 타도를 의뢰하자 노부나가는 먼저 요시카게를 공격했다. 이때 노부나가는 매제인 북(北) 오미국의 아자이 나가마사의 배신으로 절체절명의 위기를 맞기도 했지만, 동맹군으로 참전한 도쿠가와 이에야스의 도움으로 아네가와 전투에서 아자이 · 아사쿠라 연합군을 크게 무찔렀다. 이후에도 아자이와 아사쿠라는 3년간 끈질기게 저항했지만 노부나가의 공격을 받고 둘 다 자결하면서 북쪽의 오미국과 에치젠국도 노부나가의 품에 들어왔다.

오사카에 위치한 이시야마 혼간지는 아자이 · 아사쿠라보다 몇 개월 뒤 거병하여 무려 10년간 노부나가를 괴롭힌 거대한 사원이자 군사 조직이었다. 이들 세력이 자리 잡은 이시야마성은 배후가 바다인 난공불락의 성채여서 노부나가로서는 포위망을 완성할 수도 없었으며 그렇다고 쉽사리 공격할 수도 없었다.

혼간지의 겐뇨는 모리 가문으로부터 바다를 통해 보급받으며 버티다가 노부나가가 수군을 육성해 모리의 수군을 격파한 후에야 오기마치 천황의 중재 아래 강화에 응했다. 결국 겐뇨가 폐허가 된 혼간지를 노부나가에게 양도하고 물러나면서 남쪽도 어렵사리 평정되었다.

신겐과 손잡은 쇼군 요시아키를 추방해 237년간 이어져 온 무로마치 막부도 멸망

1572년 7월, 드디어 교토를 향해 진격을 개시한 다케다 신겐은 노부나가에게 가장 두려운 적이었다. 일본 최고의 명장으로 알려진 신겐은 우선 미카와로 밀고 들어와 도쿠가와 이에야스의 영지를 짓밟았다. 보다 못한 이에야스와 노부나가의 원군이 연합하여 미카타가하라에서 신겐에게 맞섰지만 대패하고 말았다.

그런데 연전연승하던 다케다 신겐이 1573년 4월에 갑작스레 병사하는 이변이 일어났다. 어쩔 수 없이 다케다군이 본국으로 귀환하면서 노부나가와 이에야스는 가까스로 위기에서 벗어날 수 있었다.

다케다군이 물러가자마자 노부나가는 신겐과 손을 잡았던 쇼군 요시아키를 처단하기 위해 교토로 진격했다. 그해 7월에 마키시마성에서 저항하던 요시아키가 굴복하자 노부나가는 쇼군을 추방하고 더 이상 쇼군을 옹립하지 않았다. 이렇게 해서 237년간 이어져 온 무로마치 막부는 막을 내렸다.

아즈치성 일러스트, 오다 노부나가가 아즈치산에 천하통일의 거점으로 건설했으며, 일본에서 제일 큰 비와호가 한눈에 내려다 보인다.

한편 신겐의 뒤를 이은 가쓰요리 또한 아버지 못지않게 용맹하여 이에야스의 영지를 자주 침략했다. 1575년에 가쓰요리가 1만 5,000명의 병력으로 미카와의 나가시노성을 공략하자, 노부나가는 이에야스와 3만 8,000명의 연합군을 구성하여 맞섰다. 이때 다케다군은 수가 적었지만 정예였고, 특히 무적불패로 알려진 최강의 기병대가 있었다.

노부나가는 정면 대결로는 다케다의 기병대를 이기기 어렵다는 것을 알고 있었다. 그는 먼저 목책을 세우고 저 유명한 삼단전법을 사용했다. 이것은 3,000명의 철포대를 1,000명씩 3조로 나눠 시차를 두고 연속사격을 함으로써 재장전에 걸리는 시간을 단축하는 방법이었다. 용맹한 다케다 기병대는 몇 번이고 돌격을 감행했지만, 목책을 넘기 전에 모조리 철포에 맞아 쓰러졌다.

다케다 가쓰요리는 나가시노 전투로 널리 알려진 이번 전투에서 여러 맹장과 1만 명의 정예 병력을 상실하면서 재기할 힘을 완전히 상실했다. 1582년 노부나가가 고삐를 늦추지 않고 대군을 동원해 공격해 오자 가쓰요리는 도주하다가 아들과 함께 자결하고 말았다. 이로써 다케다 가문은 멸망했다.

에치고국의 우에스기 겐신은 다케다 신겐과 쌍벽을 이루며 서로 자웅을 겨뤘던 전국 시대 최고의 전략가였다. 1576년에 거병한 그는 엣츄 · 가가 · 노토(현 이시카와현과 도야마현)로 진격하였고, 이듬해 테도리강 전투에서 노부나가군을 대파하는 등 기세를 올렸다. 그런데 우에스기 겐신은 본격적으로 노부나가를 치기 위한 원정을 준비하던 중 1578년에 급사하고 말았다. 이처럼 '가이의 호랑이'라고 불렸던 다케다 신겐에 이어 '에치고의 용'이라고 불리던 우에스기 겐신마저 사라지니 노부나가는 동쪽으로부터의 위협도 덜게 되었다.

노부나가가 혼노지의 정변으로 할복한 후 후계자 자리를 꿰찬 히데요시가 천하통일

노부나가가 마지막으로 공략해야 할 곳은 서부 최고의 세력을 자랑하는 쥬고쿠의 모리 데루모토(훗날 세키가하라 전투에서 도쿠가와 이에야스에 맞선 서군 총사령관), 시코쿠를 지배하는 죠소카베 가문 그리고 규슈의 시마즈 가문이었다.

한창 다케다 가문을 공략 중이던 노부나가는 하시바 히데요시(훗날 도요토미 히데요시)와 아케치 미쓰히데를 시켜 모리 가문을 공략하게 하고 있었다. 그런데 미키성 · 히메지성 · 돗토리성 등을 함락시키며 승승장구하던 히데요시가 빗츄(현 오카야마현)의 다카마쓰성에서 곤혹을 겪으며 구원군을 요청했다. 불과 한 달 전 다케다 가문을 멸망시킨 노부나가는 즉시 구원에 나서기로 하고 거성이던 아즈치성을 떠나 교토로 상경해 혼노지本能寺에 머물며 서부 출정을 준비했다.

이때 성정이 포악하고 비정했던 노부나가로부터 그동안 갖은 모욕은 물론 영지 몰수의 위협까지 받아온 아케치 미쓰히데가 1만 2,000명의 병사를 이끌고 혼노지를 급습했다. 아케치 미쓰히데는 노부나가 최고의 용장으로 알려진 시바타 가쓰이에를 비롯한 주요 장수들이 멀리 원정을 나간 틈을 이용했다. 불의의 기습을 당한 노부나가는 직접 활을 쏘고 창을 휘두르며 분투했지만 워낙 중과부적이었다. 이윽고 최후가 다가왔음을 깨달은 노부나가는 혼노지에 불을 지르고 할복하여 천하통일을 눈앞에 둔 채 풍운의 일생을 마쳤다.

혼노지의 정변을 전해 듣고 재빠르게 움직인 인물은 하시바 히데요시였다. 노부나가의 무장 중 최강의 무력을 지닌 시바타 가쓰이

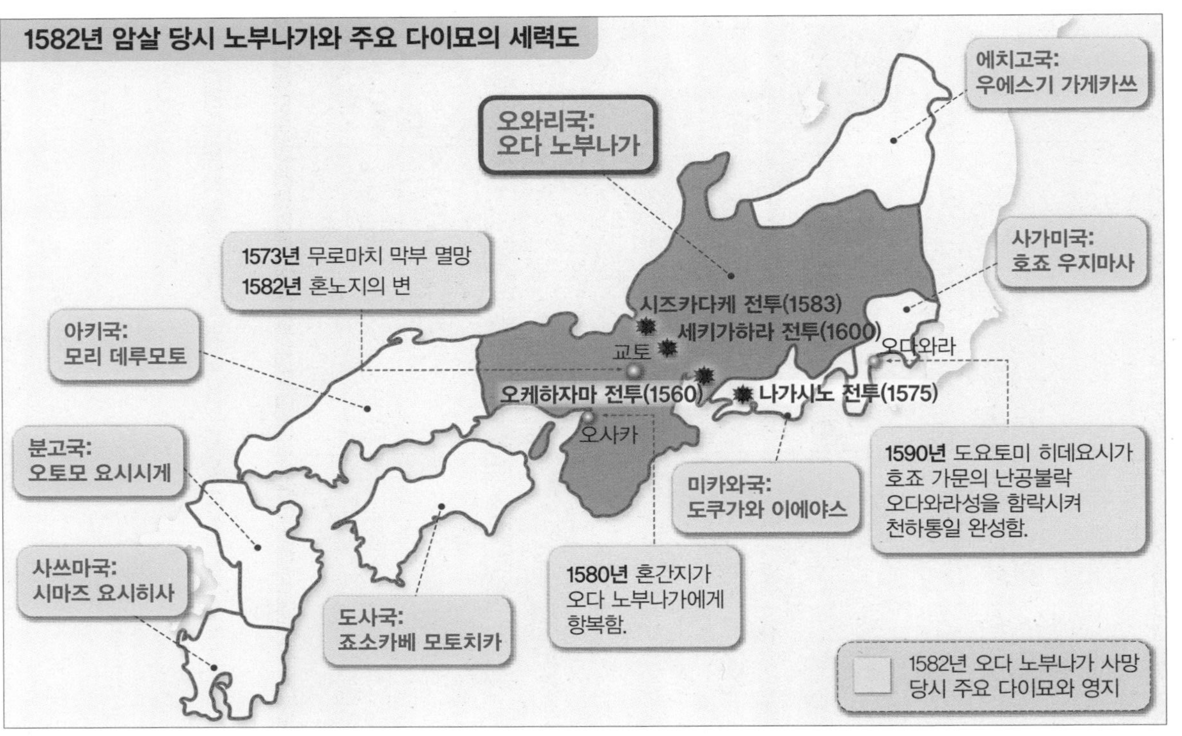
1582년 암살 당시 노부나가와 주요 다이묘의 세력도
에치고국:
우에스기 가게카쓰
오와리국:
오다 노부나가
사가미국:
호죠 우지마사
1573년 무로마치 막부 멸망
1582년 혼노지의 변
시즈카다케 전투(1583)
세키가하라 전투(1600)
교토
오다와라
아키국:
모리 데루모토
오케하자마 전투(1560)
나가시노 전투(1575)
오사카
분고국:
오토모 요시시게
미카와국:
도쿠가와 이에야스
1590년 도요토미 히데요시가
호죠 가문의 난공불락
오다와라성을 함락시켜
천하통일 완성함.
사쓰마국:
시마즈 요시히사
1580년 혼간지가
오다 노부나가에게
항복함.
도사국:
죠소카베 모토치카
1582년 오다 노부나가 사망
당시 주요 다이묘와 영지

세키가하라 전투 병풍도, 1854년, 가노 사다노부, 세키가하라 역사문화자료관.

에가 북방에서 머뭇거리는 사이 히데요시는 소식을 갖고 온 사자의 목을 베 소문이 퍼지지 않게 한 후 모리 가문과 강화하고 즉시 교토로 회군했다. 히데요시는 아케치 미쓰히데를 야마자키 전투에서 괴

멸시킨데 이어, 시바타 가쓰이에를 시즈가타케 전투에서 무찔러 할복시키면서 노부나가의 후계자 자리를 굳혔다.

얼마 지나지 않아 히데요시에게 쥬고쿠의 모리 가문과 에치고의 우에스기 가문이 자발적으로 귀순해 왔다. 1586년에 오기마치 천황으로부터 도요토미라는 성을 하사받은 히데요시는 군대를 보내 아직도 자신에게 거역하는 서쪽의 죠소카베 가문과 규슈의 시마즈 가문으로부터 항복을 받아냈다. 도요토미 히데요시는 마지막으로 22만 명의 대군을 동원해 동쪽 간토를 지배하던 호죠 가문마저 정복하여 주군이었던 오다 노부나가가 이루지 못했던 천하통일의 대업을 완수하게 된다.

이순신
(생몰 1545~1598)

임진왜란을 승리로 이끌어 조선을 지킨 불멸의 영웅

한산도 대첩은 조선 수군이 대회전을 통해 함포전으로 적을 무찌른 근대 해전의 모델

한국사 3대 대첩이라면 살수 대첩, 귀주 대첩, 한산도 대첩을 꼽는다. 이 중에서 한산도 대첩의 경우 규모는 가장 작았지만 이미 승리를 체념하고 달아나는 적을 격파했던 살수 대첩이나 귀주 대첩과 달리 침략의 기세를 올리던 일본 수군을 무찔렀다는 점에서 매우 큰 의미가 있다.

또한 한산도 대첩은 진주 대첩, 행주 대첩과 함께 임진왜란 때의 3대 대첩으로 불린다. 이 중에서 진주 대첩과 행주 대첩은 성벽에 의지해 적을 막아내기만 하면 되었던, 애초에 방어 측한테 유리한 수성전이었다.

반면에 한산도 대첩은 조선 수군이 당당히 대회전을 통해 적을 무찌르면서 대규모 함포전이라는 근대 해전의 새로운 방향을 제시했다는 점에서 큰 의미를 지닌다. 이 한산도 해전을 지휘한 장군이 바로 충무공 이순신李舜臣이다.

이순신은 본관이 덕수德水이고 자字는 여해汝諧이며, 1545년 한성 건천동에서 이정李貞과 초계 변씨草溪 卞氏의 네 아들 중 셋째 아들로 태어났다. 그는 소년 시절부터 아주 비범했다고 하는데, 그와 한동네에 살았던 류성룡(柳成龍, 1542~1607)이 지은 징비록을 보면 그의 어린 시절을 잘 엿볼 수 있다.

'이순신은 어렸을 때 영특하고 강직해 다른 것에 얽매이지 않았다. 마을에서 여러 아이와 놀 때도 나무를 깎아 활과 화살을 만들어 놀면서 자신의 마음에 맞지 않는 사람을 만나면 그의 눈에 화살을 쏘려고 했다. 나이가 많고 학식이 뛰어난 어른 중에도 이순신을 두려워하여 그의 집 문 앞을 지나지 못하는 이가 있었다.'

병정놀이를 즐겨한 이순신에게 군인의 길은 숙명과도 같았다. 그는 문인 가문이었음에도 보성군수를 지낸 방진方震의 딸 방수진方守震과 1565년 결혼한 후 문과에서 무과로 바꿔 과거를 준비했다. 28세 때 이순신은 별과別科에 응시했으나 시험 중 낙마하여 탈락했다. 그때 버드나무 가지로 부러진 다리를 감싸고 시험을 끝마쳤다는 유명한 일화도 있다.

4년 후인 1576년에 이순신은 식년시 무과에 급제하여 종9품 초

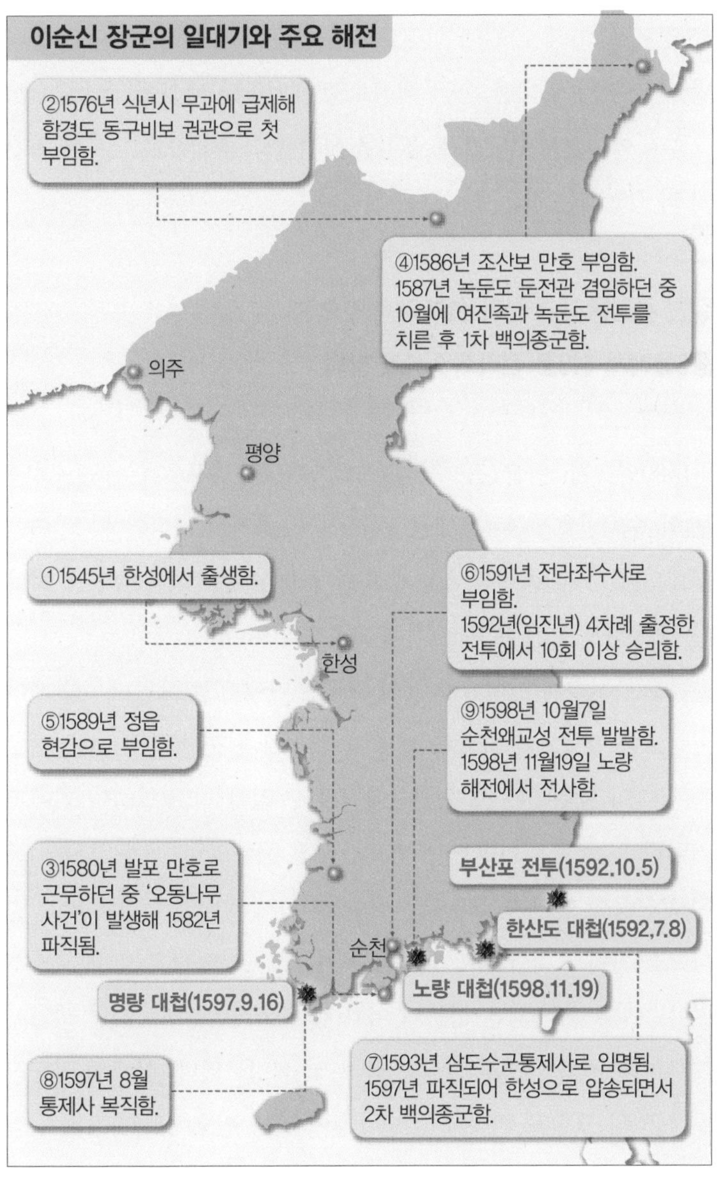
이순신 장군의 일대기와 주요 해전
②1576년 식년시 무과에 급제해 함경도 동구비보 권관으로 첫 부임함.
④1586년 조산보 만호 부임함. 1587년 녹둔도 둔전관 겸임하던 중 10월에 여진족과 녹둔도 전투를 치른 후 1차 백의종군함.
의주
평양
①1545년 한성에서 출생함.
⑥1591년 전라좌수사로 부임함. 1592년(임진년) 4차례 출정한 전투에서 10회 이상 승리함.
한성
⑤1589년 정읍 현감으로 부임함.
⑨1598년 10월7일 순천왜교성 전투 발발함. 1598년 11월19일 노량 해전에서 전사함.
③1580년 발포 만호로 근무하던 중 '오동나무 사건'이 발생해 1582년 파직됨.
부산포 전투(1592.10.5)
한산도 대첩(1592,7.8)
순천
명량 대첩(1597.9.16)
노량 대첩(1598.11.19)
⑧1597년 8월 통제사 복직함.
⑦1593년 삼도수군통제사로 임명됨. 1597년 파직되어 한성으로 압송되면서 2차 백의종군함.

급 장교로, 그해 12월에 함경도 백두산 근처의 국경수비대로 발령 받았다. 워낙 위대한 수군 제독으로 세인들의 뇌리에 각인되어서 그렇지 이순신이 육군으로 공직을 시작했고, 육군으로 근무한 기간이 더 길었다는 것은 흥미로운 일이다.

절친 류성룡의 추천과 선조의 혜안으로 종6품에서 정3품 전라좌수사로 발탁

1580년 7월, 이순신은 전라좌수영 관할인 발포(鉢浦, 현 전남 고흥군)의 수군만호水軍萬戶로 1년 6개월 근무하면서 바다와 첫 인연을 맺게 되었다. 이순신의 청렴강직을 대변하는 수많은 일화 중 하나인 '오동나무 사건'은 바로 이때 발생한 일이다.

하루는 전라좌수사 성박成博이 발포 관아에 있는 오동나무를 베어 거문고를 만들고자 사람을 보냈다. 그러자 이순신은 "이 오동나무는 국가의 물건이니 사사로이 베어갈 수 없다"라고 말하며 기어코 거절하고 말았다. 이순신은 불과 1년 전 한성에서 종8품 훈련원 봉사로 근무할 때도 병조정랑 서익徐益의 인사 청탁을 도리에 맞지 않다고 단번에 거절한 적이 있었다.

이순신의 대쪽 같은 성품이 이와 같아서 직속상관이었던 서익이나 성박은 이순신에게 앙심을 품고 있을 정도였다. 실제로 이순신은 서익의 모함을 받아 1582년 1월에 발포 만호에서 파직되지만, 이듬해 육군 군관으로 복직하면서 다시 함경도에서 근무하게 되었다.

1586년에 함경도 조산보 만호에 임명된 이순신은 이듬해 두만강 하류에 있는 녹둔도의 둔전관을 겸임하는 중 얼마 안 가 여진족의 기습을 받게 되었다. 이를 예상했던 이순신은 그 전에 누차 함경 북병사 이일李鎰에게 지원을 요청했음에도 매번 거부당한 바 있었다. 절대적인 병력의 열세 속에서 이순신은 경흥부사 이경록과 함께 분투했지만, 조선군 10여 명이 피살되고 160명의 군민과 15필의 말을 빼앗기고 말았다. 소식을 접한 이일은 이순신과 이경록을 투옥한 후 조정에 장계를 올려 극형에 처해야 한다고 건의했다.

하지만 선조(宣祖, 1567~1608)는 전후 사정을 고려하여 장형을 친 후 백의종군하도록 했다. 이것이 이순신의 첫 번째 백의종군이었다. 이듬해 1588년에 이일이 여진족 토벌에 나섰을 때 이순신은 공을 세우면서 복권했다. 이때의 여진족 토벌에 참가한 지휘관 중 하나가 훗날 이순신과 경쟁하며 갈등을 빚는 원균(元均, 1540~1597)이었다.

1589년 12월, 종6품의 정읍 현감으로 부임한 이순신은 1591년 2월에는 정3품의 전라좌수사로 임명되었다. 이순신이 불과 14개월 만에 무려 7단계의 품계를 건너뛰어 초고속 승진했던 것은 절친이었던 우의정 류성룡의 추천과 이순신의 능력을 알아본 선조의 혜안과 뚝심 덕분이었다. 선조가 불차채용(不次採用, 장차 있을 전쟁에 대비해 임관일과 관계없이 능력에 따라 특진시키는 제도)을 발표하면서 간관(諫官, 임금과 조정에 대한 감찰을 담당하는 관리)들의 반발에도 불구하고 무리한 인사조치를 단행한 것은 남해에서 점점 짙어지고 있는 전운 때문이었다.

임진왜란 발발로 조선의 국토는 초토화, 이순신이 일본 수군 방어로 보급선 차단

전라좌수사로 부임한 이순신은 장차 있을 전란을 예견한 듯 만반의 대비를 시작했다. 무기와 병력을 점검하여 실전 같은 훈련을 하는 한편 둔전을 실시해 군량을 확보했다. 부서진 배와 무너진 성곽은 수리하고 주력선인 판옥선과 3척의 거북선을 건조했다. 거북선은 종래의 판옥선을 개량한 전함으로 덮개를 씌운 후 그 위에 쇠못을 박아 근접전을 선호하는 왜병의 승선을 막도록 했다. 거북선은 사천 해전에서 처음 실전에 투입되었고, 칠천량 해전에서 모두 침몰할 때까지 조선 수군의 돌격함으로 최선봉에서 활약하게 된다.

1592년 4월 13일(이하 음력 표기), 일본을 통일한 도요토미 히데요시가 조선을 침략하면서 임진왜란이 발발했다. 선봉인 고니시 유키나가가 이끄는 1군은 손쉽게 부산진과 동래성을 함락시켰으며, 상주에서 이일을, 탄금대에서 신립을 격파했다. 조선은 오랜 기간 전란을 모르고 지냈으니 백년이 넘는 전국 시대를 거치며 전투에 단련되고 조총이라는 신무기를 보유한 일본군에게 고전할 수밖에 없었다.

그해 5월 3일에 일본군은 전쟁을 시작하고 20일 만에 한성에 들

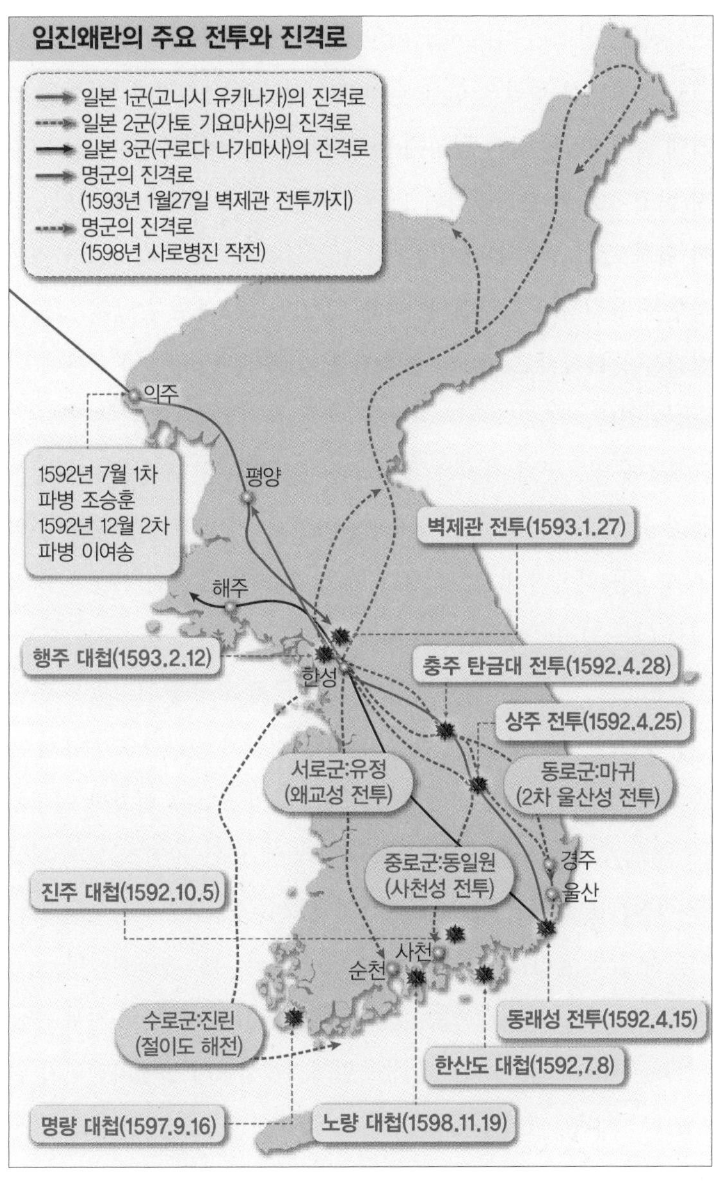
임진왜란의 주요 전투와 진격로
일본 1군(고니시 유키나가)의 진격로
일본 2군(가토 기요마사)의 진격로
일본 3군(구로다 나가마사)의 진격로
명군의 진격로
(1593년 1월27일 벽제관 전투까지)
명군의 진격로
(1598년 사로병진 작전)
의주
1592년 7월 1차
파병 조승훈
1592년 12월 2차
파병 이여송
평양
해주
벽제관 전투(1593.1.27)
행주 대첩(1593.2.12)
한성
충주 탄금대 전투(1592.4.28)
상주 전투(1592.4.25)
서로군:유정
(왜교성 전투)
동로군:마귀
(2차 울산성 전투)
중로군:동일원
(사천성 전투)
경주
울산
진주 대첩(1592.10.5)
사천
순천
수로군:진린
(절이도 해전)
동래성 전투(1592.4.15)
한산도 대첩(1592,7.8)
명량 대첩(1597.9.16)
노량 대첩(1598.11.19)

어섰지만, 선조는 이미 4월 30일에 피난을 떠나고 없었다. 이것은 그들이 최대한 빨리 한성을 점령하고 선조를 사로잡아 전쟁을 조기에 끝내겠다는 목적 달성에 실패했음을 의미했다. 일본군은 멈추지 않고 고니시 유키나가의 1군이 평안도로, 가토 기요마사의 2군이 함경도로, 구로다 나가마사의 3군이 황해도로 진격하면서 조선 북부를 유린하기 시작했다. 이때 엄청난 파도와도 같았던 그들의 진격을 둔화시키고 공세의 종말점을 앞당기는데 공헌한 인물이 이순신이었다.

애초에 일본군의 작전은 육군이 신속히 진격하고 수군이 서해를 통해 육군에 보급을 대는 수륙병진이었다. 그런데 조선 수군이 일본 수군을 막아내어 그들의 보급선을 위협함으로써 일본군은 평양에서 더는 진격할 수 없게 된 것이다.

일본군의 침입과 경상우수사 원균의 구조 요청을 보고받은 이순신은 1592년 5월 4일에 판옥선 24척을 이끌고 전라좌수영(현 여수)을 떠나 첫 출격을 했다. 원균의 경상우수영 수군과 합류한 이순신은 옥포, 합포, 적진포에서 불과 이틀 만에 도합 40척 이상의 왜선을 격침하는 승리를 거뒀다. 사전에 정보를 수집한 후 분산된 적에 기습을 가해 승리를 거두는 방법이 이순신의 기본 전술이었다.

이때 조선 수군의 함포는 조총보다 사정거리가 길어서 일본 수군은 조선 수군에 접근조차 못하고 원거리에서부터 일망타진되기 일쑤였다. 게다가 조선 수군의 주력인 판옥선은 일본 수군의 주력선인 세키부네보다 높고 크고 단단했기 때문에 일본 수군은 그들의 장기인 접근전을 펼치고자 할 때 마치 공성전을 하는 듯한 어려움을 느꼈다.

본영으로 복귀한 이순신은 5월 27일, 원균으로부터 일본군이 노량으로 진격하고 있다는 급보를 받자 판옥선 23척과 거북선 2척을 이끌고 2차 출정을 했다. 원균과 합류한 조선 수군은 열흘 만에 사천, 당포, 당항포, 율포에서 연이어 일본군을 무찔렀다. 사천 해전은 거북선이 최초로 투입된 전투이며, 이 해전에서 이순신은 왼쪽 어깨를 조총에 맞는 부상을 입기도 했다.

견내량을 빠져나온 일본 군함 70여 척을 함포 사격으로 침몰시킨 한산도 대첩

이순신이 계속해서 일본 수군을 소탕해 나가자 도요토미 히데요시는 사태의 심각성을 인식하고 와키자카 야스하루, 구키 요시타카, 가토 요시아키 3인으로 하여금 힘을 합쳐 조선 수군을 무찌르도록 명령했다. 이 중에서 와키자카 야스하루와 가토 요시아키는 히데요시가 아끼는 칠본창(七本槍, 시즈가타케를 공격한 7인의 장수) 중 하나이며, 구키 요시타카는 일본에서 손꼽히는 수군 제독이었다.

7월 6일, 전라우수사 이억기와 함께 3차 출정에 나선 이순신은 원균과도 합세해 55척의 연합함대를 구성했다. 이순신은 당포에 머무르던 중 견내량(현 거제시와 통영시 사이의 좁은 해협)에 왜선 70여 척이 있다는 보고를 접했다. 이들은 대형함 아타케부네 36척, 중형

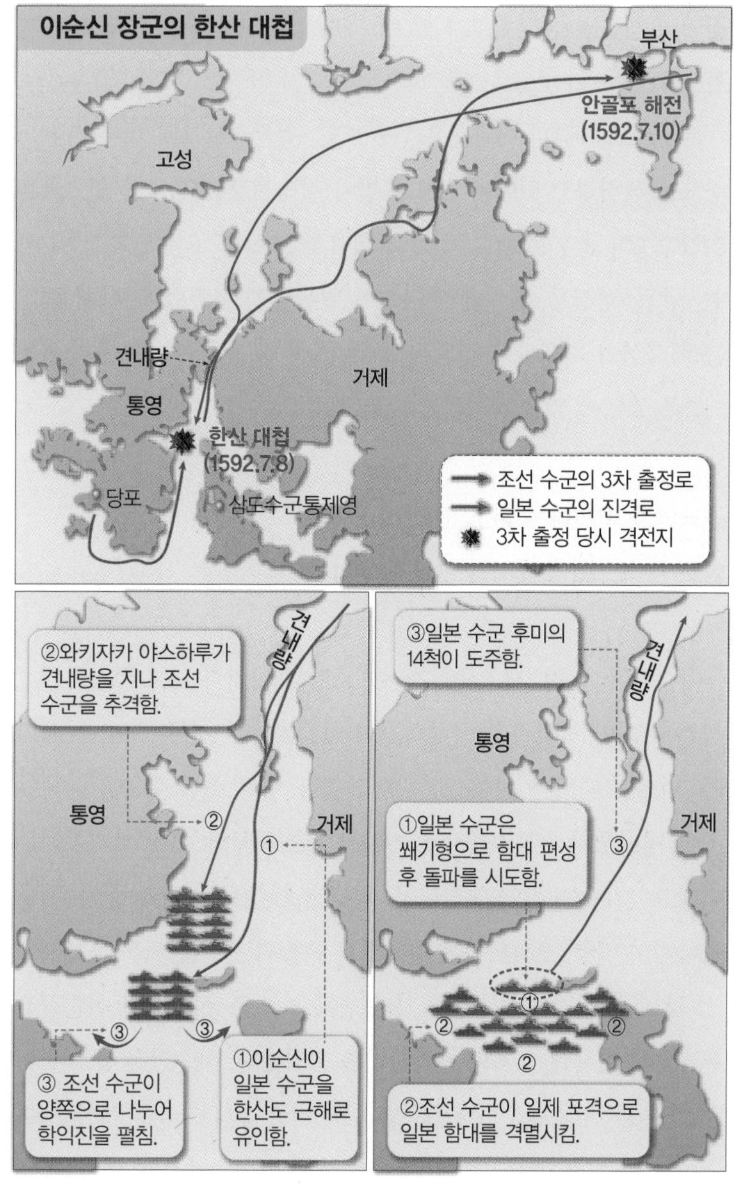
이순신 장군의 한산 대첩
부산
안골포 해전
(1592.7.10)
고성
견내량
거제
통영
한산 대첩
(1592.7.8)
당포
삼도수군통제영
조선 수군의 3차 출정로
일본 수군의 진격로
3차 출정 당시 격전지
견내량
②와키자카 야스하루가 견내량을 지나 조선 수군을 추격함.
통영
거제
③ 조선 수군이 양쪽으로 나누어 학익진을 펼침.
①이순신이 일본 수군을 한산도 근해로 유인함.
③일본 수군 후미의 14척이 도주함.
견내량
통영
①일본 수군은 쐐기형으로 함대 편성 후 돌파를 시도함.
거제
②조선 수군이 일제 포격으로 일본 함대를 격멸시킴.

함 세키부네 24척, 소형함 고바야부네 13척이었으며 지휘관은 와키자카 야스하루였다. 와키자카 야스하루는 한 달 전 용인 전투에서 불과 1,500명으로 조선의 8만 대군을 무찔렀던 맹장이다. 그는 혼자서도 능히 이순신을 감당할 수 있다고 생각하며 단독으로 출정을 감행했다.

이순신은 견내량이 좁고 암초가 많아 판옥선에 불리한 점과 만약 왜군이 불리해지면 육지로 도주할 것을 우려해 넓은 바다 한복판에서 싸우고자 했다. 그는 먼저 판옥선 5~6척을 보내어 일본 수군을 유인했다. 와키자카 야스하루는 히데요시에게서 조선 수군을 막아내라는 것이 아니라 섬멸하라는 명령을 받은 터라 공명심을 불태우며 추격에 나섰다. 와키자카 야스하루는 견내량을 지나자 신바람이 났다. 견내량부터 노량까지는 좁은 항로가 없어 전라도까지 일거에 진격할 수 있었기 때문이다.

그런데 일본 전함들이 모두 견내량을 빠져나와 드넓은 바다로 나오자 달아나던 조선 함대가 돌연 멈춰 섰다. 이어서 뱃머리를 돌려 양 갈래로 나뉜 조선 수군은 삽시간에 학익진을 이루고 일본 수군을 에워싸기 시작했다. 첨저선인 일본 전함과 달리 평저선인 판옥선이 가진 뛰어난 선회력을 계산하지 못한 와키자카 야스하루의 천려일실이었다. 여기에 더해 인근에 매복한 이억기와 원균이 배후를 둘러싸자 추격하던 일본 수군은 포위망에 갇히고 말았다.

적의 계략에 넘어갔음을 깨달은 와키자카 야스하루는 후퇴하지 않고 자신의 함대를 쐐기형으로 편성한 후 중앙돌파를 시도하기로 했다. 해전에서 강력한 함포를 지닌 적의 횡대 대형을 아군의 종대 대형으로 공격하는 것은 대단히 위험하지만 성공한다면 큰 성과를 얻을 수 있다. 이 대담한 전술로 넬슨 제독은 트라팔가 해전(1805)에서 빌뇌브가 지휘하는 프랑스-에스파냐 연합함대를 크게 격파한 바 있다.

하지만 조선 함대는 훈련과 경험이 미숙했던 프랑스-에스파냐 연합함대가 아니었다. 조선 함대가 반듯하게 도열하여 일제히, 신속히 그리고 정확히 가하는 집중 포격은 와키자카 야스하루의 의도를 무색하게 만들었다. 조선 함대가 지자총통과 현자총통을 비롯한 각종 포화와 불화살을 쏘아대자 전나무와 삼나무로 만들어 강도가 약한 일본 함선은 손쉽게 박살나고 불살라지고 말았다.

이순신에 대해 역모를 의심한 선조가 한산도에서 체포해 백의종군을 명령

결국 일본 함대는 한산도 해전에서 47척이 침몰하고 12척이 나포되었으며, 후미에 있던 14척만이 도주할 수 있었다. 이에 비해 조선 수군의 피해는 전사자 3명, 부상자 10명뿐이었다.

서양에서는 불과 21년 전 레판토 해전에서조차 전함끼리의 백병전이 벌어졌고, 4년 전 칼레 해전에서 엉성하기 짝이 없는 함포전이 벌어졌을 무렵 이순신은 반세기 뒤에나 등장할 함포를 이용한 전열함의 개념을 이해하고 실전에서 멋지게 구사한 근대 해전의 선구자였다.

한산도 해전 이틀 뒤 이순신은 안골포 해전에서 구키 요시타카와 가토 요시아키의 일본 수군 주력마저 격파하여 3차 원정을 끝냈다. 이어 일본 수군의 본진을 노린 4차 원정에서 치른 부산포 해전에서는 그 어느 때보다 많았던 470여 척의 적함과 맞닥트려 100여 척을 격침했다.

이렇게 이순신은 임진년에만 4차례의 원정에서 10회가 넘는 승리를 거두면서 남해의 제해권을 완벽히 장악했다. 1593년 8월 15일, 이순신은 이제까지의 군공을 인정받아 삼도수군통제사에 임명되어 경상 · 전라 · 충청 3도의 수군을 총괄하게 되었다.

한편 육지에서는 원군으로 왔던 명나라 군대와 일본군이 벽제관 전투(1593.1.27.) 이후 서로를 겁내며 강화협상을 벌이니 전쟁은 소강상태에 빠졌다. 일본 수군 또한 부산포 해전이나 이순신이 펼친 5차 원정 때의 웅포 해전에서 보듯이 승산 없는 수전을 피하고 육지에 올라 조총으로 대응하는 식으로 조선 수군과 전투를 이어갔다.

게다가 1593년부터 3년간 계속된 극심한 흉년과 전염병으로 이순신이 휘하 병력 1만 7,000명 중 3분의 1을 잃는 비전투 손실을 입은 탓에 임진년 이후 정유년까지 조선 수군의 출정 빈도와 전과는 눈에 띄게 줄어들었다.

1595년과 1596년 조선 수군이 견내량을 경계로 출정하지 않자 선조는 차츰 이순신에게 불만과 불신을 갖게 됐다. 전라도는 정여립의 난(1589) 이래 반역의 땅으로 낙인찍힌 곳이다. 여기에 더해 인근인 충청도에서 이몽학의 난(1596)까지 일어나니 선조는 백성들의 신망을 받는 이순신이 혹여 역모를 꾀하지 않을까에 대해 의심하게 됐다.

결정적으로 1597년에 가토 기요마사가 부산에 상륙한다는 정보를 입수한 조정이 그를 요격하라는 명령을 내렸음에도 이순신이 명령을 이행하지 않자 선조의 분노는 폭발하고 말았다. 이순신은 한산도에 있는 삼도수군통제영에서 체포되어 한양으로 압송되었다. 다행히 죽음을 모면한 이순신은 도원수 권율 밑에서 생애 두 번째로 백의종군하도록 결정되었음을 받아들였다.

이순신이 13척의 배를 이끌고 울돌목에서 일본의 31척 군함을 격파한 명량 대첩

1597년, 명나라와 일본 간의 강화협상이 결렬되자 히데요시는 정유재란을 일으켰다. 이때 벌어진 칠천량 해전(1597.7.16.)에서 이순신에 이어 삼도수군통제사가 된 원균은 조선 함대를 거의 잃었으며, 이억기, 최호와 같은 역전의 노장들도 전사했다. 이에 선조는 마지못해 이순신을 다시 삼도수군통제사에 임명했다. 하지만 이순신에게 남겨진 것은 경상우수사 배설裵楔이 이끌고 도주한 12척의 판옥선뿐이었다.

이제 남해의 제해권을 장악한 일본 수군은 이순신의 함대를 격멸하고 서해로 진출하기 위해 330척의 배를 이끌고 어란포(현 해남

이순신 장군의 북관유적도첩-수책거적도, 작가 미상. 고려대학교박물관.
북관유적도첩:고려 예종 때부터 조선 선조 때까지 북관에서 공을 세운
영웅의 이야기를 담은 화첩이다.

군 송지면)에 이르렀다. 승리를 자신한 그들은 진도를 멀리 우회하지 않고 진도와 해남군 문내면 사이에 있는 명량해협을 지나기로 했다. 이곳은 폭이 겨우 300여m이고 깊이가 낮을 뿐 아니라 암초가 많다.

이러한 탓에 워낙 물살이 빨라 마치 우는 소리가 난다고 하여 울돌목이라고도 불리는 급류지대다. 살라미스 해전에서와 마찬가지로 절대 열세인 조선 수군은 이 좁은 해협에 의지해 적을 막는 것이 최선이었다.

어란포에 있던 일본 수군은 명량해협에서 대형함인 아타케부네를 부리는 것이 무리였기 때문에 중형함 세키부네를 중심으로 133척을 출동시켰다. 이 소식을 접한 이순신이 직전에 추가된 1척을 포함해 13척을 이끌고 전라우수영의 묘박지(닻을 이용한 정박지)를 떠나 울돌목을 막아서면서 명량 해전이 벌어졌다.

명량 해전 초반 일본 전함들이 돌격해 들어왔을 때 오직 이순신의 전함만이 앞장서 싸웠다. 칠천량 해전의 악몽을 떨쳐내지 못한 다른 장수들은 압도적 열세에 겁을 먹고 머뭇거리고 있었다. 이순신은 불복하는 장수들의 목을 베고 싶었지만, 상황이 상황인지라 초요기를 내걸어 장수들을 불러들이고 거제 현령 안위에게 일갈했다.

"안위야, 네가 군법에 죽고 싶으냐? 네가 달아난다고 어디 가서 살 수 있을 것 같으냐!"

마찬가지로 미조항 첨사 김응함도 꾸짖었다.

"너는 중군이 되어서 멀리 피하고 대장을 구하지 않으니 어찌 죄를 면하겠느냐! 당장 처형하고 싶지만 전세가 급하므로 우선 공을 세우게 하겠다!"

이에 장수들이 힘을 내 싸우니 치열한 접전이 벌어졌다. 이때 마침 이순신이 물에 빠진 적장 마다시를 건져 올려 목을 베어 내걸자 일본 수군은 전의를 잃고 말았다. 이제 이길 수 있다는 것을 감지한 조선 수군들이 용기를 내어 대포와 화살을 쏘아 적선 31척을 깨트리자 마침내 일본 수군은 패하여 물러났다.

명량 해전에서 기적 같은 승리를 이룬 이순신은 일단 고군산군도까지 물러났다가 그곳에서 승리를 조정에 보고했다. 10월 29일, 목포 고하도로 남하한 이순신은 이곳에서 100여 일 머물면서 겨울을 났으며, 1598년 2월 17일에 완도 고금도로 본영을 옮겨 수군의 재건에 주력했다. 7월 16일, 이곳으로 명나라 수군 제독 진린陳璘이 5,000의 병력을 이끌고 합류하면서 조·명 연합함대가 구성되었다.

일본 300척 군함에 맞선 노량 해전에서 이순신은 전투 도중 적의 총탄에 전사

한편 육지에서는 직산 전투에서, 바다에서는 명량 해전에서 패한 일본군은 북진을 단념하고 남해안에 30여 개의 왜성을 쌓으며 장기 농성전에 돌입했다. 가장 왼편이 고니시 유키나가가 지키는 순천왜성이며, 가장 오른편은 가토 기요마사가 지키는 울산왜성이었다. 조·명 연합군이 먼저 가토 기요마사를 집중 겨냥해 총공세를 펼치니, 이것이 양측 합쳐 총 12만 명이 참전해 임진왜란 최대의 전투로 꼽히는 1차 울산성 전투(1597.12.23.)이다.

이 공세가 실패로 끝나자 1598년 7월에 조·명 연합군은 방법을 바꿔 울산·사천·순천을 동시에 공격하는 사로병진四路竝進 작전을 입안했다. 구체적으로 마귀麻貴가 지휘하는 동로군은 가토 기요마사의 울산왜성을, 동일원董一元이 지휘하는 중로군은 시마즈 요시히로의 사천왜성을, 유정劉綎이 지휘하는 서로군과 진린陳璘이 지휘하는 수로군은 고니시 유키나가의 순천왜성을 각각 공격한다는 것이었다. 이때 이순신의 조선 수군은 진린과 연합해 작전을 수행할 예정이었다.

이 와중에 1598년 8월 18일에 도요토미 히데요시가 사망하면서 일본군의 철수가 결정됐다. 조·명 연합군은 이때를 놓치지 않고 일본군에 재차 총공세를 펼쳤다. 하지만 9월에 실시된 반격 작전이 세 곳에서 모두 실패하면서 사로병진(육상의 삼로군과 수로군이 함께 일본군을 총공격) 작전은 용두사미로 끝나고 말았다. 힘겹게 연합군을 막아내긴 했지만, 순천왜성에 갇혀 단독으로 해상탈출을 할 수 없었던 고니시는 시마즈 요시히로에게 구원을 요청했다. 이에 응하여 시마즈가 300척의 전함을 이끌고 노량해협을 지나 순천왜성으로 향하자 매복 중이던 조·명 연합함대가 이를 공격하면서 노량해전이 벌어졌다.

치열한 접전을 벌이던 중 이순신은 그만 어디선가 날아온 총탄에 맞았다. 이순신은 숨을 거두면서도 "전투가 급하니 나의 죽음을 알리지 말라"라고 말했다. 결국 연합군이 대승을 거두어 무사히 돌아간 일본 전함은 50여 척뿐이었다고 한다. 이 노량 해전은 한산도 해전, 명량 해전과 함께 이순신의 3대 대첩으로 불리고 있다. 다만 정작 목표로 했던 고니시 유키나가는 이 혼전을 틈타 무사히 빠져나갈 수 있었다.

전후 선조는 이순신을 권율, 원균과 더불어 선무宣武 1등 공신에 봉했다. 인조는 그에게 충무忠武라는 시호를 내렸으며, 정조는 충무공을 정1품 영의정으로 추증했다. 충무忠武라는 시호諡號는 글자 그대로 나라에 충성하고 군공을 천하에 떨친 이에게 내리는 시호이다. 일찍이 구국의 충신이자 명장으로 이름 높았던 당나라 곽자의郭子儀, 송나라 악비岳飛 또한 충무라는 시호를 받은 바 있으니, 이순신의 충절과 무훈 또한 그들과 다를 바 없었다.

3장

17세기~20세기

근현대 세계 불멸의 명장들

아우스터리츠 전투의 막바지에 프랑스군은 요충지인 프라첸 고지를 점령하고, 연합군을 남북으로 두 동강 냈다. 패배한 연합군의 중앙과 북쪽의 부대는 도주할 수 있었지만, 남쪽의 부대는 전멸했다. 결국 아우스터리츠에서의 패배로 러시아는 전의를 잃고 대불 동맹에서 이탈했다. 또한 프란츠 2세는 프레스부르크 조약을 맺고 신성로마 제국을 해체 후 오스트리아 황제로 격하되었다.

구스타브 아돌프

(생몰 1594~1632, 재위 1611~1632)

총병과 포병의 선형 전술로 스웨덴 강군 만든 '북방 사자'

구스타브 아돌프가 국왕으로 즉위했을 때,
그는 왕좌뿐 아니라 3개의 전쟁까지 인수

17세기는 냉병기(칼, 창, 도끼 등 화약을 사용하지 않는 무기) 시대에서 열병기(총, 포 등 화약을 사용하는 무기) 시대로 넘어가는 전쟁사에서 가장 중요한 시대였다. 창병은 점차 총병으로 대체되어 갔으며, 야전에서 대포의 중요성은 증대되었다.

이에 따라 육중한 중장기병은 전장에서 점차 불필요해졌고 당시 서유럽을 제패했던, 튼튼하지만 둔중한 테르시오 전술(창병과 총병을 조합해 사각형으로 배치한 에스파냐식 전투대형)은 유연한 선형(線形) 전술로 대체되어 가고 있었다.

바사 초상화, 스톡홀름 왕궁.

이제는 방어에 치중하는 중세식의 케케묵은 전술을 버리고 전장에 화력과 기동력의 조화를 도입해야 할 때였다. 이 군제 개혁에 누구보다 먼저 성공하여 스웨덴을 북유럽의 강국으로 만든 이가 '북방의 사자'라고 일컬어지는 구스타브 2세 아돌프(Gustav II Adolf, 이하 구스타브 아돌프라 칭함)이다.

일찍이 스칸디나비아 3국은 덴마크가 주도하는 동군 연합체제인 칼마르 동맹(1397~1523, 스웨덴 칼마르에서 결성한 덴마크, 스웨덴, 노르

웨이 3국 연합)에 종속되어 있었다. 1523년경 스웨덴에서는 구스타브 에릭손 바사라는 인물이 덴마크로부터 독립하여 구스타브 1세로 즉위하면서 바사(Vasa) 왕조(1523~1654)가 출범했다.

초창기의 바사 왕조는 구스타브 1세의 아들들 사이에 왕위 계승을 둘러싸고 극심한 골육상쟁에 휩싸여 있었다. 그러다가 왕위 승계 순위에서 가장 멀었던 막내아들이 조카이자 폴란드 왕을 겸하던 지그문트 3세를 몰아내고 최종적으로 왕위를 차지했다. 그가 바로 구스타브 아돌프의 아버지인 칼 9세이다.

1611년에 17세의 구스타브 아돌프가 칼 9세를 이어 스웨덴 국왕으로 즉위했을 때, 그는 부왕으로부터 왕좌뿐 아니라 세 개의 전쟁까지 물려받았다. 덴마크, 러시아, 폴란드와의 전쟁이 그것들이니 스웨덴은 국경에 인접한 3개국과 모두 적대관계였던 셈이다. 게다가 스웨덴이 상대해야 할 적국의 국왕들이나 장군들도 만만찮은 인물들이라 구스타브 아돌프는 즉위부터 주변국 상황이 녹록지 않았다.

덴마크와 전쟁을 끝낸 구스타브 아돌프는 이제 러시아와 전쟁에 집중할 수 있었다

1613년, 구스타브 아돌프는 영국의 중재로 덴마크와 크네레드 조약을 맺어 2년간 끌어오던 칼마르 전쟁을 끝냈다. 크네레드 조약은 덴마크의 크리스티안 4세가 스웨덴 왕가의 문장紋章을 사용하고,

스웨덴 바사 왕조의 왕계표

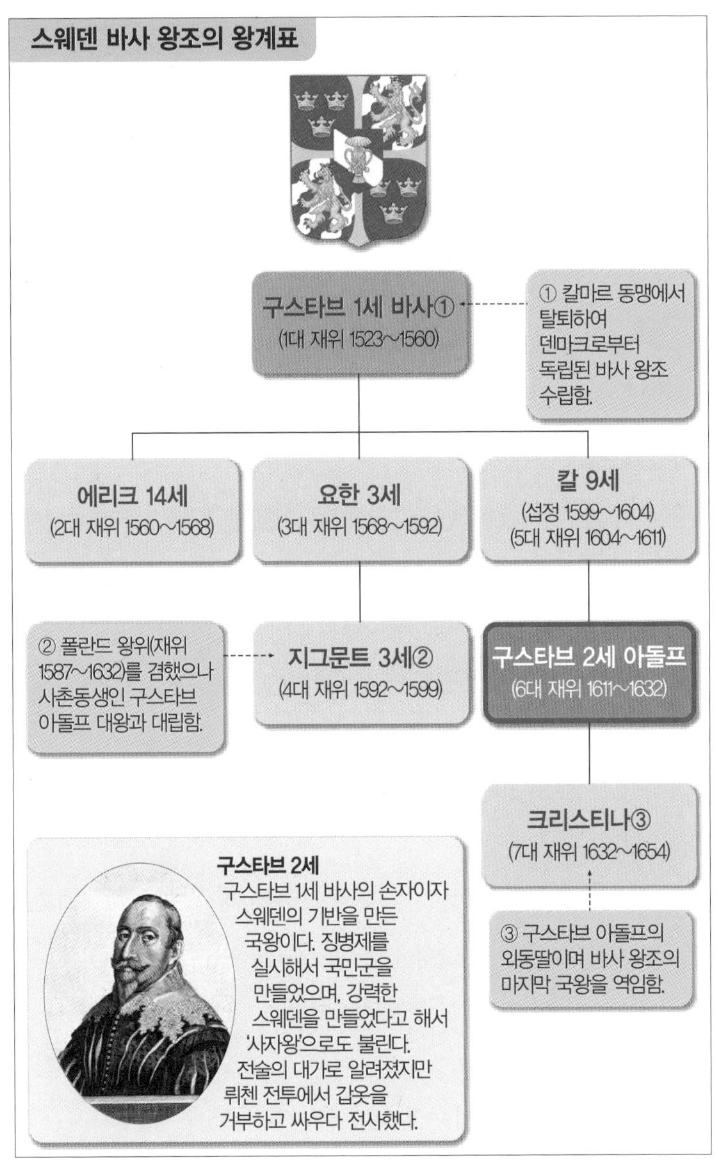

구스타브 2세
구스타브 1세 바사의 손자이자 스웨덴의 기반을 만든 국왕이다. 징병제를 실시해서 국민군을 만들었으며, 강력한 스웨덴을 만들었다고 해서 '사자왕'으로도 불린다. 전술의 대가로 알려졌지만 뤼첸 전투에서 갑옷을 거부하고 싸우다 전사했다.

100만 릭스달러(당시 스웨덴 통화체계)의 배상금을 스웨덴에 부과하는 내용을 담는 등 사실상 스웨덴의 패배를 의미했다.

다만 이 조약으로 스웨덴이 북해로 나갈 수 있는 유일한 항구였던 예테보리를 얻었던 것은 그나마 위안거리였다. 부담이 되었던 배상금은 스웨덴 왕실로부터 국민에 이르기까지 일치단결하여 1619년까지 모두 갚게 되었고, 이후 스웨덴은 덴마크의 간섭에서 벗어났다. 다소 굴욕적이긴 했지만 급한 대로 덴마크와의 전쟁을 마무리 지은 구스타브 아돌프는 이제 러시아와의 전쟁에 집중할 수 있게 되었다.

당시 러시아는 700년 넘게 러시아를 지배한 류리크 왕조가 1598년 단절되면서 혼란에 휩싸여 있었다. 1613년 로마노프 가문의 미하일 1세가 차르에 즉위하면서 이른바 '대혼란 시대'는 마감되었지만, 러시아는 신왕조의 수립으로 대외전쟁을 치를 상황이 아니었기 때문이다. 구스타브 아돌프는 다급한 처지였던 러시아와 자국에 유리한 스톨보보 조약(1617)을 맺어 7년째 끌어오던 러시아 전쟁도 매듭지었다.

이 조약은 미하일 1세를 차르로 인정하는 대신 스웨덴이 에스토니아와 리보니아(현 에스토니아 남부와 라트비아 동북부)를 차지하며, 러시아가 2만 루블의 배상금을 지불한다는 내용이었다. 이로써 당시 스웨덴령인 핀란드와 에스토니아는 육로로 연결되었으며, 러시아는 스웨덴의 허락 없이는 발트해에 발도 담글 수 없는 처지가 되었다. 러시아는 이때 잃어버린 땅을 미하일 1세의 손자인 표트르

지그문트 바사 왕자의 예술품 컬렉션룸, 1626년, 에티엔느 드 라 히르, 바르샤바 왕궁콜렉션.

대제 때에 이르러서야 되찾아 발트해로 진출하게 된다.

군사대국 폴란드와 전쟁을 염두에 두고 국민 개병제 등 스웨덴군의 개혁을 단행

스웨덴이 마지막으로 상대할 폴란드는 덴마크와 러시아보다 강력한 동유럽의 군사대국이었다. 특히 주력 병과인 중장 창기병 '윙드 후사르(Winged Hussar)'는 명실상부한 당대 최강의 정예 기병대였다. 뿐만 아니라 폴란드 국왕 지그문트 3세는 스웨덴 국왕이었다가 칼 9세에게 왕위를 찬탈당했기 때문에 구스타브 아돌프를 스웨덴 국왕으로 여기지 않고 끊임없이 스웨덴을 병합하고자 했다. 구스타브 아돌프에게 있어서 사촌형인 지그문트 3세야말로 왕권을 위협하는 주적主敵임이 분명했다. 그나마 폴란드의 주적은 오스만튀르크였기 때문에 지그문트 3세가 주력군을 남부 전선에 묶어두고 있는 점은 스웨덴측에 유리하게 작용했다.

하지만 인구 150만 명의 스웨덴이 1,100만 명의 인구를 지닌 폴란드를 상대하기는 쉬운 일이 아니었다. 그렇다고 용병을 대거 고용할 경제적 형편도 안 되었던 구스타브 아돌프는 자신의 군대에 뭔가 특단의 대책을 세워야 했다. 이렇게 해서 그는 폴란드와의 전쟁을 염두에 두고 스웨덴군에 여러 개혁을 단행하게 된다.

이러한 조치는 이후 유럽 각국에 통용되어 근대전의 틀을 만들게 됨으로써, 구스타브 아돌프는 지금까지도 '근대전의 아버지'로 불리고 있다. 그가 행한 군제 개혁의 초점은 보병 · 기병 · 포병 간 제병합동 전술을 이루는 동시에 기동력과 화력을 극대화해서 공격 중심적인 군대를 만드는 것이었다. 여기에서 구스타브 아돌프가 시행한 군제 개혁을 몇 가지 살펴본다면 다음과 같다.

첫째, 용병이 군대의 주류를 이루던 당대에 국민 개병제皆兵制를 시행해 징집한 병사들을 주력 상비군으로 삼았다. 구스타브 아돌프는 18~30세까지의 남자 중 10명당 1명씩 강제로 군대에 편입시켰고, 이렇게 징집된 스웨덴군은 3만 명에 이르렀으며, 부족한 병력은 용병을 채용하기도 했다.

둘째, 병사들이 기다란 선 모양으로 대형을 갖춰 싸우는 선형 전술의 확립이다. 선형 전술은 네덜란드의 마우리츠(Maurits van Nassau, 1567~1625)가 당시 유럽을 제패한 에스파냐의 테르시오 대형에 대항하기 위해 만든 전술이었다. 마우리츠가 10열 종심의 대형을 편성한 것에 비해 구스타브 아돌프는 6열 종심의 짧지만 긴 횡대 대형을 채택하여 좀 더 공격 중심적으로 만들었다. 이들 6열 횡대는 3열씩 2개로 나누어 교대로 일제 사격을 가하면서 화력의 극대화를 꾀했다.

셋째, 총병의 수를 창병의 수와 비슷하게 끌어올렸다. 이전에 총병과 창병의 비율이 1대 3이었던 것이 1대 1로 바뀌면서 스웨덴 보병은 화력에 대한 의존도를 높였다.

넷째, 기병 개혁에 관심이 없었던 마우리츠와 달리 구스타브 아돌프는 기병에도 개혁을 단행했다. 기병들은 밀집 장창병들에게 돌격할 수 없었기 때문에 권총을 들고 적에게 접근하여 사격한 후 즉시 뒤돌아 물러나는 카라콜(Caracole, 반회전한다는 뜻을 가진 승마 용어)이 당대의 보편적 전술이었다. 반면에 구스타브 아돌프는 머스킷 총병과 용기병龍騎兵의 엄호 아래 기병대가 적진 깊숙이 밀고 들어가는 충격 전술을 채택했다.

다섯째, 자신이 뛰어난 포병이었던 구스타브 아돌프는 포병에도 개혁을 단행했다. 그는 화력보다 기동성을 중시하여 1.4kg의 포탄을 사용하는 경輕야포를 표준형으로 정했다. 비록 사정거리와 파괴력은 감소했지만 말 한 마리나 병사 3~6명이 대포를 손쉽게 끌고 다니면서 아군을 지원 사격할 수 있다는 점에서 야전에서만큼은 장점이 더 컸다.

29년간 계속된 폴란드 전쟁은 종결되었고 구스타브 아돌프를 스웨덴 국왕으로 인정

몇 차례에 걸쳐 휴전과 개전을 반복하던 폴란드와의 전쟁은 1625년에 구스타브 아돌프가 리보니아의 리가에 상륙하면서 재개되었다. 두려운 적수였던 폴란드의 명장 주키에브스키와 코드키에비츠가 불과 몇 년 전 사망했기 때문에 구스타브 아돌프는 승승장구하며 전쟁의 주도권을 장악했다. 하지만 또 다른 명장 코니에츠폴스키가 스웨덴군을 막기 위해 투입되면서 전황은 심상치 않게 되었다.

1627년 8월, 두 명장이 디르샤우(현 폴란드 서북부) 전투에서 최초로 충돌했을 때 스웨덴군은 전술적으로 승리했지만, 최선두에서 지휘하던 구스타브 아돌프는 오른쪽 어깨에 총상을 입었다. 간신히 살아남긴 했지만 당시 의학 기술로는 구스타브 아돌프의 어깨에 박힌 총알을 도저히 꺼내지 못했다. 어쩔 수 없이 구스타브 아돌프는 이후로 어깨에 총알이 박힌 채 살아야 했다. 이때의 부상으로 오른손가락 두 개가 마비되었고, 오른팔 통증으로 갑옷을 입을 수 없게 된 그는 이후부터 가죽 코트를 입고 전장에 나서게 된다.

1629년 6월, 두 명장은 회니히펠데 전투에서 다시 맞붙었다. 이때는 윙드 후사르를 지휘한 코니에츠폴스키가 복수전에 성공하면서 구스타브 아돌프는 생애 최초로 패전을 맛보았다. 이때부터 폴란드군 기병대를 두려워하는 스웨덴군과 스웨덴군 보병과 포병을 두려워하는 폴란드군이 결전을 회피하는 가운데 차츰 염전사상(厭戰思想, 전쟁을 싫어하는 것)이 퍼졌다.

결국 1629년 9월, 알트마르크 조약이 체결되면서 구스타브 아돌프가 1617년부터 12년간 치른, 정확히 말해 칼 9세의 치세였던 1600년부터 29년간 계속되어온 대(對) 폴란드 전쟁은 종결되었다. 이 조약으로 구스타브 아돌프는 스웨덴 국왕으로 적법하게 인정받았으며, 리가를 비롯한 발트해의 주요 항구들과 리보니아를 차지할 수 있었다. 또한 차후 6년간 발트해를 지나는 폴란드 선박에 부과될 관세의 3분의 2를 차지하게 되었다. 이 수익은 장차 스웨덴이 30년 전쟁에 뛰어들 수 있는 경제적 원동력이 되었다.

독일의 구교와 신교 사이의 30년 전쟁에 신교도의 보호를 명분으로 뛰어들었다

구스타브 아돌프가 폴란드와의 전쟁에 매달려 있을 무렵 독일에서는 구교도와 신교도의 종교전쟁인 30년 전쟁(1618~1648)이 한창 진행 중이었다. 30년 전쟁 초반에 구교 국가였던 신성로마 제국은 명장 틸리와 발렌슈타인을 앞세워 신교 국가였던 보헤미아와 덴마

30년 전쟁

로마 가톨릭교회측 국가들(신성로마 제국, 스페인)과 프로테스탄트교회측 국가들(보헤미아 등 반가톨릭연합, 덴마크, 스웨덴, 프랑스, 네덜란드, 튀르크)이 1618년부터 1648년까지 벌인 종교 전쟁이다. 매우 잔혹하고 사망자 수가 많은 전쟁이었다고(800만 명) 기록되고 있으며, 참전국 대부분은 파산 위기에 몰리며, 신흥 강대국들이 부상하는 계기가 되기도 했다. 주요 전투는 바이센베르크 전투, 루터 전투, 브라이텐펠트 전투, 뤼첸 전투, 뇌르틀링겐 전투, 로크루아 전투, 얀코프 전투 등이다.

신구교가 격돌한 30년 전쟁의 전개

1단계

보헤미아 전쟁(1618~1620)

▶**주요 전투:** 백산 전투(1620, 구교군 틸리 승리)
▶**결과:** 신성로마 제국이 프라하 반란을 진압

2단계

덴마크 전쟁(1625~1629)

▶**주요 전투:** 데사우 전투(1626 , 구교군 발렌슈타인 승리)
루터 전투(1626 , 구교군 틸리 승리)
볼가스트 전투(1628, 구교군 발렌슈타인 승리)
▶**결과:** 덴마크가 뤼벡 조약으로 이탈, 신성로마 제국이 압승

3단계

스웨덴 전쟁(1630~1635)

▶**주요 전투:** 브라이텐펠트 전투(1631, 신교군 구스타브 아돌프 승리)
뤼첸 전투(1632 , 신교군 구스타브 아돌프 승리)
뇌르틀링겐 전투(1634, 구교군 페르디난트 승리)
▶**결과:** 신성로마 제국이 신승, 구교국 프랑스가 신교국 편으로 참전

4단계

프랑스-스웨덴 전쟁(1635~1648)

▶**주요 전투:** 로크루아 전투(1643, 프랑스 콩데 승리)
▶**결과:** 프랑스와 스웨덴의 승리, 베스트팔렌 조약으로 신성로마 제국 형해화

크를 무찌를 수 있었다. 특히 알트마르크 조약이 체결되기 불과 2개월 전 덴마크의 크리스티안 4세가 뤼벡 조약을 맺어 독일에서 완전히 발을 빼자 야심 많은 발렌슈타인은 발트해까지 세력을 뻗치기 시작했다. 이것이 발트해를 스웨덴의 내해로 만들고자 하는 구스타브 아돌프를 자극했다.

1630년 7월 4일, 구스타브 아돌프는 1만 3,000명의 병력과 함께 신교도를 보호한다는 명분으로 우제돔(현 독일의 북동부 섬)에 상륙하며 30년 전쟁에 뛰어들었다. 초반에 구스타브 아돌프는 독일 신교도 귀족들의 비협조로 고생하다가 작센의 선제후 요한 게오르크가 합류해 오면서 힘을 얻었다.

스웨덴-작센 연합군은 틸리에게 빼앗긴 작센의 수도 라이프치히를 탈환하기 위해 진격하다가 라이프치히에서 북쪽으로 8km 떨어진 브라이텐펠트에서 틸리의 제국군과 충돌했다. 이렇게 해서 벌어진 30년 전쟁의 분수령이라 일컬어지는 브라이텐펠트 전투를 살펴보기로 하자.

구교도 제국군의 병력은 보병 2만 5,000명과 기병 8,000명이었다. 틸리는 보병을 17개의 테르시오로 편성해 중앙에 배치했으며 왼쪽에 5,000명의 기병을, 오른쪽에 2,500명의 기병을 배치했다. 자신은 500명의 기병대와 함께 후방에 있으면서 최전방에 36문의 대포를 배치했다.

스웨덴군은 그새 병력이 증강되어 보병 1만 5,000명에 기병 9,000명이었고, 작센군은 보병 1만 2,000명에 기병 6,000명이었다.

오른쪽에는 스웨덴군이, 왼쪽에는 작센군이 배치되었으며 연합군 둘 다 기병을 양익에 배치하고 중앙에 보병을 배치한 점에서는 같았다.

다만 작센군 보병은 테르시오 대형을 이뤄 쐐기꼴 형태였지만, 스웨덴 보병은 전열과 후열로 배치된 두 열의 종심이 각각 5~6명으로 얇아진 선형 전술을 구사했다. 마지막으로 스웨덴군이 가진 54문의 대포는 제국군과 마찬가지로 최전방에 두었다.

브라이텐펠트 전투는 연패하던 신교군이 구교군에 첫승을 거둔 30년 전쟁의 전환점

1631년 9월 17일, 브라이텐펠트 전투는 양측의 격렬한 포격으로 시작되었다. 이어 제국군 왼편 기병대를 지휘하던 용맹한 파펜하임이 스웨덴군 오른편 기병대를 향해 돌격했으며, 제국군 오른편 기병대를 지휘하던 퓌르스텐베르크 역시 작센군을 향해 돌격했다. 파펜하임은 무려 7차례나 돌파를 시도했지만 끝내 스웨덴 기병대를 뚫지 못하고 물러났다. 반면 퓌르스텐베르크 기병대의 공격을 받은 작센군은 수적 우세에도 불구하고 두 시간을 버티지 못하고 패주하며 전장을 이탈했다.

이 광경을 지켜본 틸리는 기회를 놓치지 않았다. 그는 테르시오 대형을 사선 대형으로 전진시키며 전장에 홀로 남겨진 스웨덴군의 왼편을 압박했다. 제국군의 승리가 임박한 듯이 보였지만 역시 스

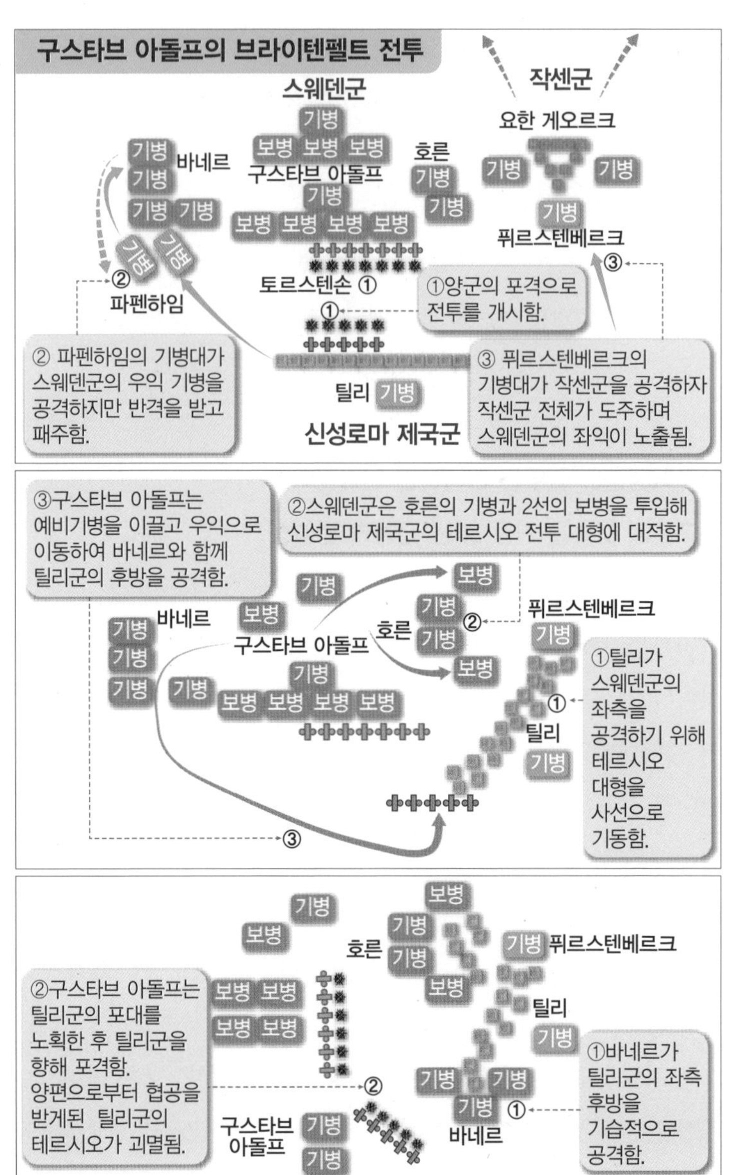

구스타브 아돌프의 브라이텐펠트 전투
스웨덴군
작센군
요한 게오르크
기병
보병 보병 보병
바네르
호른
구스타브 아돌프
보병 보병 보병 보병
퓌르스텐베르크
토르스텐손 ①
①양군의 포격으로 전투를 개시함.
파펜하임
② 파펜하임의 기병대가 스웨덴군의 우익 기병을 공격하지만 반격을 받고 패주함.
틸리 기병
신성로마 제국군
③ 퓌르스텐베르크의 기병대가 작센군을 공격하자 작센군 전체가 도주하며 스웨덴군의 좌익이 노출됨.
③구스타브 아돌프는 예비기병을 이끌고 우익으로 이동하여 바네르와 함께 틸리군의 후방을 공격함.
②스웨덴군은 호른의 기병과 2선의 보병을 투입해 신성로마 제국군의 테르시오 전투 대형에 대적함.
①틸리가 스웨덴군의 좌측을 공격하기 위해 테르시오 대형을 사선으로 기동함.
틸리
②구스타브 아돌프는 틸리군의 포대를 노획한 후 틸리군을 향해 포격함. 양편으로부터 협공을 받게된 틸리군의 테르시오가 괴멸됨.
①바네르가 틸리군의 좌측 후방을 기습적으로 공격함.

웨덴군은 오랜 세월 전장에서 단련된 정예군이었다. 구스타브 아돌프는 호른이 지휘하는 왼쪽 부대가 90도 왼편으로 선회하여 제국군에 맞서도록 하는 한편, 예비 보병이던 후열의 두 개 연대를 왼편으로 보내 호른을 지원하게 조치했다.

비록 스웨덴 왼편 부대는 제국군의 테르시오 병력보다는 적었지만 얇은 전열 덕분에 테르시오를 휘감으며 집중사격을 퍼부을 수 있었다. 선형 대형의 기동성과 화력이 테르시오의 충격력과 부딪히는 장면이었다.

이때 파펜하임의 기병대를 패주시킨 구스타브 아돌프는 왼쪽을 호른에게 맡긴 채 예비 기병대를 이끌고 스웨덴군 오른쪽으로 말을 달렸다. 이어서 구스타브 아돌프가 이끄는 기병대와 오른쪽의 스웨덴 기병대는 전장을 가로질러 제국군의 대포를 향해 돌진했다. 스웨덴 기병대가 제국군의 대포를 빼앗은 후 전방에 있는 테르시오를 향해 발포하자 대포에 취약한 밀집 대형인 테르시오는 무너지고 말았다.

브라이텐펠트 전투에서 연합군은 5,000명의 병력을 잃었지만, 제국군은 전사자와 포로를 합쳐 2만 7,000명의 병력을 잃었다. 불패 신화를 이어오던 틸리는 부상을 당한 몸으로 도주했다가 이듬해 구스타브 아돌프와 다시 전투를 벌이던 중 전사하고 만다.

결과적으로 브라이텐펠트 전투는 연전연패하던 신교군이 구교군에 첫 승리를 거두며 30년 전쟁의 전환점이 되었다는 점에서 중요한 의의가 있다.

제국군을 지휘하는 명장 발렌슈타인이 선공에 나선 스웨덴군의 보급로를 위협

브라이텐펠트 전투 후 스웨덴군이 바이에른으로 진격하여 신성로마 제국의 수도 빈이 위협받자 황제 페르디난트 2세는 발렌슈타인으로 하여금 구스타브 아돌프를 대적하게 했다. 틸리가 전술가로서 뛰어났다면 발렌슈타인은 전략가로서 뛰어난 명장이었다. 발렌슈타인은 적군의 보급선을 위협함으로써 적을 간단히 몰아낼 수 있음을 알고 있었다. 그가 스웨덴군의 보급로를 위협하자 구스타브 아돌프는 빈 공격에 앞서 우선 발렌슈타인을 무찔러야 했다. 이렇게 해서 발렌슈타인은 다급히 자신을 뒤쫓는 구스타브 아돌프를 알테 베스테 전투와 퓌르트 전투에서 여유롭게 연파하면서 전장의 주도권을 쥐었다.

이후 발렌슈타인이 작센으로 진군하자 동맹국의 위험과 이탈을 좌시할 수 없는 구스타브 아돌프로서는 제국군을 추격할 수밖에 없었다. 스웨덴군이 급히 진격하여 라이프치히 서남쪽에 있는 나움부르크에서 제국군을 따라잡자 발렌슈타인은 뤼첸에서 방어진지를 구축하면서 적을 기다리기로 했다.

하지만 한동안 스웨덴군의 공격이 없자 발렌슈타인은 당분간 전투가 없을 것이라 판단하고 기병대장 파펜하임을 잠시 할레(Halle)로 보냈다. 구스타브 아돌프가 적군이 분산된 이 틈을 놓치지 않고 나움부르크를 출발해 뤼첸에 있는 제국군을 공격하면서 뤼첸 전투

(1632.11.16)가 시작되었다. 먼저 방어에 임한 제국군부터 살펴보자.

파펜하임의 분견대를 제외한다면 발렌슈타인이 당장 거느린 제국군은 보병 1만 명, 기병 7,000명, 대포 24문이었다. 발렌슈타인은 파펜하임을 소환하는 전령을 급파하는 한편, 뤼첸과 라이프치히를 연결하는 도로 북쪽에 병력을 배치했다. 도로를 따라 만들어진 참호 안에 총병들이 들어섰고, 도로 북쪽에는 4개의 테르시오를 배치했다. 기병들은 보병 양 옆에 있었으며 진형 오른쪽에 있는 언덕에 대포 13문을, 나머지 11문의 대포는 오른쪽 보병 앞에 배치했다.

스웨덴 군은 보병 1만 3,000명, 기병 6,000명이었으며 대포는 60문이었다. 이들 역시 정석대로 보병은 중앙에, 기병은 양익에 배치했으며, 이들 보병과 기병은 각각 전열과 후열로 배치되었다. 대포는 보병 전열 앞에 두고 구스타브 아돌프는 오른쪽 기병을 직접 지휘하기로 했다.

구스타브 아돌프가 전사한 뤼첸 전투는 승리한 스웨덴군에게 큰 내상을 남겼다

1632년 11월 16일, 아침 안개가 어느 정도 걷힌 오전 11시에 스웨덴군은 공격을 개시했다. 하지만 스웨덴군의 용맹도 참호 속 총병들의 사격과 언덕에 있는 제국군 대포의 포격 앞에서는 무색하기만 했다. 스웨덴군의 보병과 오른쪽 기병이 막대한 희생 끝에 결국 전선을 돌파하자 언덕에서 지휘하던 발렌슈타인은 중앙을 지원하

뤼첸 전투에서 구스타브 2세의 전사, 1855년, 칼 발봄, 스톡홀름 국립박물관.

기 위해 말을 달렸다. 이에 구스타브 아돌프 또한 중앙을 지원하기 위해 말을 달리면서 중앙에서는 일대 격전이 전개되었다. 이 혼전 중에 앞장서서 지휘하던 구스타브 아돌프는 왼팔, 등, 관자놀이에 총을 맞고 전사하고 말았다.

이때쯤 전장에 도착한 파펜하임은 동갑내기이자 자신이 호적수로 여기는 스웨덴 국왕과 맞붙고 싶었다. 파펜하임은 구스타브 아

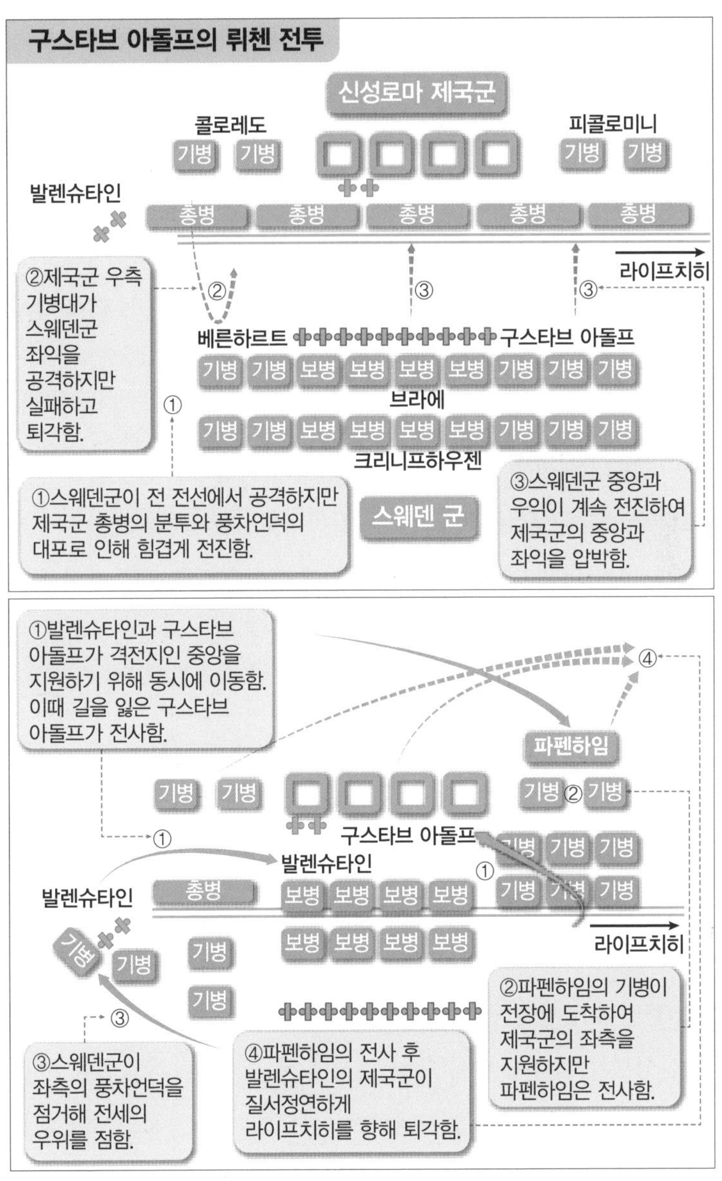
구스타브 아돌프의 뤼첸 전투
신성로마 제국군
콜로레도
피콜로미니
기병 기병
기병 기병
발렌슈타인
종병 종병 종병 종병 종병
라이프치히
②제국군 우측 기병대가 스웨덴군 좌익을 공격하지만 실패하고 퇴각함.
②
③
③
베른하르트
구스타브 아돌프
기병 기병 보병 보병 보병 보병 기병 기병 기병
브라에
기병 기병 보병 보병 보병 보병 기병 기병 기병
크리니프하우젠
①
①스웨덴군이 전 전선에서 공격하지만 제국군 종병의 분투와 풍차언덕의 대포로 인해 힘겹게 전진함.
스웨덴 군
③스웨덴군 중앙과 우익이 계속 전진하여 제국군의 중앙과 좌익을 압박함.
①발렌슈타인과 구스타브 아돌프가 격전지인 중앙을 지원하기 위해 동시에 이동함. 이때 길을 잃은 구스타브 아돌프가 전사함.
④
파펜하임
기병 기병
기병 ② 기병
①
구스타브 아돌프
발렌슈타인
①
기병 기병 기병
발렌슈타인
종병
보병 보병 보병 보병
기병 기병 기병
라이프치히
기병
기병
보병 보병 보병 보병
기병
기병
③
③스웨덴군이 좌측의 풍차언덕을 점거해 전세의 우위를 점함.
④파펜하임의 전사 후 발렌슈타인의 제국군이 질서정연하게 라이프치히를 향해 퇴각함.
②파펜하임의 기병이 전장에 도착하여 제국군의 좌측을 지원하지만 파펜하임은 전사함.

돌프가 중앙으로 진격한 사실을 몰랐기 때문에 제국군 왼편으로 진격했다. 파펜하임의 맹렬한 기세에 스웨덴 오른편 기병대가 밀려났고, 어느새 스웨덴 국왕의 죽음이 알려지면서 스웨덴군의 패배가 다가온 듯 보였다.

그러나 스웨덴군은 여느 군대와는 달랐다. 왕에 대한 애착이 남달랐던 그들은 왕의 죽음을 전해 듣고 복수심에 불타며 더욱 맹렬히 진격했다. 여기에 더해 언제나 앞장서 싸우는 파펜하임이 가슴에 총탄을 맞고 후방으로 후송되자 파펜하임에게만 충성하던 그의 기병대는 더는 싸울 이유를 잃고 전장에서 이탈하고 말았다.

최종적으로 스웨덴군이 언덕을 차지하여 제국군 대포를 손에 넣자 발렌슈타인은 계속 싸울 여력이 있었음에도 후퇴를 결정했다. 제국군이 질서정연하게 물러났지만, 스웨덴군도 기진맥진하여 더는 추격할 수 없었다.

뤼첸 전투는 전장을 지키는 쪽이 승리한다는 규칙에 따라 스웨덴군의 승리로 기록됐다. 하지만 스웨덴군은 제국군과 마찬가지로 5,000~6,000명의 병력을 잃었으며, 특히 원정군의 구심점인 구스타브 아돌프를 잃었다는 점에서 치명적이었다. 결국 스웨덴군은 2년 후 벌어진 뇌르틀링겐 전투(1634)에서 제국군에게 참패한다.

1635년에 명색이 구교 국가여서 그동안 참전을 꺼려왔던 프랑스가 신성로마 제국에 맞서 30년 전쟁에 본격적으로 개입했다. 이때 프랑스가 배출한 명장 앙기엥 공작 콩데(Condé)는 로크루아 전투(1643.5.19.)에서 에스파냐군의 테르시오를 물리쳤다. 로크루아 전투를 기점으로 유럽 최강국이었던 에스파냐가 2류 국가로 전락하면서 테르시오 전술도 이제는 시대에 뒤처진 전술이 되었다.

마우리츠가 파종하고 구스타브 아돌프가 경작했지만 콩데가 수확한 선형 전술은 이때부터 테르시오 대형을 대체하여 유럽의 전장을 지배하게 된다.

올리버 크롬웰

(생몰 1599~1658)

의회파와 왕당파가 충돌한 청교도 혁명을 이끈 독재자

청빈과 금욕의 캘빙주의자 크롬웰은 고향 헌팅턴에서 하원의원으로 당선

시민혁명은 절대 왕정을 무너트리고, 평등한 시민이 중심이 되어 자유로운 사회를 이루기 위한 정치적 · 사회적 혁신이다. 특히 역사에서는 영국의 명예혁명(1688), 미국의 독립혁명(1776), 프랑스 대혁명(1789)을 3대 시민혁명이라고 부른다. 이 중에서 으뜸으로 치는 것은 민중과 유리된 채 위로부터 시작된 영국의 명예혁명이나 당시로서는 파급력을 갖지 못했던 미국 독립혁명과 달리 민중이 주도하여 유럽은 물론 전 세계에 영향을 끼친 프랑스 대혁명이다.

그런데 시기적으로 이들보다 앞섰던 유럽 최초의 시민혁명이 있

올리버 크롬웰 초상화, 1656년, 사무엘 쿠퍼, 런던 국립초상화박물관.

었으니, 바로 영국 내전 기간 중 발발한 청교도혁명이다. 청교도혁명은 독재 권력의 구축으로 귀결되고 왕정복고가 이뤄진 탓에 미완으로 보이지만, 절대 왕정을 타파하기 위해 시민계급이 벌인 최초의 시도였다는 점에서 시민혁명의 선두로 불린다. 이 청교도혁명의 중심에 서서 영국 내전을 승리로 이끈 명장이 올리버 크롬웰(Oliver Cromwell, 1599~1658)이다.

1599년 4월 25일, 올리버 크롬웰은 잉글랜드 동부의 헌팅던에서 치안판사이자 중소지주였던 로버트 크롬웰과 엘리자베스 스튜워드 사이에서 태어났다. 당시 사회 주요 세력으로 대두하고 있던 대다수 젠트리(Gentry, 귀족과 자작농 사이의 지주 · 법률가 · 기업가를 비롯한 유산 계층)와 마찬가지로 크롬웰의 집안은 청교도를 믿는 프로테스탄트 가문이었다. 자연스레 크롬웰은 가정 내에서 청빈과 금욕을 강조하는 칼뱅주의 교육을 받으며 자랐다.

초 · 중등 시절 칼뱅주의자인 토마스 비어드가 교장으로 있던 문법학교를 다닌 후, 1616년에 칼뱅주의 이념으로 세워진 케임브리지 대학교의 시드니 서섹스 칼리지에 진학하면서 그의 청교도적 신앙은 확고해져 갔다. 하지만 이듬해 아버지가 세상을 떠나자 어머니와 7명의 여자 형제를 돌보기 위해 학업을 중단하고 고향으로 돌아가야 했다.

1620년에 크롬웰은 엘리자베스와 결혼해 가정을 꾸렸다. 1628년에는 고향 헌팅던의 선거구에 출마해 하원의원에 당선되며 정계에 입문했다. 하지만 이듬해 국왕 찰스 1세가 의회를 해산하고 이후 11년간 의회를 소집하지 않자 크롬웰은 별다른 활동 없이 지낼 수밖에 없었다. 그렇게 무명 생활을 이어나가던 크롬웰이 영국 최고의 권력자로 올라서게 된 사건은 찰스 1세를 중심으로 일어난 잉글랜드 내전, 즉 청교도혁명이었다.

가톨릭과 성공회가 지지하는 왕당파와 청교도의 의회파가 충돌한 청교도혁명

1603년, 엘리자베스 여왕이 사망하면서 튜더 왕가의 직계혈통이

끊겼다. 튜더 왕조의 창시자인 헨리 7세의 핏줄 중에서 계승권에 가장 가까운 이는 스코틀랜드 국왕 제임스 6세였다. 이렇게 해서 제임스 6세가 잉글랜드 국왕 제임스 1세로 즉위하여 동군연합 형식의 스튜어트 왕조가 개창되었다. 성공회 신도였던 제임스 1세는 청교도가 장악한 의회와 대립하면서도 '킹 제임스 버전' 성경을 편찬하는 업적을 남기는 등 그럭저럭 영국을 통치했다. 하지만 정치적 수완이 부족한 찰스 1세가 즉위하면서 국왕과 의회의 마찰이 불거지기 시작했다.

찰스 1세는 아버지인 제임스 1세와 마찬가지로 왕권신수설의 신봉자였다. 그는 의회를 달갑지 않게 여겼지만, 1628년 대외전쟁의 전비 조달을 위해 어쩔 수 없이 의회를 소집해야 했다. 이때 의회는 오히려 '의회의 승인 없는 과세 금지', '법률에 의하지 않은 구속이나 투옥 금지' 등을 내용으로 하는 권리청원(Petition of Right)을 제출하기에 이르렀다.

찰스 1세는 일단 특별세 마련을 위해 의회의 요구를 받아들였다. 하지만 이듬해 의회를 해산하고, 1640년까지 11년간 의회를 소집하지 않은 채 전제정치를 펼치려고 했음은 위에서 언급한 바와 같다. 이 와중에 악명 높은 선박세를 부과하는 등 권리청원을 대놓고 무시하자 의회는 국왕과 더욱 대립하게 되었다.

1630년대 후반에 찰스 1세는 장로교를 믿는 스코틀랜드에 성공회를 강요하면서 스코틀랜드인들에게도 강한 반발을 불러일으켰다. 이때 찰스 1세는 스코틀랜드 반군과 치른 전쟁에서 패하면서

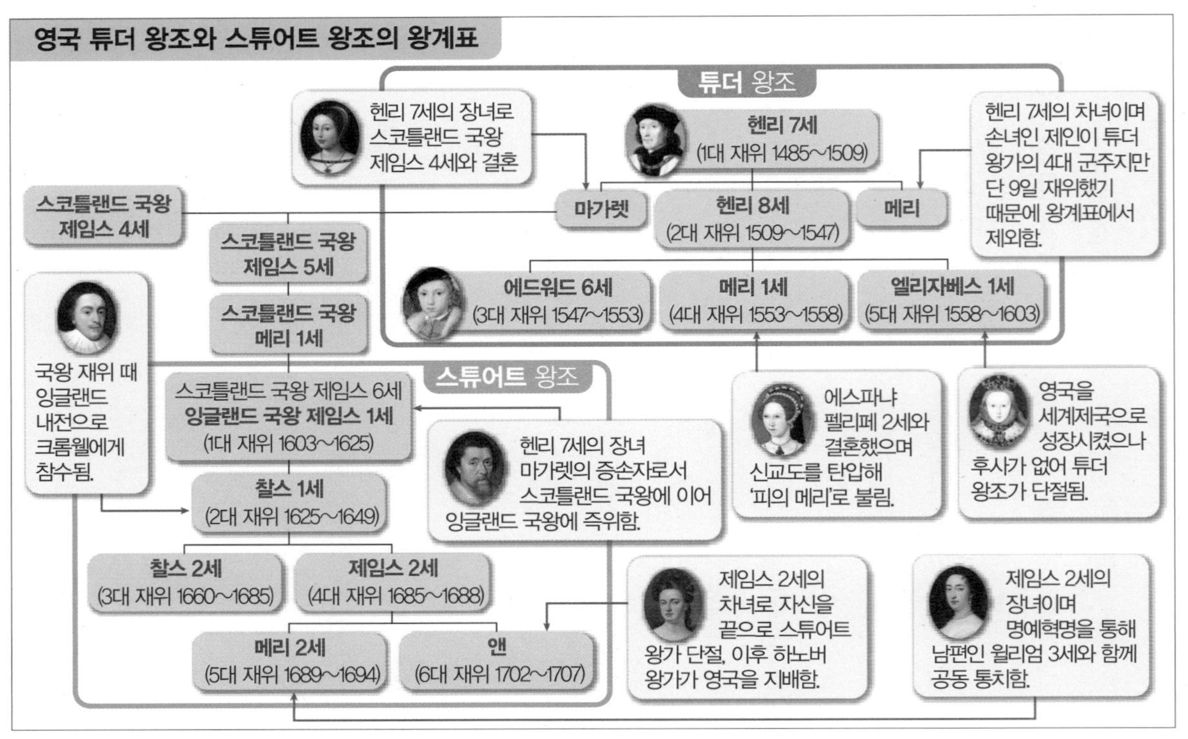
영국 튜더 왕조와 스튜어트 왕조의 왕계표
튜더 왕조
헨리 7세의 장녀로 스코틀랜드 국왕 제임스 4세와 결혼
헨리 7세
(1대 재위 1485~1509)
헨리 7세의 차녀이며 손녀인 제인이 튜더 왕가의 4대 군주지만 단 9일 재위했기 때문에 왕계표에서 제외함.
스코틀랜드 국왕 제임스 4세
마가렛
헨리 8세
(2대 재위 1509~1547)
메리
스코틀랜드 국왕 제임스 5세
에드워드 6세
(3대 재위 1547~1553)
메리 1세
(4대 재위 1553~1558)
엘리자베스 1세
(5대 재위 1558~1603)
스코틀랜드 국왕 메리 1세
국왕 재위 때 잉글랜드 내전으로 크롬웰에게 참수됨.
스튜어트 왕조
스코틀랜드 국왕 제임스 6세
잉글랜드 국왕 제임스 1세
(1대 재위 1603~1625)
헨리 7세의 장녀 마가렛의 증손자로서 스코틀랜드 국왕에 이어 잉글랜드 국왕에 즉위함.
에스파냐 펠리페 2세와 결혼했으며 신교도를 탄압해 '피의 메리'로 불림.
영국을 세계제국으로 성장시켰으나 후사가 없어 튜더 왕조가 단절됨.
찰스 1세
(2대 재위 1625~1649)
찰스 2세
(3대 재위 1660~1685)
제임스 2세
(4대 재위 1685~1688)
제임스 2세의 차녀로 자신을 끝으로 스튜어트 왕가 단절, 이후 하노버 왕가가 영국을 지배함.
제임스 2세의 장녀이며 명예혁명을 통해 남편인 윌리엄 3세와 함께 공동 통치함.
메리 2세
(5대 재위 1689~1694)
앤
(6대 재위 1702~1707)

배상금을 물어낼 지경에 이르렀다. 돈이 없던 찰스 1세는 1640년 두 차례에 걸쳐 의회를 소집했지만, 의회는 항의서를 제출하고 국왕의 총신 스트래퍼드 백작을 처형하는 등 비협조적인 자세를 보였다.

이에 찰스 1세는 병사들을 이끌고 자신에게 거역하는 의원 5명을 체포하기 위해 의회에 진입했다. 하지만 그들은 이미 도주한 뒤였다. 찰스 1세는 의회와 런던 시민들이 자신에게 등을 돌렸음을 깨닫자 런던을 빠져나와 북부의 노팅엄에 머물며 군대를 소집했다. 이에 맞서 의회 또한 국왕에 맞설 군대를 소집하면서 왕당파와 의회파 간 내전인 청교도혁명이 시작되었다.

가톨릭과 성공회가 지지하는 왕당파는 대체로 북부와 서부의 시골에서 우세했다. 반면에 청교도가 많은 의회파는 주로 동부와 남부의 도심 지역에서 우세했다. 의회파는 런던을 비롯한 주요 상공업 지역을 장악하고 해군과 스코틀랜드의 지지를 받는다는 점에서 왕당파보다 유리한 상황이었다. 우선 왕당파와 의회파가 병력부터 모집하는 데 열중했음은 물론이다. 이때 크롬웰이 헌팅던에서 60명의 기병을 모집하자 의회는 그를 대위로 임명했다.

크롬웰은 기병을 선발할 때 출신성분보다 청교도적 신앙과 군사적 능력을 우선시

1642년 10월 23일의 에지힐 전투는 왕당파와 의회파가 본격적으로 맞붙은 첫 대결이었다. 여기에서 찰스 1세의 외조카인 기병대 사령관 루퍼트 공자公子의 활약이 돋보였다. 하지만 훈련도 규율도 부족했던 왕실군은 루퍼트가 기껏 이뤄놓은 초전의 승리를 결정적인 승리로 연결할 수 없었다. 기록에 따라 차이가 있는데, 크롬웰의 기병 중대가 에지힐 전투에서 맹활약했다고도 하며, 전투가 끝날 무렵 도착해 참전하지 못했다고도 한다. 다만 크롬웰이 의회군 기병대의 패주를 목격하며 강력한 기병대의 필요성을 절감한 것은 분명해 보인다.

그해 겨울, 크롬웰의 기병대는 연대급으로 증편되었다. 이들은 잉글랜드 동부 주州들인 서퍽 · 노퍽 · 에섹스 등의 민병대가 합쳐진 동부 연합군의 주력 기병대로 편제되었다. 크롬웰은 기병을 선발할 때 출신성분이 아니라 청교도적 신앙과 군사적 능력을 우선시했다. 그는 이러한 자신의 방책에 반대하는 윌리엄 스프링 경에게 다음과 같이 편지를 썼다.

"나는 단지 신사인 자보다 자신이 무엇을 위해 싸우는지를 알고 자신이 아는 것을 사랑하는 평범한 적갈색 외투를 입은 대위를 얻고 싶습니다."

크롬웰은 그렇게 엄선한 기병들에게 통일된 복장과 무기를 지급하며, 엄격한 규율로 강도 높은 훈련을 시켰다. 더불어 급여를 확실하게 지급하고 병사들의 복지에도 관심을 가지니, 그들은 도적 떼보다 나을 것도 없던 당대의 다른 군대와는 구별되는 용맹하고 기강 잡힌 군대가 되었다. 이들이 바로 크롬웰의 사병과도 같았던 '철기군(鐵騎軍, Ironsides)'이라 불리는 정예 기병대였다.

철기군은 언뜻 들으면 기병과 말을 완전 무장시킨 모습이 연상되지만, 실제 그들은 단순한 흉갑에 무두질한 가죽 코트를 걸치고 창과 방패 대신 화승총을 든 경기병이었다. 철기군이란 명칭은 크롬웰의 별칭이었던 올드 아이언사이드(Old Ironsides)에서 유래했을 뿐이다. 크롬웰이 육성한 철기군이 처음으로 위용을 뽐내며 진가를 발휘한 것은 마스턴 무어(Marston Moore) 전투였다.

루퍼트의 왕당파와 크롬웰의 의회파가 요크 인근의 마스턴 무어 전투에서 격돌

1644년에 페어팩스 경의 잉글랜드군과 레븐 백작의 스코틀랜드군이 협공을 가하자 왕당파의 중심지인 요크가 위기에 빠졌다. 황급히 요크 방어에 나선 인물은 뉴캐슬 후작 윌리엄 캐번디시였다. 이어 맨체스터 백작이 이끄는 동부 연합군이 요크에 도착해 의회군에 합류하면서 요크 포위전이 시작되었다. 이때 중장으로 진급한 크롬웰은 맨체스터 백작의 부사령관이자 기병대장으로 참전하고 있었다.

당시 왕당파의 전시 수도인 옥스퍼드에 머물던 찰스 1세는 요크가 위기에 처했다는 보고를 듣자 슈루즈베리에 있던 조카 루퍼트에게 구원을 명했다. 찰스 1세의 명에 따라 루퍼트가 요크로 향하자 그의 접근을 알게 된 포위군은 어쩔 수 없이 요크의 포위를 풀어

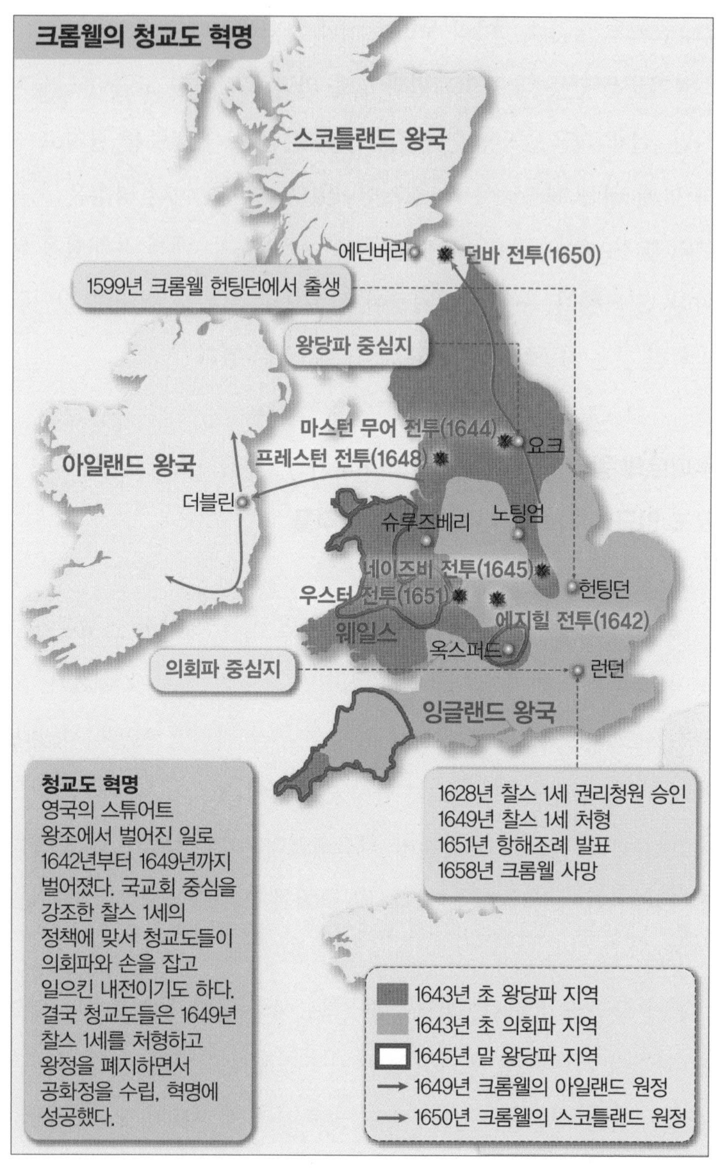

크롬웰의 청교도 혁명
스코틀랜드 왕국
에딘버러
던바 전투(1650)
1599년 크롬웰 헌팅던에서 출생
왕당파 중심지
마스턴 무어 전투(1644)
요크
프레스턴 전투(1648)
아일랜드 왕국
더블린
슈루즈베리
노팅엄
네이즈비 전투(1645)
헌팅던
우스터 전투(1651)
에지힐 전투(1642)
웨일스
옥스퍼드
의회파 중심지
런던
잉글랜드 왕국
청교도 혁명
영국의 스튜어트 왕조에서 벌어진 일로 1642년부터 1649년까지 벌어졌다. 국교회 중심을 강조한 찰스 1세의 정책에 맞서 청교도들이 의회파와 손을 잡고 일으킨 내전이기도 하다. 결국 청교도들은 1649년 찰스 1세를 처형하고 왕정을 폐지하면서 공화정을 수립, 혁명에 성공했다.
1628년 찰스 1세 권리청원 승인
1649년 찰스 1세 처형
1651년 항해조례 발표
1658년 크롬웰 사망
1643년 초 왕당파 지역
1643년 초 의회파 지역
1645년 말 왕당파 지역
1649년 크롬웰의 아일랜드 원정
1650년 크롬웰의 스코틀랜드 원정

야 했다. 이들 연합군은 루퍼트와 뉴캐슬 후작의 합류를 막기 위해 요크 서쪽에 병력을 집결시키며 루퍼트와의 일전을 준비했다. 이때 루퍼트는 연합군의 의표를 찔러 북동쪽으로 기동하여 두 개의 강을 건넌 후 다시 남동쪽으로 기동하여 요크 수비대와 합류하기에 이르렀다.

하지만 혈기 넘치는 26살의 루퍼트는 요크 구원에 만족하지 않고 대회전을 통해 연합군을 무찌르길 바랐다. 이렇게 해서 양군은 요크 서쪽 10km 지점에 있는 마스턴 무어에서 격돌하게 되었다. 이들의 전력과 배치를 먼저 연합군부터 살펴보기로 하자.

연합군은 동쪽의 롱 마스턴 마을과 서쪽의 토크위드 마을을 내려다보는 30m 높이의 언덕 능선에 자리 잡으면서 유리한 위치를 선점했다. 연합군 중앙에는 총사령관을 맡은 레븐 백작을 비롯하여 맨체스터 백작과 페어팩스 경이 지휘하는 1만 4,000명의 보병이 3열로 위치했다. 연합군이 보유한 30~40문의 대포는 1열 보병 사이사이에 배치되었다. 왼편과 오른편에는 정석대로 기병을 배치했으며, 이들 또한 각각 3열로 이루어졌다. 왼쪽 1, 2열에는 크롬웰의 기병 3,000명이, 3열에는 레슬리의 스코틀랜드 기병 1,000명이 배치되었다.

이들과 별도로 가장 왼쪽에는 프레이저의 용기병(龍騎兵, 기병과 보병의 혼합형) 500명이 배치되었다. 오른쪽 1, 2열에는 페어팩스 경의 아들 토머스 페어팩스가 지휘하는 기병 2,000명과 용기병 500명이, 3열에는 엘링턴의 스코틀랜드 기병이 배치됐다.

왕당군 또한 양익에 기병을, 중앙에 보병을 두었다. 이들은 저지대에 위치했지만, 루퍼트는 그들의 진지 앞에 있는 기다란 도랑이 의회군의 돌격을 막을 수 있다고 판단했다. 중앙에는 아이신이 지휘하는 보병 1만 명과 블랙키스턴의 기병 600명이 3열로 배치되었다. 왼편에는 고링이 지휘하는 기병 2,100명이 2열로, 오른쪽에는 바이런이 지휘하는 기병 2,600명이 2열로 배치되었다.

이 밖에 도랑이 얕아지는 중앙과 오른쪽의 접점에 1,500명의 보병과 대포를 배치했으며, 루퍼트 자신은 600명의 예비 기병과 함께 최후방에서 전군을 지휘하기로 했다.

양군 기병의 포진에서 눈에 띄는 것은 기병대 사이사이에 총병이 있는 점이었다. 가령 크롬웰은 600명의 총병을 소대로 나눠 자신의 기병대에 배치했으며, 루퍼트 또한 같은 방식으로 총병을 그의 기병대에 배치했다. 이것은 30년 전쟁에서 스웨덴군이 적 기병대의 돌격을 막기 위해 채택한 전술이었으니 크롬웰과 루퍼트를 비롯한 영국군 지휘관들이 구스타브 아돌프로부터 큰 영향을 받았음을 보여주는 장면이다.

크롬웰 철기군은 왕당군의 기병과 보병을 제압한 후 루퍼트가 도주하면서 승리

비가 쏟아지던 1644년 7월 2일, 루퍼트는 선제공격을 하고 싶었지만, 전투에 처음부터 회의적이었던 뉴캐슬 후작의 만류로 단념하

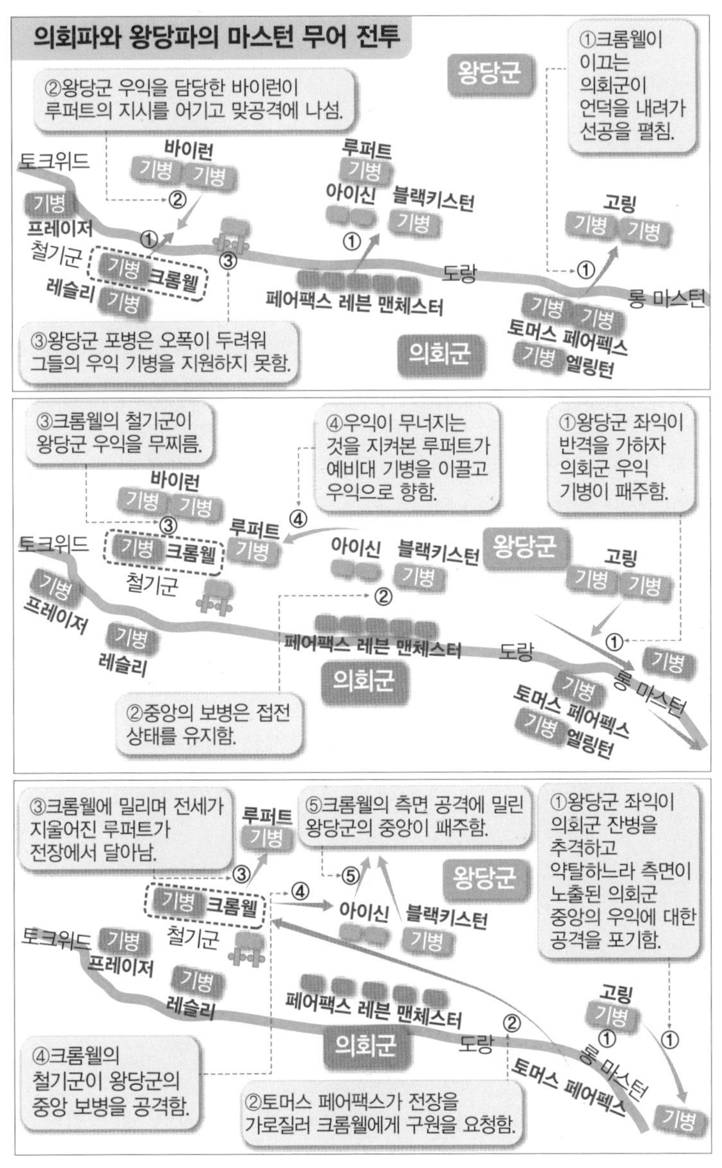

의회파와 왕당파의 마스턴 무어 전투
②왕당군 우익을 담당한 바이런이 루퍼트의 지시를 어기고 맞공격에 나섬.
왕당군
①크롬웰이 이끄는 의회군이 언덕을 내려가 선공을 펼침.
토크위드
바이런
기병 기병
루퍼트
기병
아이신
블랙키스턴
기병
고링
기병 기병
기병
프레이저
철기군
기병 크롬웰
레슬리
기병
도랑
페어팩스 레븐 맨체스터
롱 마스턴
기병 기병
토머스 페어펙스
기병 엘링턴
③왕당군 포병은 오폭이 두려워 그들의 우익 기병을 지원하지 못함.
의회군
③크롬웰의 철기군이 왕당군 우익을 무찌름.
④우익이 무너지는 것을 지켜본 루퍼트가 예비대 기병을 이끌고 우익으로 향함.
①왕당군 좌익이 반격을 가하자 의회군 우익 기병이 패주함.
②중앙의 보병은 접전 상태를 유지함.
③크롬웰에 밀리며 전세가 지울어진 루퍼트가 전장에서 달아남.
⑤크롬웰의 측면 공격에 밀린 왕당군의 중앙이 패주함.
①왕당군 좌익이 의회군 잔병을 추격하고 약탈하느라 측면이 노출된 의회군 중앙의 우익에 대한 공격을 포기함.
④크롬웰의 철기군이 왕당군의 중앙 보병을 공격함.
②토머스 페어팩스가 전장을 가로질러 크롬웰에게 구원을 요청함.

고 말았다. 이때를 틈타 저녁 7시에 의회군이 공격에 나서면서 마스턴 무어 전투가 시작됐다.

경사면을 따라 전진하던 의회군은 도랑을 건너느라 애를 먹었다. 그들은 겨우 도랑을 건너 공격을 가했지만 이내 왕당군의 반격에 직면했다. 중앙의 보병들 간에 접전이 펼쳐졌지만, 의회군 오른편은 왕당군 왼편 기병대에 배치된 총병들의 총격으로 큰 혼란에 빠졌다. 이를 지켜본 고링이 반격을 가하자 의회군 오른편 기병은 힘없이 무너지기 시작했다. 토머스 페어팩스는 자신의 기병대가 괴멸되자 직접 전장을 가로질러 크롬웰에게 달려가 구원을 요청했다.

그런데 반격에 성공한 고링의 기병 중에서 무방비가 된 의회군 보병의 오른편을 공격하기 위해 나설 만큼 전투의 흐름을 읽을 줄 아는 이들은 얼마 되지 않았다. 많은 왕당군 기병들은 패주하는 의회군 기병을 불필요하게 추격하거나 전리품을 약탈하는 데 열중할 뿐이었다. 그때까지도 양군은 졸전을 벌이는 오합지졸의 수준에서 벗어나지 못하고 있었다. 예외는 오직 크롬웰과 루퍼트의 기병뿐이었다.

크롬웰의 진격로에 있는 도랑은 그다지 깊지 않았기 때문에 그의 기병대는 수월하게 진격하고 있었다. 이때 크롬웰과 먼저 부딪힐 왕당군의 바이런은 굳게 자리를 지키라는 명령을 받았지만 성급하게 맞공격에 나섰다. 이로 인해 왕당군의 총병과 포병들은 오발이나 오폭이 두려워 아군 기병을 엄호할 수 없게 되었다. 크롬웰의 철기군은 그런 바이런의 기병대를 어렵지 않게 무찔렀다.

이때 전장을 둘러보던 루퍼트는 왼편이 승리를 거두고 중앙은 팽팽한 접전을 치르지만, 오른편이 무너지는 것을 알아챘다. 그는 한편으로는 예비 기병대를 이끌고 오른편을 돕기 위해 달려가면서, 한편으로는 패잔병들을 규합하며 크롬웰과 맞섰다. 비록 루퍼트 직속의 600명 기병이 용맹했지만 철기군도 그에 못지않았으며, 무엇보다 군인 수에서 루퍼트 쪽이 워낙 열세였다. 결국 전장 서쪽에서 크롬웰이 승리를 거두면서 루퍼트는 달아나고 말았다.

토머스 페어팩스가 크롬웰 앞에 나타나 구원을 요청한 것이 바로 이때였다. 크롬웰은 즉시 왕당군을 공격하기 시작했는데, 여기에서도 자료마다 두 가지로 해석이 갈린다. 하나는 그의 철기군이 왕당군 보병의 비어버린 오른편을 공격하자 비로소 왕당군 중앙 보병과 왼편 기병이 후퇴했다는 것이다. 다른 하나는 철기군이 전장의 배후를 가로질러 왕당군의 왼편 기병을 친 후 마지막으로 보병을 무찔렀다는 설명이다. 일반적으로 전자가 합리적인 설명에 가깝다. 하지만 칸네 전투(B.C.216)에서 하스드루발이 후자의 설명대로 카르타고군의 승리를 이끈 사례를 생각해 볼 때 크롬웰이 이끄는 철기군의 역량을 고려하면 후자의 가능성도 있다.

의회의 반대에도 찰스 1세를 참수형에 처한 크롬웰은 공화정을 수립하고 독재자로 군림

확실한 것은 영국 내전 최대 규모였던 마스턴 무어 전투의 승리

네이즈비 전투에서의 크롬웰, 1851년, 찰스 랜드시어, 베를린 (구)국립미술관.

를 견인한 것은 크롬웰의 철기군이었으며, 이때부터 의회군이 내전의 주도권을 잡았다는 점이다. 이렇게 해서 의회파에서 두각을 나타낸 크롬웰은 이전의 지역 민병대 성격이었던 의회군을 '신형군(New Model Army)'이라는 상비군으로 통합 창설하여 의회군을 실질적으로 지휘하게 되었다. 크롬웰은 이들 신형군을 이끌고 네이즈비 전투(1645.6.14)에서 찰스 1세와 루퍼트가 이끄는 왕당군을 무찌르면서 군사 지휘관으로서의 명성을 더욱 확고하게 굳혔다.

한편 네이즈비 전투를 끝으로 더 버틸 수 없게 된 찰스 1세는 스코틀랜드에 항복했다. 하지만 스코틀랜드는 40만 파운드를 받고 그를 잉글랜드에 넘겨주었다. 와신상담하며 감금 생활을 하던 찰스 1세는 스코틀랜드가 자신의 복위를 돕는 대가로 장로교를 공인하겠다는 협약을 비밀리에 체결했다. 마침내 찰스 1세가 탈출하여 스코틀랜드에 망명했고, 의회파와 왕당파 간의 2차 내전이 발발했다. 이때 크롬웰이 프레스턴 전투에서 스코틀랜드군을 크게 무찌르면서 2차 내전은 종결되었고, 찰스 1세는 다시 포로로 잡혔다.

의회는 대체로 찰스 1세와 협상하자는 의견이었지만 크롬웰은 찰스 1세를 더는 살려둘 수 없다고 판단했다. 그는 국왕을 재판에 부치는 것에 반대하는 의원들을 축출한 후 자신을 따르는 60여 명의 의원으로 구성한, 이른바 잔부의회殘部議會를 열어 반역죄로 기소된 국왕을 참수형에 처했다. 국왕이 처형된 잉글랜드에는 대다수의 바람과 달리 크롬웰의 뜻대로 공화정이 수립됐다. 크롬웰은 스스로 신생 공화국의 국무회의 의장에 취임했지만, 민심과 역행하던 그는 어느덧 의존할 것이라고는 군대밖에 없는 군사 독재자가 되어가고 있었다.

크롬웰이 공화정을 수립한 후 행한 첫 번째 공무는 아일랜드 원정이었다. 아일랜드는 잉글랜드가 내전으로 어수선한 사이 폭동을 일으키고 왕당파를 지원하는 등 그대로 둘 수 없는 상황이었다. 이때 크롬웰은 신형군을 이끌고 친정하여 아일랜드인 20~30만 명을 죽이고 수십만 명을 추방하는 등 잔혹하기 짝이 없는 강경책을 펼쳤다. 하지만 크롬웰은 아일랜드 정복을 마무리하지 못하고 잉글랜드로 돌아가야 했다. 크롬웰에 등을 돌린 스코틀랜드가 당시 프랑스에 망명 중이던 찰스 1세의 아들 찰스 2세를 국왕으로 옹립하면서 3차 내전이 시작된 것이다.

스코틀랜드 원정에 나선 크롬웰이 맞닥트린 적장은 아이러니하게도 마스턴 무어에서 연합군 총사령관을 맡았던 레븐 백작이었다. 크롬웰은 잉글랜드군의 약점을 꿰뚫은 레븐 백작의 지연 전략에 말려 초반에는 고전했지만, 결국 던바 전투(1650)에서 힘겹게나마 레븐 백작을 격파할 수 있었다. 이어 우스터 전투(1651)에서 찰스 2세가 이끄는 스코틀랜드군마저 완파하니 찰스 2세는 가까스로 전장을 빠져나가 다시 프랑스로 달아나고 말았다. 우스터 전투를 끝으로 영국 내전은 완전히 종식되었고, 크롬웰은 잉글랜드 · 아일랜드 · 스코틀랜드를 통치하는 최고 권력자가 되었다.

찰스 2세는 참수당한 부친을 위해 크롬웰의 시신을 부관참시해 보복

국내를 안정시킨 크롬웰은 밖으로 눈을 돌릴 여유를 갖게 됐다. 그는 자신의 세력 기반인 젠트리와 상인들의 지지를 얻기 위해 '항해조례(1651)'를 발표했다. 이것은 영국 무역을 영국 선박으로만 제한시킨 보호무역의 성격을 띤 것으로 해상강국인 네덜란드를 겨냥한 것이었다. 네덜란드가 반발하면서 1차 영 · 란 전쟁이 발발했지만, 영국은 항해조례를 인정받는 등 전쟁을 유리하게 종결지을 수 있었다.

크롬웰의 권력은 그가 1653년 12월 16일에 호국경護國卿에 취임하면서 정점에 다다랐다. 입법 · 사법 · 행정의 모든 권력을 장악한 그는 의회를 1655년, 1658년 두 차례에 걸쳐 해산시키는 등 독재정치를 펼치기 시작했다. 독실한 청교도였던 크롬웰이 꿈꾸는 이상적인 국가는 청교도적 원리주의가 지배하는 기독교 국가였다. 공연, 운동, 연회, 노래, 춤, 술은 물론 성탄절까지 금지되었고, 국민에게는 금욕주의가 강요되었다. 국민은 점차 크롬웰에게 염증을 느꼈고, 오히려 이전의 왕정 시대를 그리워했다.

1658년 9월 3일, 크롬웰은 뛰어난 군사 지휘관으로서의 위명과 독재자로서의 오명을 함께 남기며 사망했다. 그의 아들 리처드 크롬웰이 호국경의 자리를 이었지만, 의회나 군대를 장악하지 못했던 크롬웰의 아들은 1년을 채우지 못하고 물러나고 말았다. 결국 1660년 국민의 염원대로 네덜란드에 망명 중이던 찰스 2세가 런던으로 들어오면서 왕정복고가 이뤄졌다.

찰스 2세는 찰스 1세가 처형된 지 12년째가 되는 1661년 1월 30일, 불구대천의 원수인 크롬웰에게 보복을 가했다. 웨스트민스터 사원에 안장되었던 크롬웰의 시신을 부관참시했고, 잘린 그의 머리는 찰스 2세가 사망하는 1685년까지 웨스트민스터 홀 밖에 있는 기둥에 매달리게 되었다. 이것이 왕정에 대항한 자유주의자였지만, 왕정보다 더한 독재를 펼쳤던 크롬웰의 최후였다.

프리드리히 2세

(생몰 1712~1786, 재위 1740~1786)

오스트리아와 2차례 전쟁 후 프로이센은 유럽 강국에 우뚝

아버지는 아들을 군인으로 키우려고 했지만 프리드리히 2세는 예술과 철학에 관심

세계 역사를 통틀어 7년 전쟁 때의 프로이센만큼 암울하고 위험했던 상황에서 전쟁을 승리로 이끈 예는 없다. 당시 프로이센은 실질적인 동맹국이라고는 영국밖에 없는 2류 국가에 지나지 않았다. 급기야 영국도 지원을 끊고 말았을 때 유럽에서 사실상 외톨이가 되어 동서남북 전 방향에서 15배의 국력을 가진 강력한 적국들에 포위되는 위기에 처했다.

어떤 분야에서든 천재가 되기 위해서는 노력, 재능, 환경이 갖춰져야 하는 법이다. 마찬가지로 역사상 유례가 없었던 7년 전쟁의 어려운 여건에서 프로이센군 지휘관이 전쟁을 승리로 이끌기 위해서는 군사적 능력뿐만 아니라 꺾이지 않는 의지와 시의적절한 행운이 필요했다.

이런 행운아가 프리드리히 2세이다. 그는 천부적인 재능과 불굴의 의지를 갖춘 인물이었고, 여기에 더해 뜻하지 않았던 행운까지 겹치면서 7년 전쟁을 승리로 이끈 명장이었다.

프로이센 왕국의 3대 군주인 프리드리히 2세(Friedrich II)는 독일식 명칭이며, 흔히 부르는 프레데릭 2세(Frederick II) 혹은 프레데릭 대왕(Frederick the Great)은 영어식 명칭이다. 그는 1712년 베를린에서 프리드리히 빌헬름 1세의 셋째 아들로 태어났지만, 형들이 요절한 탓에 왕세자가 될 수 있었다.

프리드리히 2세의 부친인 프리드리히 빌헬름 1세는 오직 부국강병만을 생각하는 인물이었다. 우선 외세의 간섭을 받지 않을 만큼 재정적으로 자립해야 한다고 판단한 그는 절약을 생활화하고 관리의 수를 줄여 예산을 절감했다. 이런 긴축정책으로 프로이센의 총세입은 프리드리히 빌헬름 1세가 즉위한 해인 1713년에 410만 탈러(Thaler, 유럽에서 쓰인 은화)였던 것에 반해, 그가 사망하기 직전인 1739년에는 690만 탈러로 증가했다.

그가 그렇게 알뜰히 확보한 예산을 중점적으로 투입한 분야는 군대였다. 가령 1739년에 거둬들인 690만 탈러 중에서 500만 탈러를 국방에 사용하는 등 군대의 질적 · 양적 향상에 진력함으로써 즉위 초에 4만 명이었던 상비군을 말년에는 8만 3,000명으로 증가시

프로이센 왕국 호엔촐레른가의 왕계표
프리드리히 1세①
(1대 재위 1701~1713)
①프로이센 공작 겸 브란덴부르크 선제후였던 프리드리히 3세가 에스파냐 왕위계승 전쟁에서 신성로마 제국에 협조함. 그 대가로 프로이센 공국을 왕국으로 승격시키며 프리드리히 1세로 즉위해 왕조를 창건함.
프리드리히 빌헬름 1세
(2대 재위 1713~1740)
프리드리히 2세②
(3대 재위 1740~1786)
아우구스트 빌헬름
②프리드리히 대왕. 자녀가 없어 조카가 왕위를 계승함.
프리드리히 빌헬름 2세
(4대 재위 1786~1797)
프리드리히 빌헬름 3세③
(5대 재위 1797~1840)
③1806~1807년 나폴레옹과의 전쟁에서 패해 영토의 절반을 상실함.
프리드리히 빌헬름 4세
(6대 재위 1840~1861)
빌헬름 1세④
(7대 재위 1861~1888)
④1871년 독일 통일 후 독일 제국을 수립한 뒤로는 이후 프로이센 국왕이 연방국인 독일 제국의 황제(카이저)를 겸함.
프리드리히 3세
(8대 재위 1888)
빌헬름 2세
(9대 재위 1888~1918)
독일 제국

켰다. 이런 업적으로 프리드리히 빌헬름 1세는 에스파냐 왕위 계승 전쟁에 개입해 프로이센 공국을 왕국으로 승격시켰던 부친 프리드리히 1세나 훗날 대왕으로 불릴 만큼 빼어났던 아들 프리드리히 2세와 같은 군공을 세우지 못했음에도 군인왕으로 일컬어지게 되었다.

그런데 프리드리히 빌헬름 1세는 위정자로서는 괜찮았을지라도 교양이 부족했고 지나치게 폭력적이었다. 그는 채신머리없이 걸핏하면 주위 사람들에게 매질과 주먹질을 일삼았는데 프리드리히 2세 또한 예외가 아니었다. 부친의 폭력에 어찌나 시달렸는지 프리드리히 2세는 18세 때 절친한 친구와 함께 어머니의 친정인 영국으로 도주하려고 시도하기도 했다.

이에 분노한 프리드리히 빌헬름 1세는 도중에 붙잡혀 돌아온 아들과 그 친구를 재판에 넘겨 먼저 친구를 참수형에 처했다. 그는 탈출자의 참수형을 아들한테 지켜보라고 했는데 아들은 끝내 안 보고 실신하였다. 이어서 아들 또한 사형에 처하려고 했지만, 신성로마제국 황제인 카를 6세가 반대하면서 프리드리히 2세는 겨우 목숨을 구할 수 있었다.

프리드리히 빌헬름 1세는 왕세자인 아들이 오직 군사 쪽에만 몰두하길 바랐다. 하지만 프리드리히 2세는 음악, 철학, 문학에 관심이 깊은 소년이었다. 아버지에 대한 적개심 때문인지는 몰라도 프리드리히 2세는 독일어와 독일문화를 배척하고 프랑스 문화를 숭상했으며, 프랑스 계몽 사상가들이 쓴 책을 즐겨 읽었다. 특히 볼

테르와는 1736년부터 서신을 왕래하며 친분을 쌓았으며, 그에게서 영향을 받아 《반 마키아벨리론》이라는 책도 출간했다.

계몽 군주를 자처한 프리드리히 2세가 오스트리아의 왕위 계승 전쟁에 참전

1740년 5월 31일, 프리드리히 빌헬름 1세가 서거하자 프리드리히 2세가 왕위에 올랐다. 유럽 각국은 프리드리히 2세가 온화한 군주일 것이며, 그가 영향받은 계몽사상에 따라 국가를 운영하리라고 판단했다. 기대처럼 프리드리히 2세는 즉위하자마자 자신을 가리켜 '국가 제1의 공복'으로 칭하며 낮은 자세로 국민을 섬기고자 했다.

그는 고문과 마녀사냥 폐지, 사상과 종교의 자유 보장, 사법에서 3심제도 도입, 융커(프로이센의 토지 귀족)가 자행하던 농민의 농지 몰수 및 부역을 규제하는 등 국민을 따스하게 보살피는 정책을 펼치는 계몽전제군주였다.

프리드리히 2세와 티격태격하면서도 평생을 친구로 지낸 볼테르는 그러한 철인국가哲人國家의 출현에 기뻐했다. 하지만 볼테르의 환희는 불과 몇 달 만에 실망으로 바뀌었다. 느닷없이 프리드리히 2세가 가면을 벗어던지고 온 유럽을 전쟁으로 몰아넣었기 때문이다. 비록 프리드리히 2세는 문학과 예술을 좋아하는 감수성이 풍부한 인물이었지만, 그보다는 프로이센 군주로서의 본분에 충실해야 함을 더 강하게 인식하는 외유내강형의 현실주의적 인물이었다. 여기에서 프리드리히 2세가 일으킨 전쟁이란 오스트리아 왕위 계승 전쟁(1740~1748)을 가리키는데, 이를 그 배경부터 살펴보기로 하자.

신성로마 제국 황제 카를 6세는 2차 빈 포위전을 승리로 이끈 레오폴트 1세의 차남이었다. 레오폴트 1세를 이어 황제가 된 그의 형 요제프 1세가 아들 없이 사망하자 카를 6세가 황제에 즉위했지만, 그에게도 아들이 태어나지 않았다. 그는 합스부르크 가문의 카를로스 2세가 후계자 없이 사망하면서 에스파냐 왕위가 프랑스의 부르봉 가문으로 넘어간 에스파냐 왕위 계승 전쟁을 잊지 않고 있었다. 카를 6세는 합스부르크 가문이 계속 그의 제국을 통치하길 바라는 마음으로 여자도 계승자가 될 수 있다는 이른바 '국사 조칙'을 반포하여 유럽 제국의 승인을 받았다.

1740년 10월 20일, 카를 6세가 결국 아들 없이 승하하면서 맏딸이었던 마리아 테레지아가 합스부르크 가문의 드넓은 영지를 물려받았다. 하지만 요제프 1세의 사위로서 카를 7세에 등극하는 바이에른 선제후 카를 알브레히트를 비롯하여 제국의 많은 제후들이 여자의 제위 계승을 금지하는 살리카법을 들고나오며 마리아 테레지아를 인정하지 않았다.

프리드리히 2세 또한 신성로마 제국 황제로 카를 7세를 지지하면서, 1740년 12월 16일에 선전포고도 없이 전부터 욕심내던 유럽 중북부의 오데르강 상·중류 지역인 슐레지엔(현 폴란드 남서부 지역으로 폴란드어로는 실롱스크)을 기습했다. 프리드리히 2세의 도발로 시작된 오스트리아 왕위 계승 전쟁에서 오스트리아 측에 선 주요국은 영국과 러시아였으며, 프로이센 측으로 참전한 주요국은 프랑스와 스웨덴이었다.

마리아 테레지아는 프리드리히 2세 못지않게 의지가 강한 여자였다. 100만이 넘는 인구를 가진 슐레지엔은 오스트리아 세입의 22%를 차지하며, 섬유 · 염색 · 철광 공업이 발달한 알토란같은 땅이었다. 근래 오스트리아가 오스만튀르크와의 전쟁으로 지쳐 있었지만, 그녀는 한 뼘의 땅도 포기하지 않을 것을 천명하면서 슐레지엔을 되찾기 위해 나이페르크 백작이 지휘하는 2만의 군대를 파견했다.

이들 오스트리아군이 슐레지엔에서 프로이센군과 격돌한 몰비츠 전투는 프리드리히 2세가 지휘한 생애 첫 전투였다. 이 전투에서 경험이 부족했던 프리드리히 2세는 오스트리아 기병대의 공격에 당황하여 전장을 도주하고 말았다. 다행히 프로이센군은 지휘권을 넘겨받은 슈베린 백작의 지휘와 정예한 보병들의 분전으로 역전승을 이뤄냈다.

마리아 테레지아가 오스트리아를 승계, 프로이센에게는 슐레지엔 점령을 인정

전투가 끝날 때까지 숨어 있었던 프리드리히 2세는 이 일을 크게 부끄러워하여 자괴감에 휩싸였다. 하지만 이후로는 결코 군대를 버

호헨프리트베르크 전투, 머스켓을 들고 행진 중인 전열 보병, 1745년, 칼 뢰클링.

리지 않을 것을 맹세했고 죽는 날까지 자신의 맹세를 지켰다.

1742년에 프리드리히 2세는 코투지츠 전투에서 오스트리아군을 격파했고, 1745년에는 호엔프리트베르크 · 조르 · 헨넬스도르프 전투에서 연속해서 오스트리아군을 격파했다. 특히 호엔프리트베르크에서 거둔 결정적인 승리로 그는 '프리드리히 대왕'으로 일컬어지게 되었다. 이렇게 프리드리히 2세가 오스트리아군을 연파하는 사이 프랑스군 또한 삭스 백작의 지휘 아래 영국군을 연파하면서 전세는 프로이센–프랑스 연합군 측에 유리하게 전개되었다.

1745년 카를 7세가 급사하자 프리드리히 2세와 마리아 테레지아는 프로이센이 슐레지엔을 차지하는 대신 공석이 된 신성로마 제국

제위에 마리아 테레지아의 남편을 옹립하는 데 의견을 모았다. 이로써 1745년에 로트링겐 가문의 프란츠 1세가 황제에 즉위하면서 합스부르크-로트링겐 가문이 지배하는 신성로마 제국이 출발했다.

그런데 정작 전쟁을 일으킨 프로이센이 전쟁에서 손을 뗐지만, 전쟁이 완전히 끝난 것은 아니어서 프랑스는 명장 삭스 백작의 눈부신 지휘 아래 전쟁을 계속하고 있었다. 최종적으로 전쟁에 지친 오스트리아 · 영국 · 프랑스를 비롯한 6개국이 1748년 아헨에서 엑스라샤펠 조약을 체결하면서 오스트리아 왕위 계승 전쟁은 종결되었다. 조약에 따라 마리아 테레지아가 오스트리아를 승계하는 대신 프로이센의 슐레지엔 점령이 인정되어 프로이센은 중부 유럽의 강자로 등극하게 되었다.

마리아 테레지아에게 엑스라샤펠 조약은 자신의 승계 구도를 굳히기 위한 시간 벌기용에 지나지 않았다. 복수와 집념에 불타던 그녀는 빼앗긴 슐레지엔을 되찾고자 했지만, 오스트리아 단독으로는 어려운 일이었다. 이에 명재상 카우니츠 백작은 수백 년 동안 숙적이었던 프랑스와 동맹관계를 추진했다.

그러는 사이 영국이 지난 오스트리아 왕위 계승 전쟁에서 적국이었던 프로이센과 동맹을 맺었다는 놀라운 소식이 전해졌다. 당시 영국 국왕 조지 2세는 독일 내 하노버 출신으로 프리드리히 2세의 외삼촌이기도 했다. 하노버 선제후를 겸하던 조지 2세는 지난 전쟁에서 오스트리아의 무기력한 모습에 실망한 나머지 대륙 내의 영토를 지킬 동맹국으로 프로이센에 관심을 가지게 되었다.

프리드리히 2세 또한 오스트리아와 프랑스가 가까워지는 것에 큰 위기를 느끼고 영국의 동맹 제안을 수락했다. 영국이 프로이센에 붙자 프랑스 또한 1756년 5월 베르사유 조약을 맺어 오스트리아와 군사동맹을 체결하니, 이 일련의 외교적 혁명을 가리켜 '동맹의 역전'이라 부른다.

프리드리히 2세가 작센 공국을 침략해 오스트리아와 대륙에서 7년 전쟁 시작

전운이 무르익자 프리드리히 2세에게 있어서 가만히 있는 것은 조국의 멸망을 자초하는 일이나 다름없었다. 그는 먼저 반 프로이센 동맹의 중심인 오스트리아를 격파한다면 다른 동맹국들은 자연스레 물러나거나 손쉽게 각개 격파할 수 있으리라 판단했다. 프리드리히 2세가 선전포고도 하지 않은 채, 1756년 8월에 오스트리아의 동맹국인 작센 공국을 몸소 침략하면서 대륙에서의 7년 전쟁이 시작되었다. 그는 작센을 점령한 후 보헤미아(현 체코 서부 지역)를 거쳐 빈으로 진격해 최대한 빨리 전쟁을 종결시킬 계획이었다.

프로이센군은 작센의 수도 드레스덴을 점령한 후 작센을 구하기 위해 달려온 오스트리아군과 엘베강 인근의 로보지츠에서 처음으로 충돌했다. 오스트리아군은 이 전투에서 전술적으로 패배했지만, 온전히 병력을 보존한 채 물러나 프리드리히 2세가 더 이상 진격할 수 없게 만들면서 전략적으로는 승리를 거두었다. 어쩔 수 없이 작센으로 물러나 겨울을 보낸 프리드리히 2세는 이듬해 4월에 다시 보헤미아로 진격해 프라하 전투에서 승리를 거두었다.

하지만 여기에서도 1만 4,000명의 많은 병력을 잃으면서 프라하를 직접 공격할 수 없게 되자, 프라하를 포위해 아사시켜 항복을 받아내기로 했다. 그러는 사이에 다운 백작이 지휘하는 오스트리아군이 도착해 프리드리히 2세를 콜린 전투에서 격파하니 대왕은 프라하 점령과 빈 진출을 포기하고 작센으로 물러나야 했다. 이렇게 프리드리히 2세가 콜린에서 생애 첫 패배를 겪으면서 7년 전쟁은 그가 절대로 원하지 않았던 장기전으로 전개되었다.

이때쯤 서쪽에서는 프랑스군이 오스트리아군과 합류하기 위해 작센으로 진격해 왔으며, 동쪽에서는 프리드리히 2세를 싫어하던 러시아의 엘리자베타 여제가 참전했다. 설상가상으로 북쪽에서는 북방 전쟁(1700~1721)의 패배 이후 다시 강대국으로의 도약을 노리는 스웨덴도 프로이센에게 빼앗겼던 포메른을 되찾고자 1757년 9월에 참전했다.

이렇게 해서 프로이센은 글자 그대로 사방(四方)이 적에게 둘러싸이고 말았다. 이 무렵 대략 오스트리아 동맹국의 인구는 1억 명으로 프로이센의 500만 명에 비해 20배였으며, 병력은 45만 명으로 프로이센의 15만 명에 비해 3배였다.

그런데 1757년 8월, 동쪽에서 진격해 오던 러시아군이 그로스-애거스도르프 전투에서 레발트 장군이 지휘하는 프로이센군을 무찌르고도 알 수 없는 이유로 본국으로 회군하는 일이 벌어졌다. 레

발트가 계속해서 스웨덴군의 침략을 막아내는 사이, 프리드리히 2세는 11월 5일에 라이프치히 근처의 로스바흐(현 독일 중부 헤센주 도시)에서 병력이 두 배에 달하는 오스트리아-프랑스 동맹군을 상대로 단지 500명의 사상자를 내고 1만 명의 손실을 끼치는 대승을 거두었다.

오스트리아군과 맞붙은 로이텐 전투는
프리드리히 2세의 찬란한 승리로 종결

로스바흐 전투의 승리로 프랑스마저 몰아낸 프리드리히 2세는 그 사이에 슐레지엔의 주도州都 브레슬라우가 오스트리아군에게 점령당했다는 소식을 듣자 즉시 동쪽으로 향했다. 12일간 274km를 진군한 끝에 프로이센군은 브레슬라우 서쪽에 있는 로이텐에서 오스트리아군과 마주쳤다. 프리드리히 2세의 최대 걸작품이라 일컬어지는 로이텐 전투가 벌어지는 순간이었다. 먼저 진을 친 오스트리아군의 진영부터 살펴보기로 하자.

카를 알렉산더는 튀르크 전쟁에서 활약하기도 했지만 마리아 테레지아의 제부弟夫인 관계로 여제의 신임을 받아 오스트리아군 사령관을 맡은 인물이다. 절대적인 병력 우위를 점한 그에게 두려운 단 한 가지는 프로이센군에게 측면을 내주는 것이었다. 이런 이유로 자신이 거느린 6만 6,000명의 병력을 북쪽의 니페른 습지에서부터 남쪽의 자그쉬츠에 이르기까지 9km에 걸쳐 2개의 전열로 기

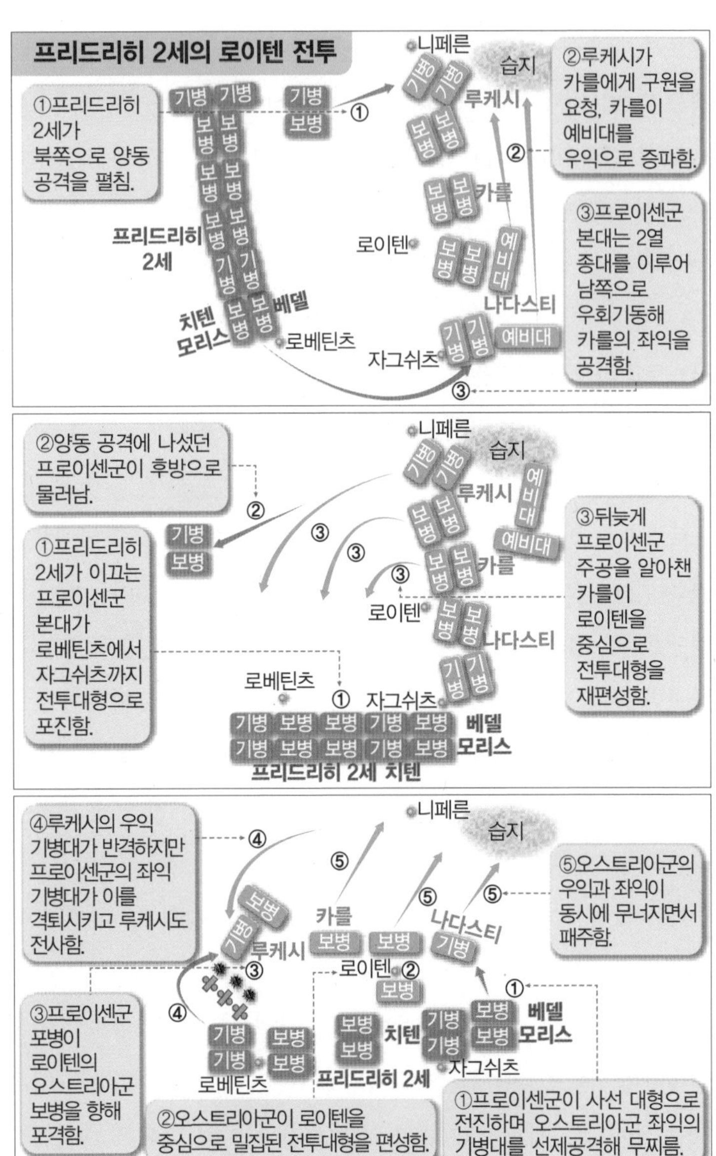
프리드리히 2세의 로이텐 전투
①프리드리히 2세가 북쪽으로 양동 공격을 펼침.
②루케시가 카를에게 구원을 요청, 카를이 예비대를 우익으로 증파함.
③프로이센군 본대는 2열 종대를 이루어 남쪽으로 우회기동해 카를의 좌익을 공격함.
니페른
습지
루케시
카를
로이텐
나다스티
자그쉬츠
로베틴츠
프리드리히 2세
치텐
모리스
베델
예비대
기병
보병
②양동 공격에 나섰던 프로이센군이 후방으로 물러남.
①프리드리히 2세가 이끄는 프로이센군 본대가 로베틴츠에서 자그쉬츠까지 전투대형으로 포진함.
③뒤늦게 프로이센군 주공을 알아챈 카를이 로이텐을 중심으로 전투대형을 재편성함.
④루케시의 우익 기병대가 반격하지만 프로이센군의 좌익 기병대가 이를 격퇴시키고 루케시도 전사함.
③프로이센군 포병이 로이텐의 오스트리아군 보병을 향해 포격함.
②오스트리아군이 로이텐을 중심으로 밀집된 전투대형을 편성함.
①프로이센군이 사선 대형으로 전진하며 오스트리아군 좌익의 기병대를 선제공격해 무찌름.
⑤오스트리아군의 우익과 좌익이 동시에 무너지면서 패주함.

다랗게 포진시켰다. 예비대는 상대적으로 약한 왼편 후방에 배치했다. 카를 자신은 전열 중앙에 있는 교회의 첨탑에 마련한 사령부에서 전군을 지휘했다.

프리드리히 2세는 이제껏 대부분 그랬듯이 로이텐 전투에서도 적보다 불리한 상황이었다. 프로이센군 병력은 3만 3,000명으로 오스트리아군의 절반에 지나지 않았으며, 기병과 대포 또한 열세였다. 다만 프리드리히 2세는 지난 코투지츠 · 호엔프리트베르크 · 조르 · 헨넬스도르프에서 매번 카를 알렉산더를 무찌른 경험이 있었으며, 병사들은 최근 로스바흐 전투의 대승으로 사기가 드높았다.

로이텐 서쪽 언덕에 올라 전장을 둘러본 프리드리히 2세는 오스트리아군의 정면이나 오른쪽을 공략하기 어렵다는 사실을 알아챘다. 그는 오스트리아군이 오른편과 달리 방어를 위해 왼편에 있는 늪지대를 충분히 활용하지 않았다는 것과 남쪽에 낮은 언덕들이 있는 것에 주목하고 적의 왼쪽을 공격하기로 했다.

1757년 12월 5일 새벽 4시, 프리드리히 2세는 우선 보병의 20%와 기병의 40%를 오스트리아군 오른편 공격에 투입했다. 오스트리아군 오른쪽을 담당하는 루케시 장군이 이 양동작전에 넘어가 거듭 지원을 요청하자 카를은 예비대를 오른쪽으로 이동시켰다. 그 사이 프리드리히 2세는 주력을 2열 종대로 만들어 남쪽으로 기동시키고 있었다.

횡대 대형의 적을 앞에 두고 측면을 노출한 채 종대로 행진하는 것은 극히 위험했지만, 프리드리히 2세는 프로이센군의 능력을 믿었다. 그의 기대에 부응하여 프로이센군은 남쪽의 야트막한 언덕과 자욱한 안개를 이용해 신속히, 은밀히 그리고 정확히 2열 종대를 이루어 진군했다.

두 시간 만에 로베틴츠와 자그쉬츠 사이에 다다른 프로이센군이 왼편으로 90도 몸을 돌리자 2개의 종대 대형은 2개의 횡대 대형으로 멋지게 전환되었다. 여기에서 프리드리히 2세는 정예인 베델 장군 및 모리스 장군의 보병대와 치텐 장군의 기병대를 오른쪽에 두어 앞서 전진시키고 나머지 병력은 사다리꼴로 왼쪽에 배치했다. 오른쪽은 적을 분쇄하고 왼쪽은 적의 반격을 저지한다는 저 유명한 사선 진법斜線陳法이었다.

느닷없이 왼쪽 옆구리에 프로이센군이 나타나자 오스트리아군 왼쪽 지휘관 나다스티는 카를에게 지원을 요청하는 한편 급히 전열을 재정비하여 프로이센군에 맞섰다. 이렇게 남쪽에서부터 양측의 기병대와 보병대가 서로 맞붙었지만, 프로이센 보병이 오스트리아 보병을 무찌르고 치텐의 기병대를 지원하자 나다스티의 기병대도 패주했다.

그러는 사이 오른쪽에 대한 공격이 속임수였음을 깨달은 카를은 오른쪽으로 보낸 예비군을 되부르는 한편, 전열을 90도 꺾어 로이텐을 중심으로 새로운 전선을 펼쳐 프로이센군에 맞서고자 했다. 그러나 오스트리아군은 적절한 사선射線을 확보할 시간조차 없었다. 오스트리아군이 그다지 크지도 않았던 로이텐에 모여들자 30열에서 100열로 밀집한 그들은 프로이센 포병의 좋은 표적이 될 뿐이

토르가우 전투 전의 프리드리히 2세, 1793년, 베른하르트 로데, 베를린 베르그루엔미술관.

었다.

이를 지켜본 루케시는 프로이센군 포병을 분쇄한 후 프로이센군 왼쪽을 무찔러 전황을 유리하게 돌이키고자 했다. 루케시는 오른쪽 기병대를 이끌고 돌격했지만, 그의 기병대는 포병의 지원을 받는 프로이센군 왼쪽 기병대에게 밀려났고, 그 또한 포탄에 맞아 전사하고 말았다.

양쪽의 기병대가 분쇄되어 사방에서 공격받게 된 오스트리아군 보병들이 도주하기 시작하니, 로이텐 전투는 프리드리히 2세의 찬란한 승리로 막을 내렸다.

프로이센을 유럽 강국으로 발전시킨 프리드리히 2세는 독일 통일의 선구자

훗날 나폴레옹은 "로이텐 전투는 기동과 작전행동, 결단의 걸작품이다. 프리드리히 2세는 이 전투만으로도 가장 위대한 장군의 반열에 오를 수 있다"라고 평가했다. 로이텐 전투는 프리드리히 2세에게 불멸의 명성을 안겨준 전술적 대승이었지만, 유감스럽게도 전략적 승리로 연결되지는 못했다. 로이텐에서 프로이센군은 6,300명, 오스트리아군은 2만 2,000명의 손실을 입었다. 이는 각각 전력의 20%와 33%에 이르지만 수배의 전력을 갖춘 연합국 측으로서는 오히려 감내할 만한 손실이었다.

이런 소모전이 계속된다면 인적 · 물적 자원이 한정된 프로이센의 종국적 패배가 명약관화했다. 아니나 다를까 프리드리히 2세의 기대와 달리 마리아 테레지아는 패장 카를을 경질시키고 다운 백작을 신임 총사령관에 앉히면서 항전 의지를 계속 불태웠다.

1758년에는 러시아가 동프로이센에 재침하면서 프로이센군의 전황은 점차 어두워졌다. 비록 프리드리히 2세가 8월 25일에 초른도르프 전투에서 러시아군을 가까스로 물리쳤지만, 10월 14일의 호흐키르히 전투에서 재대결을 펼친 다운 백작에게 다시 패하고 말았다. 이어 1759년 8월 12일에 러 · 오 연합군을 상대로 치른 쿠너스도르프 전투는 프리드리히 2세 생애 최악의 패전이었다.

프리드리히 2세는 독약으로 자살을 생각할 만큼 절망에 빠졌지

프리드리히 2세의 영토 확장
프리드리히 2세
스웨덴
덴마크
발트해
동프로이센
메클렌부르크
하노버
프로이센 왕국
베를린
브란덴부르크
바르샤바
폴란드
로스바흐 전투(1757)
라이프치히
슐레지엔
로이텐 전투(1757)
드레스덴
몰비츠 전투(1741)
작센
보헤미아
쿠너스도르프 전투(1759)
프라하
콜린 전투(1757)
바이에른
오스트리아
빈
후베르투스부르크성
1763년에 프로이센과 오스트리아 사이에 조약을 체결한 성으로 이 조약으로 7년 전쟁은 종결되었다
1740년 프리드리히 2세 즉위 시 프로이센의 영토
1786년 프리드리히 2세 사망 시 프로이센의 영토
7년 전쟁으로 획득한 슐레지엔 영토
1772년 1차 폴란드 분할을 통해 획득한 영토
신성로마 제국의 영토

만, 연합군은 늘어난 병참선 문제와 서로 간의 이해관계로 쿠너스도르프 대승의 기회를 살리지 못했다. 이틈을 타 프리드리히 2세가 1760년 라이크니츠 전투와 토르가우 전투에서 오스트리아군을 격파하며 분발하기도 했지만, 전황의 저울추는 연합국 측으로 거의 기울어가고 있었다.

그런데 1762년 러시아에서 엘리자베타 여제가 사망하고 표트르 3세가 즉위하는 이변이 일어났다. 평소 프리드리히 2세를 존경하던 표트르 3세는 다 승리해놓은 전쟁을 그만두기로 하고 일방적으로 프로이센과 평화조약을 체결했다. 이에 따라 러시아를 적으로 둘 수 없었던 스웨덴 또한 즉시 연합국 대열에서 탈퇴했다. 프랑스는 신대륙에서 영국과 전쟁을 벌이느라 여념이 없었으니 이제부터 오스트리아는 단독으로 프로이센과 맞서야 했다.

결국 1762년 10월, 프로이센군이 오스트리아군을 무찌른 프라이베르크 전투를 끝으로 더는 전쟁을 계속할 여력이 없어진 양국이 후베르투스부르크 조약을 체결하면서 7년 전쟁은 종결되었다. 조약에 따라 프로이센은 점령 중인 작센을 반환하는 대신 슐레지엔의 점유를 확정했다.

프로이센은 7년 전쟁으로 18만 명의 병사들을 포함해 무려 50만 명의 희생자가 나왔다. 남은 백성들은 막대한 전쟁 비용을 부담하느라 등골이 휠 지경이었다. 이후 프리드리히 2세는 피폐해진 국가를 재건하느라 내치에 힘을 쏟으면서도 내실 있게 꾸준히 영토 확장을 꾀했다.

그가 말년에 이뤄낸 가장 큰 업적은 1772년 러시아, 오스트리아와 함께 1차 폴란드 분할에 참가해 서프로이센을 획득한 것이다. 프로이센은 서프로이센을 획득함으로써 본토인 브란덴부르크 선제후령과 동프로이센을 연결하겠다는 오랜 숙원을 성취했다. 이때부터 프리드리히 2세의 왕호는 '프로이센에서의 왕(König in Preußen)'에서 '프로이센의 왕(König von Preußen)'으로 당당히 바뀌었다.

늙고 병들어서도 정력적으로 활동하던 프리드리히 2세는 노구에도 군대를 사열하곤 하다가 결국 폭우를 만나 노환이 깊어졌다. 이전부터 갖은 질병에 시달리던 그는 이때부터 건강이 급격히 악화하였다.

마침내 1786년 8월 17일, 프리드리히 2세는 그가 좋아하던 상수시 궁전(독일 포츠담에 지은 프리드리히 2세의 여름 궁전)에서 소파에 누워 사망했다. 프리드리히 2세는 2류 국가였던 프로이센을 단숨에 유럽 5대 열강으로 발돋움시킨 명장이며, 훗날 있을 독일 통일의 신호탄을 쏘아 올린 인물이었다.

나폴레옹

(생몰 1769~1821, 재위 1804~1815)

대혁명의 소용돌이 속에서 권력욕 · 정복욕을 꽃피웠다

'아군을 분산시켜 적군을 분산시킨 후 분산된 적에 대해 다시 집결해 싸운다'

나폴레옹은 역사상 가장 많은 전투를 경험하고, 가장 많은 승리를 얻은 장군이다. 듀퓨(Trevor N. Dupuy, 미국의 육군 대령이자 저명한 군사 역사가로 1995년 사망)의 저술에 따르면, 나폴레옹은 100여 회의 소규모 접전 · 전초전 · 포위전을 제외하더라도 총 55번의 의미 있는 대회전을 치렀다. 그중 아스페른-에슬링 · 라이프치히 · 라 로씨에르 · 워털루에서 4번 패배하고, 아일라우 · 멜라슬로야베츠 · 레옹에서 3번 무승부를 기록했으며 나머지 전투는 모두 승리했다. 그의 전적은 55전 48승 3무 4패, 승률은 92%이다.

나폴레옹이 역사상 그 누구보다도 많은 전투를 치르게 된 원인은 일단 그의 정복욕에 있었음을 부정할 수 없다. 하지만 그가 총력전의 시대를 살았음과 동시에 프랑스가 지정학적으로 온통 적국에 둘러싸인 사실에도 그 원인이 있다.

대혁명으로 공화정을 수립한 프랑스는 카르노(Lazare Carnot, 프랑스의 수학자이자 정치인으로 카르노의 정리를 증명했다)의 국가 총동원령을 통해 조직한 대규모 국민군을 나폴레옹에게 물려주었다. 나폴레옹은 그 군대를 거느리고 무려 7차례에 걸쳐 대불 동맹(프랑스가 멸망할 때까지 프랑스에 대항하기 위해 영국을 비롯한 유럽의 여러 나라들이 맺은 동맹)을 결성한 유럽 제국諸國을 상대로 싸울 수 있었다. 그렇다면 황제 나폴레옹이야말로 프랑스 대혁명의 의도치 않은 사생아이자 최대 수혜자라고 할 수 있을 것이다.

나폴레옹(Napoléon Bonaparte)은 지중해 코르시카섬에서 하급 귀족 출신의 변호사인 샤를 보나파르트와 레티치아의 8자녀 중 둘째 아들로 태어났다. 어린 시절 프랑스로 건너간 나폴레옹은 브리엔 유년사관학교와 파리 육군사관학교를 졸업한 후, 16세에 남부 발랑스Valence에 주둔한 한 포병부대의 소위로 임관했다. 나폴레옹은 학창 시절과 장교 시절 수많은 전쟁사 및 전쟁이론 서적을 탐독했는데, 특히 관심을 가진 것은 당대의 자크 기베르 장군과 피에르 드 부르세 장군의 저술이었다.

특히 기베르는 나폴레옹이 가장 큰 영향을 받은 인물이다. 그는 기동전을 펼칠 것과 이를 위해 독자적 전략 행보가 가능한 사단 및

아르콜 다리에 선 나폴레옹, 1879년, 앙투안 장 그로, 베르사유 궁전.

군단을 편제할 것을 주장했다. 부르셰는 아군을 분리 진격시켜 적을 분산시킨 후, 다시 결정적인 장소에 아군을 집결시켜 싸운다는 '분진협동공격' 이론을 펼쳤다. 나폴레옹의 전매특허와도 같은 내선 전술內線戰術, 즉 '아군을 분산시켜 적군을 분산시킨 후 분산된 각각의 적에 대해 다시 집결해 싸운다'라는 그의 필승 전술은 기베르와 부르셰의 이론을 결합해서 완성한 것이었다.

만약 프랑스 혁명이 없었다면 아무리 재능이 뛰어났더라도 나폴레옹은 결국 이름 없는 일개 하급 장교로 인생을 마감했을 것이다. 그러나 혁명의 아들 나폴레옹은 대혁명의 소용돌이 속에서 처세술을 발휘해 오귀스탱이나 바라스와 같은 권력자들의 후광을 얻었다.

1799년 11월 나폴레옹은 쿠데타를 일으켜 총재정부를 무너트리고 통령정부를 수립

그와 함께 툴롱 전투에서 승리를 이끌고 왕당파가 일으킨 '방데미에르의 반란'을 진압하면서 대위에서 육군 소장으로 초고속 승진을 했다. 이때쯤 1차 대불 동맹국들과 맞서던 총재정부는 지지부진하던 이탈리아 전선에 새로운 전기를 마련하고자 나폴레옹을 파견하기로 했다.

1796년, 불과 27세에 이탈리아 방면군 사령관이 된 나폴레옹은 헐벗고 굶주린 원정군에게 다음과 같이 연설했다.

"병사들이여! 이제부터 나는 그대들을 지구상에서 가장 부유한 곳으로 이끌고 갈 것이다. 그곳에서 그대들은 명예와 영광 그리고 부를 갖게 될 것이다."

나폴레옹은 별로 숨기지도 않고 몇 번이나 '부富'를 강조했다. 이것은 앞으로 그가 병참의 해결 방안으로 줄곧 취하게 될 좋게 말하

프랑스 혁명 당시의 유럽과 프랑스 제국의 전성기
프랑스 혁명 당시의 유럽 상황
영국
런던
러시아
베를린
프로이센
발미 전투(1792)
파리
빈
오스트리아
낭트
프랑스
툴롱 전투(1793)
사르데냐
오스만튀르크
로마
포르투갈
에스파냐
신성로마 제국의 경계
제1차 대불동맹국
반혁명 반란인 '방데의 봉기'(1793.3) 지역
▶바스티유 감옥 습격(1789.7)
▶제1공화국 수립(1792.9)
▶루이 16세 처형(1793.1)
나폴레옹의 프랑스 제국의 최대 영역
스웨덴
덴마크
러시아
영국
프로이센
베를린
암스테르담
바르샤바 대공국
런던
라인 연방
파리
빈
프랑스
오스트리아
이탈리아 왕국
오스만튀르크
에스파냐
로마
나폴리 왕국
포르투갈
마드리드
리스본
프랑스의 직할지
프랑스의 위성국
프랑스의 동맹국
프랑스의 적대국

면 현지 조달, 나쁘게 말하면 약탈을 암시했다.

1년에 걸친 이탈리아 원정에서 나폴레옹은 수적으로 우세했던 오스트리아 · 사르데냐 연합군을 상대로 병력 집중 및 중앙돌파의 전술을 구사해 연전연승했다. 먼저 적을 분산시키고 그 사이로 병력을 진격시켜 각개 격파하는 방법이었다. 이것은 비록 전체 병력은 열세일지라도 전투가 벌어지는 그 순간, 그 장소에서만큼은 병력의 우위를 점하는 전술이었다. 이와 같은 나폴레옹의 활약으로 1797년 10월, 프랑스와 오스트리아가 캄포포르미오 조약을 체결하면서 1차 대불 동맹은 무너졌다.

귀국한 나폴레옹은 이듬해인 1798년 5월, 그의 성공을 시샘하는 총재정부의 의도와 자신의 개인적 야망에 따라 이집트 원정에 나섰다. 그런데 이집트 원정 도중 2차 대불 동맹이 결성되었다는 소식이 전해졌다. 그는 측근 몇 명만을 데리고 급히 이집트에서 탈출했다. 자신의 군대와 지휘권을 내팽개치는 무책임한 모습은 무단탈영을 예사로 감행했던 초급장교 시절이나 뒷날 황제가 되어 치른 러시아 원정, 그의 마지막 전역이었던 워털루 전투에서도 다시 드러난다. 그래서 나폴레옹은 본연의 임무에 충실하고 투철한 사명을 가진 순수 군인이 아니라 군대를 권력과 출세를 위해 이용하는 정치군인이라는 평가가 뒤따른다.

파리에 복귀한 나폴레옹은 1799년 11월에 쿠데타를 일으켜 총재정부를 무너트리고 통령정부를 수립했다. 제1통령이 된 그는 빼앗긴 북이탈리아를 되찾기 위해 2차 이탈리아 원정을 계획했다.

이탈리아 전쟁 중에 포로들을 받는 나폴레옹, 작가 미상, 베르사유 궁전 콜렉션.

그가 알프스산맥을 넘어 1800년 오스트리아군과 치른 마렝고 전투는 일생에서 가장 중요한 전투였다. 이 전투에서 패한다면 정적들에 의해 실각할 판국이었지만, 승리해 권좌를 굳건히 함으로써 종신 대통령에 이어 황제에 즉위할 수 있었다.

이 운명의 전투에서 프랑스군은 초반에 패색이 짙었지만 용감한 드제 장군의 구원으로 역전에 성공했다. 나폴레옹은 그 후 오스트리아와는 뤼네빌 조약을, 영국과는 아미앵 조약을 체결함으로써 2차 대불 동맹 또한 무너뜨렸다.

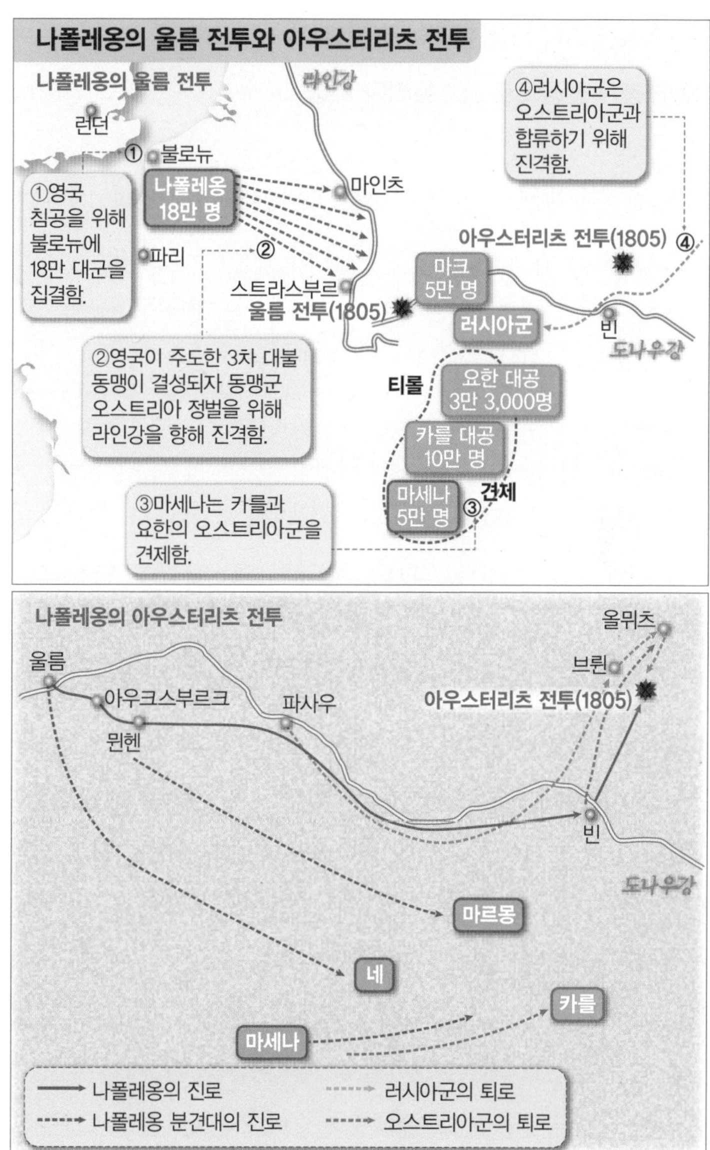
나폴레옹의 울름 전투와 아우스터리츠 전투
나폴레옹의 울름 전투
라인강
런던
① 불로뉴
①영국 침공을 위해 불로뉴에 18만 대군을 집결함.
나폴레옹 18만 명
마인츠
파리
②
스트라스부르
울름 전투(1805)
②영국이 주도한 3차 대불 동맹이 결성되자 동맹군 오스트리아 정벌을 위해 라인강을 향해 진격함.
④러시아군은 오스트리아군과 합류하기 위해 진격함.
아우스터리츠 전투(1805) ④
마크 5만 명
러시아군
빈
도나우강
티롤
요한 대공 3만 3,000명
카를 대공 10만 명
마세나 5만 명
③
견제
③마세나는 카를과 요한의 오스트리아군을 견제함.
나폴레옹의 아우스터리츠 전투
울름
아우크스부르크
뮌헨
파사우
올뮈츠
브륀
아우스터리츠 전투(1805)
빈
도나우강
마르몽
네
카를
마세나
나폴레옹의 진로
나폴레옹 분견대의 진로
러시아군의 퇴로
오스트리아군의 퇴로

영국 주도로 3차 대불 동맹이 결성되자 나폴레옹은 선공으로 오스트리아 제압

나폴레옹이 황제로 즉위한 1804년, 영국에서는 강경파인 피트가 수상에 취임하면서 영국이 주도하고 러시아와 오스트리아가 참전하는 3차 대불 동맹이 결성되었다. 나폴레옹은 대불 동맹군이 결성되자 영국 본토 침입을 포기한 후, 불로뉴에 집결시킨 '그랑다르메(Grande Armée, 프랑스 대육군)'을 대륙으로 이동시켜 먼저 동맹군부터 공략하기로 결심했다. 우선 러시아군이 오스트리아군에 합류하기 전에 가까운 오스트리아군을 먼저 무찌르고 러시아군을 물리칠 계획이었다. 이를 위해서는 러시아군보다도 빠르게 오스트리아군이 있는 곳에 도착하는 것이 중요했다.

1805년 8월 27일, 불로뉴를 출발한 나폴레옹은 18만의 프랑스 대군을 7개 군단으로 분산시켜 진군시켰다. 일단 프랑스군은 9월 25일에 라인강변에 있는 마인츠(Mainz)에서 스트라스부르(Strasbourg)까지 110km에 걸쳐 배치를 완료했다. 또한 9월 26일에 우회 기동을 시작한 프랑스 군단들은 울름에 주둔 중인 마크 장군의 오스트리아군을 향해 간격을 좁히며 진군했다. 마크가 우물쭈물하는 사이 프랑스 군단들은 순식간에 오스트리아군을 포위하여 항복을 받아냈다. 이 울름 전투야말로 먼저 아군을 분산시킨 후, 신속히 다시 집결해 싸운다는 나폴레옹 전술의 표본으로 일컬어진다.

울름에서 승리한 나폴레옹은 빈을 향해 진격했다. 오스트리아 황제 프란츠 2세는 빈을 사수하는 대신 러시아군에 합류하여 저항하기로 결정했다. 덕분에 나폴레옹은 과거 오스만튀르크가 몇 번이나 함락시키려 했지만 실패했던 빈에 무혈입성할 수 있었다.

이제 남은 적은 차르 알렉산드르와 쿠투초프 장군이 이끄는 러시아군이었다. 이때 프란츠 2세의 오스트리아군까지 가세한 러시아군 전력은 프랑스군보다 우세했다. 게다가 곧 러시아의 증원군도 도착하기로 되어 있었으며, 대군을 보유한 프로이센마저 연합국에 합류할 듯이 보였다. 초조해진 나폴레옹은 알렉산드르에게 거짓으로 화평을 제안하는 등 저자세를 취했다. 이에 자신감을 얻은 알렉산드르는 전쟁의 천재 나폴레옹을 무찌르겠다는 공명심을 불태우며 쿠투조프의 만류를 뿌리치고 전투를 개시하기로 했다.

3명 황제가 싸운 아우스터리츠 전투에서 나폴레옹은 생애 최고의 승리를 거두었다

양측이 전장으로 고른 장소는 현재의 체코 모라비아에 있는 아우스터리츠 인근의 평원이었다. 양군의 주둔지 북쪽으로부터는 모라비아산맥에서 발원하는 골드바흐라는 시내가 남쪽으로 흘렀다. 골드바흐 동쪽에는 프라첸 고지가 있었으며, 남쪽에는 사찬호수와 늪지대가 있었다.

전장에 먼저 도착한 나폴레옹은 요충지인 프라첸 고지를 선점할 수 있었다. 하지만 연합군이 자신감을 느끼고 적극적으로 전투

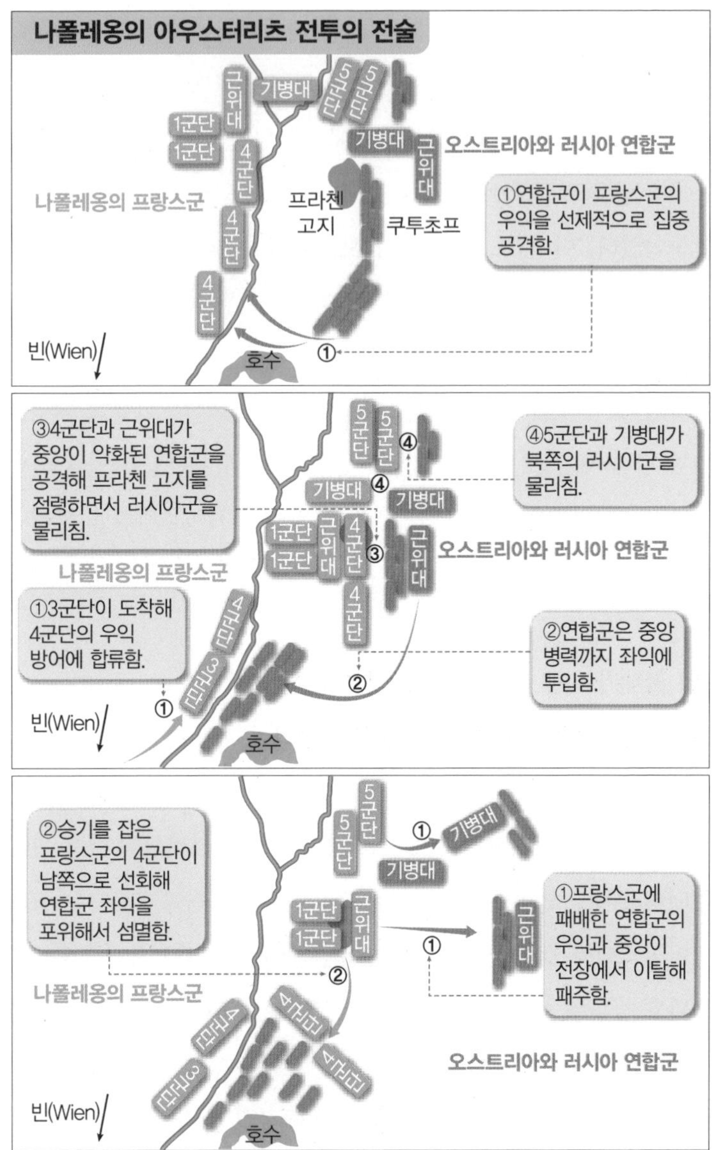
나폴레옹의 아우스터리츠 전투의 전술
근위대
기병대
5군단
5군단
1군단
1군단
4군단
기병대
근위대
오스트리아와 러시아 연합군
나폴레옹의 프랑스군
프라첸 고지
쿠투초프
①연합군이 프랑스군의 우익을 선제적으로 집중 공격함.
4군단
4군단
빈(Wien)
호수
①
③4군단과 근위대가 중앙이 약화된 연합군을 공격해 프라첸 고지를 점령하면서 러시아군을 물리침.
④5군단과 기병대가 북쪽의 러시아군을 물리침.
기병대 ④
기병대
1군단
1군단
근위대
4군단
③
근위대
오스트리아와 러시아 연합군
나폴레옹의 프랑스군
①3군단이 도착해 4군단의 우익 방어에 합류함.
②연합군은 중앙 병력까지 좌익에 투입함.
3군단
②
①
빈(Wien)
호수
②승기를 잡은 프랑스군의 4군단이 남쪽으로 선회해 연합군 좌익을 포위해서 섬멸함.
5군단
5군단
①
기병대
기병대
1군단
1군단
근위대
①
근위대
①프랑스군에 패배한 연합군의 우익과 중앙이 전장에서 이탈해 패주함.
②
나폴레옹의 프랑스군
4군단
4군단
4군단
3군단
오스트리아와 러시아 연합군
빈(Wien)
호수

에 임하길 바라는 마음에서 그들이 고지를 차지하도록 내버려 두었다. 아니나 다를까 연합군은 나폴레옹의 실수 아닌 실수를 틈타 프라첸 고지를 단숨에 점령한 후, 고지를 중심에 두고 남북으로 진영을 펼쳤다. 이렇게 해서 골드바흐를 기준으로 왼편에는 프랑스군 6만 8,000명과 대포 140문이, 오른편에는 러 · 오 연합군 8만 5,000명과 대포 320문이 전개되었다.

1805년 12월 2일, 3명의 황제가 한자리에 모여 싸웠다 해서 '삼제회전三帝會戰'으로도 불리는 아우스터리츠 전투가 시작되었다. 나폴레옹은 연합군의 공격을 유인하려고 일부러 빈으로 향하는 남쪽을 약화시켜 두었다. 이것이 특히 하루빨리 빈 수복을 바라는 프란츠 2세를 자극했다. 미끼에 걸려든 연합군은 주력을 남쪽에 투입했다.

하지만 남쪽의 프랑스 수비병들은 수적 열세에도 불구하고 늪지대와 마을의 엄폐물들을 이용해 완강히 저항했다. 게다가 때마침 전장에 도착한 다부 장군의 증원군 5,000명이 남쪽 방어선에 추가로 투입되면서 연합군 주력은 끝내 남쪽 방어선을 뚫지 못했다. 그렇다고 이제 와서 주공 방향을 변경할 수도 없는 연합군은 계속 병력을 남쪽에 투입했고, 그만큼 연합군의 중앙은 약화되었다.

결정적인 순간이 다가오자 프랑스군은 중앙돌파를 시도해 요충지인 프라첸 고지를 점령하고, 연합군을 남북으로 두 동강을 냈다. 패배한 연합군의 중앙과 북쪽에 있는 부대는 도주할 수 있었지만, 남쪽의 부대는 사찬 호수에 막혀 전멸했다. 아우스터리츠에서의 결정적 패배로 러시아는 전의를 잃고 대불 동맹에서 이탈했다. 신성로마 제국 황제 겸 오스트리아 제국 황제였던 프란츠 2세 또한 프레스부르크 조약을 맺고 신성로마 제국을 해체하며 단지 오스트리아 황제로 격하되었다.

3차 대불 전쟁에서 벌어진 울름 전투와 아우스터리츠 전투에서 승리한 나폴레옹은 전략 · 전술에서 그의 절정기를 이루었다. 혹자는 나폴레옹이 이때 너무 잘 싸웠기 때문에 자만하면서 이때부터 몰락하기 시작했다고 말한다. 아닌 게 아니라 4차 대불 동맹에서 있었던 예나 전투(1806)와 프리틀란트 전투(1807)의 대승 이후 나폴레옹 전술은 점차 화려한 기동전 대신 화력에 의존하는 단순한 정면 공격으로 바뀌어갔다. 이 방법으로도 전술적 승리는 거둘 수 있었지만, 이렇게 해서 차례로 누적된 인적 손실은 러시아 원정(1812) 이후, 그가 재기하지 못하는 중요한 요인이 되었다.

나폴레옹은 동맹국에 비해 전력의 열세에도 불구하고 1813~1814년의 전장에서 다시 기동과 기습을 통해 연속적이고 경이적인 승리를 거두게 된다. 하지만 프랑스에서 태동한 총력전의 흐름은 그의 활발한 정복 전쟁을 통해 이미 유럽 제국으로 뻗어나가 있었다. 그리고 전 유럽이 나폴레옹을 타도하기 위해 똘똘 뭉친 총력전에서는 그의 군사적 천재성조차 최후의 워털루 전투에서 패할 때까지 잠시 그의 운명을 연장해주는 데 그쳤을 뿐이다.

로버트 E. 리

(생몰 1807~1870)

남북전쟁의 패장이지만 위대한 장군으로 남았다

남북전쟁을 통해 연방제를 굳건히 지킨
미국은 제국주의로 세계 최강국에 올라

고대 로마, 중세 몽골, 근대 영국에 이어 현대의 세계 패권국은 미국이다. 과거에 로마, 몽골, 영국이 그러했듯이, 미국은 최강대국이 되는 과정에서 수많은 전쟁을 치러야 했다.

그중에서 미국인들에게 가장 중요했던 전쟁을 꼽는다면 미국의 분열을 막고 강력한 연방국가로 거듭날 수 있었던 남북전쟁(1861~1865)이다. 만약 남부가 승리했다면 미국은 남미와 마찬가지로 수많은 나라들로 쪼개졌을 것이다. 남북전쟁을 통해 미국은 연방제를 굳건히 할 수 있었고, 이후 제국주의 대열에 합류하면서 현

로버트 리, 줄리안 배너슨, 미국 국회도서관.

재 최강국이 되었다.

남북전쟁은 내전이었을 뿐만 아니라 65만 명이라는 미국 역사상 최대의 전사자를 낳았다는 점에서 미국인들에게 깊은 상흔을 남겼다. 65만 명이라는 수치는 미국이 독립전쟁에서부터 현재까지 치른 다른 모든 전쟁에서의 전사자를 합친 수를 능가한다. 유독 남북전쟁에서 이토록 많은 전사자가 나온 이유가 무엇일까?

19세기 전장에서는 여전히 전열 보병이 주축이 되는 공격 중심의 나폴레옹 전술이 활개치고 있었다. 당시 미니에탄(원추형 탄환)을 필두로 사거리 · 연사속도 · 명중률이 월등히 증가한 각종 신무기가 등장하면서 새로운 전술이 필요했다. 그럼에도 미국 장군들은 나폴레옹 숭배자인 조미니의 가르침을 좇아 병사들을 무작정 전장으로 내몰았다. 이러한 양상으로 남북전쟁이 4년간 지속되다 보니 병사들의 희생은 한없이 이어졌다.

그렇더라도 2,500만 명의 23개 북부 주가 900만(흑인 300만 포함) 명의 11개 남부 주를 쉽사리 제압하지 못하고 전쟁을 4년 넘게 끌었던 것은 선뜻 이해가 가지 않는다. 남부가 몇 배의 병력과 물자를 가진 북부를 상대로 선전할 수 있었던 것은 남부에 뛰어난 장군들이 많았기 때문이다. 이 중에서도 리는 비록 패장이었지만 미국인들이 지금까지도 가장 위대한 장군으로 여기는 남북전쟁의 명장이다. 2차 대전의 명장 조지 패튼은 다음과 같이 말한 바 있다.

"나는 어렸을 때 집 안에 걸린 로버트 리 장군과 스톤월 잭슨 장군의 초상화를 성부와 성자의 그림으로 생각했다."

로버트 에드워드 리(Robert Edward Lee, 1807~1870)는 1807년 포토맥강을 마주 보는 버지니아주 웨스트모어랜드 카운티에서 헨리 리 3세와 앤 힐 카터의 넷째 아들로 태어났다. 헨리 리 3세는 독립전쟁에서 기병대 장교로 활약했으며, 전후 육군 소장까지 진급한 인물이었다. 하지만 그는 리가 불과 12세 때 세상을 떠났다. 넉넉한 살림이 아닌 앤 힐 카터는 리를 수업료 비싼 일반 대학에 보낼 형편이 못 되었다. 이렇게 해서 1825년에 리는 육군을 담당하는 전쟁성

(Department of War) 장관과 연줄이 있던 친척의 소개로 수업료 걱정이 없는 웨스트포인트 육군사관학교에 입학했다.

4년 후인 1829년에 사관학교를 차석으로 졸업한 리는 같은 해 어머니마저 여의었다. 하지만 2년 후에는 조지 워싱턴의 의붓증손녀인 메리 커스티스와 결혼하면서 가정도 꾸리게 되었다. 당시 육군에서 가장 각광받는 병과는 공병이었기 때문에 성적이 빼어났던 리는 1832년 공병 소위로 임관했다.

그는 조지아 · 버지니아 · 미시건과 수도 워싱턴 등을 전전하면서 강가와 바닷가에 요새와 방벽을 건설하고 수리하는 일을 했다. 공병이라는 병과는 수학을 잘했던 리의 적성에도 맞았던 모양이다. 그는 능력을 인정받아 1836년에 중위로, 1838년에는 대위로 승진하기에 이르렀다.

고향 버지니아를 향한 리의 사랑은 연방에 대한 충성심보다 훨씬 강했다

1846년에 미국-멕시코 전쟁이 발발하자, 리 대위는 훗날 남북전쟁에서 초대 북군 총사령관을 지내는 윈필드 스콧 장군 휘하에서 참전했다. 리는 스콧이 멕시코 시티를 함락하는데 결정적이었던 차풀테펙 전투에 참여하는 등 많은 전투의 승리를 견인했다. 그의 정식 계급은 공병 대위였지만 대령으로 명예 진급하는 방법으로 공로를 인정받았다.

미국-멕시코 전쟁이 끝난 후 1852년에 리는 자신이 졸업한 웨스트포인트 교장으로 임명되었다. 3년간 사관학교 교장으로 재임한 후, 1855년에는 정식으로 중령 계급장을 달고 텍사스에 주둔 중이던 2기병 연대의 부연대장으로 부임했다. 이로써 리는 공병대와 참모직을 떠나 전투 병과인 기병으로 새로이 근무하게 되었다. 리가 속한 부대의 임무는 아파치족이나 코만치족의 습격으로부터 이주민들을 보호하는 일이었다. 남북전쟁이 벌어지기 보름 전인 1861년 3월 28일, 리는 대령으로 진급했다.

1861년 4월 12일에는 연방에서 탈퇴하려는 남부와 이를 막으려는 북부 간의 내전, 즉 남북전쟁이 시작되었다. 이때 76세의 노쇠한 북군 총사령관 스콧은 자신의 후임으로 고향 후배이자 능력이 뛰어난 리 대령을 추천했다. 이에 링컨은 리에게 영예로운 북군 총사령관직을 제의했다. 리는 원래 연방주의자이기에 남부의 독립을 반대하고 있었다. 하지만 버지니아를 향한 리의 사랑은 연방에 대한 충성심보다 훨씬 강했다. 4월 17일, 버지니아가 연방 탈퇴를 결의하자 리는 다음과 같이 말했다.

"내가 어떻게 내가 태어난 나라인 버지니아에 칼을 뽑을 수 있겠습니까?"

연방군을 사직한 리는 훗날 국립묘지로 사용될 알링턴에 있는 자신의 저택을 떠나 남부로 향했다.

남북전쟁이 시작되었을 때 북군과 남군은 둘 다 경험도 장비도 병력도 시원찮았다. 따라서 북부의 맥도웰 장군은 전쟁 첫해 워싱턴에서 남부연합의 수도인 리치먼드를 육로로 향하는 손쉬운 직접 접근을 시도했다. 북군은 남군을 얕잡아보며 금방 전쟁을 끝낼 수 있으리라 생각했으나 1차 불 런(Bull Run) 전투에서 그만 패하고 말았다. 이후 북군 주력군인 포토맥군 사령관에 이어 북군 총사령관에 임명된 맥클래런은 성급한 전투보다 군의 재건을 꾀해야 했다.

잭슨이 있음으로써 리는 승리할 수 있었고, 잭슨이 전사함으로써 리는 패배하고 말았다

이듬해 맥클래런은 우세한 해군력을 이용해 버지니아반도에 상륙한 후 리치먼드로 진격하기로 했다. 이와 동시에 뱅크스 장군은 셰넌도어 계곡을 통해 육로에서 남부를 견제하며 적절한 시기에 맥클래런의 리치먼드 공략에 참여하도록 했다. 이것은 제해권을 장악했을 뿐만 아니라 풍부한 인적 · 물적 자원을 가진 북군이기에 가능한 작전이었으며, 나폴레옹과 조미니의 후학다운 맥클래런의 뛰어난 전략이었다. 다만 남부에 위대한 두 장군이 있어 맥클래런의 계획은 물거품에 그치고 말았을 뿐이다.

1862년, 북군과 남군은 버지니아반도 전역에 앞서 셰넌도어 전역에서 본격적으로 충돌했다. 이때 셰넌도어 계곡을 수비하는 남부 장군은 1차 불 런 전투에서 돌담같이 굳건히 용맹을 떨쳤다 하여 스톤월(Stonewall)이라는 별명을 얻게 된 토머스 조나단 잭슨(Thomas Jonathan Jackson 1824~1863)이었다. 스톤월 잭슨은 리와 함께 미국

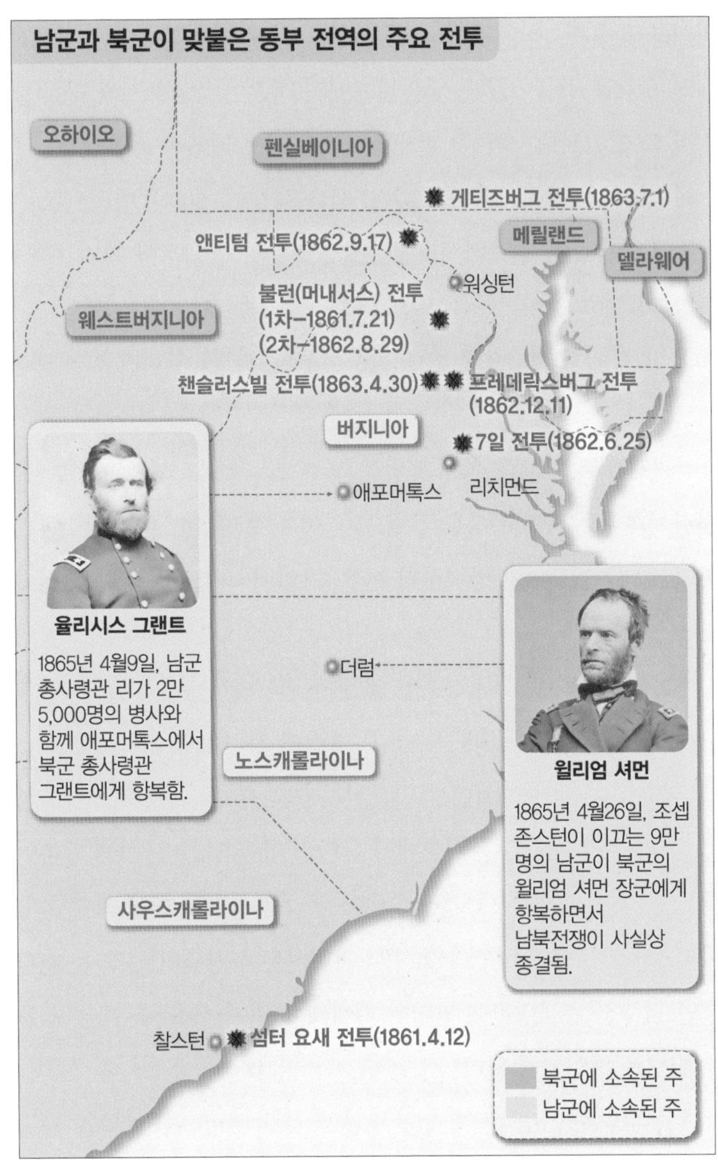
남군과 북군이 맞붙은 동부 전역의 주요 전투
오하이오
펜실베이니아
게티즈버그 전투(1863.7.1)
앤티텀 전투(1862.9.17)
메릴랜드
델라웨어
워싱턴
불런(머내서스) 전투
(1차-1861.7.21)
(2차-1862.8.29)
웨스트버지니아
챈슬러스빌 전투(1863.4.30)
프레데릭스버그 전투
(1862.12.11)
버지니아
7일 전투(1862.6.25)
애포머톡스
리치먼드
율리시스 그랜트
1865년 4월9일, 남군 총사령관 리가 2만 5,000명의 병사와 함께 애포머톡스에서 북군 총사령관 그랜트에게 항복함.
더럼
노스캐롤라이나
윌리엄 셔먼
1865년 4월26일, 조셉 존스턴이 이끄는 9만 명의 남군이 북군의 윌리엄 셔먼 장군에게 항복하면서 남북전쟁이 사실상 종결됨.
사우스캐롤라이나
찰스턴
섬터 요새 전투(1861.4.12)
북군에 소속된 주
남군에 소속된 주

역사를 통틀어 가장 뛰어난 명장이며, 리에게는 부족했던 전략적 식견도 갖춘 인물이었다. 남북전쟁에서 잭슨이 있음으로써 리는 승리할 수 있었으며, 잭슨이 전사함으로써 리는 패배하고 말았다.

셰넌도어 계곡에 머물던 스톤월 잭슨은 1만 7,000의 병력으로 48일간 1,040km를 질주하며 세 배에 달하는 북군과 8번 싸워 7승 1패를 기록했다. 이러한 눈부신 잭슨의 활약으로 북군은 셰넌도어 계곡 밖으로 쫓겨났으며, 오히려 수도 워싱턴이 위협받을 지경에 이르렀다.

결과적으로 스톤월 잭슨의 남군은 뱅크스의 북군 6만 명이 맥클래런에게 합류하지 못하도록 했으며, 이후 추가로 맥클래런에게 증파될 예정이었던 3만 병력마저 어쩔 수 없이 워싱턴 방위에 투입되도록 만들었다.

한편 버지니아반도에 상륙한 포토맥군과 맞서게 된 부대는 역시 남군 주력인 북버지니아군이었다. 그런데 북버지니아군 사령관 조셉 존스턴 장군이 리치먼드 인근까지 진격해 온 맥클래런과 치른 세븐 파인즈(Seven Pines) 전투에서 그만 중상을 입었다. 이에 남부연합의 제퍼슨 데이비스 대통령은 존스턴의 후임으로 리를 임명했다. 이렇게 해서 1862년 6월 1일, 북버지니아군 사령관이 된 리는 전쟁 말년 남부군 총사령관에 임명될 때까지 북버지니아군을 이끌며 동부 전역을 책임지게 된다.

리가 당면한 가장 큰 과제는 두말할 것도 없이 수도 리치먼드를 위협하는 포토맥군을 격파하는 일이었다. 다행히 스톤월 잭슨이 새넌도어 계곡 전투에서 승리해 배후의 위협을 덜어준 덕에 리는 오로지 앞만 바라보며 맥클래런에 집중할 수 있었다. 이어 벌어진 7일 전투(Seven Days Battles)에서 맥클래런을 격파하니 반도 전역은 남군의 승리로 종결되었다. 링컨은 맥클래런의 소극적 모습에 실망하여 북군 총사령관을 할렉으로 교체했다. 이후 리치먼드는 그랜트가 등장할 때까지 2년간 북군의 위협에서 벗어날 수 있었다.

두 달 후 2차 불 런(Bull Run) 전투에서 승리한 리는 연승으로 사기가 드높아진 남군을 이끌고 북부에 침입하고자 했다. 그렇게 북부에서 결정적인 승리를 거둬 내심 남부를 지지하는 유럽의 군사적 혹은 정치적 개입을 가져오는 한편, 북부의 반전 여론에 불을 붙여 링컨을 협상의 테이블로 나오게 할 심산이었다.

챈슬러스빌 전투에서 북군을 완파했으나 게티스버그 전투에서 패하자 사임 요청

그렇게 시작된 1차 북벌에서 리는 맥클래런과 앤티텀(현 메릴랜드주 북부 샤프스버그)에서 재대결을 벌였다. 미국 역사상 하루에 가장 많은 희생자가 발생했다는 앤티텀 전투(일명 샤프스버그 전투, 1862.9.17)에서 리는 전술적으로 신승했다.

하지만 두 배가 넘는 적을 더 이상 감당할 수 없어 버지니아로 후퇴하니 전략적으로는 남부의 침공을 막아낸 북부의 승리였다. 이 승리를 기념해 링컨은 1863년 1월 1일에 노예해방을 선언하기에 이르렀다.

전열을 가다듬은 북부는 다시 공세를 재개했지만, 리는 프레데릭스버그 전투와 챈슬러스빌 전투에서 연이어 북군을 완파했다. 이 중에서 챈슬러스빌 전투는 맥클래런과 번사이드에 이어 포토맥군 사령관에 임명된 후커가 남부를 공격하면서 벌어진 전투이다. 여기에서 리 생애 최고의 걸작품으로 불리는 챈슬러스빌 전투를 살펴보기로 하자.

북부는 인간 도살극이 펼쳐졌다는 프레데릭스버그 전투의 패배에도 불구하고, 1개 기병 군단과 7개 보병 군단으로 이뤄진 13만 대군을 동원할 수 있었다. 군의 재정비에 성공한 신임 사령관 후커는 프레데릭스버그(현 버지니아주 서부)를 중심으로 래퍼해녹강을 사이에 두고 리 장군과 대치했다.

하지만 후커는 래퍼해녹강을 따라 40km에 걸쳐 있는 축성 진지를 공격할 생각이 없었다. 대신 기병 군단 1만 명을 남군의 후방으로 진격시켜 리치먼드(현 버지니아주 주도)를 견제하도록 했다. 이어 2개 군단이 전방의 남군을 견제하는 사이 나머지 5개 군단 7만 명이 래퍼해녹강과 라피단강을 도하해 남군의 측면을 치도록 했다. 여기까지 빈틈없이 계획을 수행한 후커는 이제 남군이 후퇴하거나 축성 진지를 나와 개활지에서 전투를 벌일 것이라 기대했다.

이때 리에게는 6개 보병 사단과 2개 기병 여단, 모두 6만 명이 있을 뿐이었다. 하지만 리는 북군의 주력 부대가 전방에 있는 세지윅과 레이놀즈의 2개 군단이 아니라 프레데릭스버그 왼편의 챈슬러

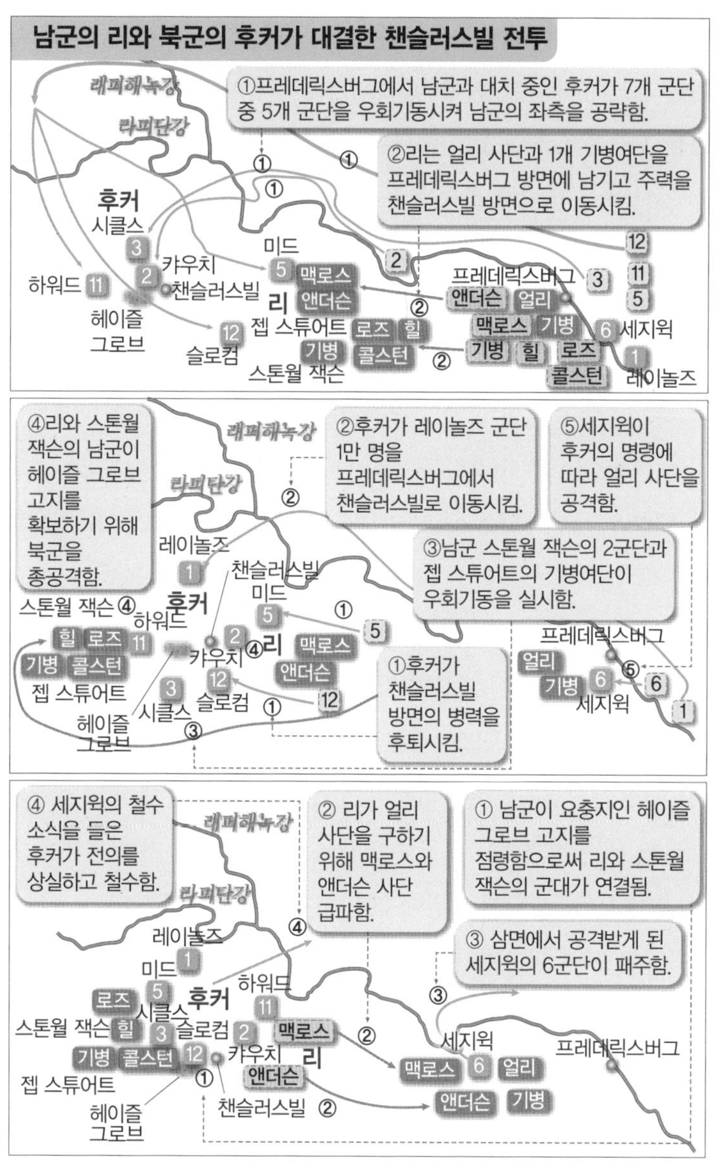

남군의 리와 북군의 후커가 대결한 챈슬러스빌 전투
①프레데릭스버그에서 남군과 대치 중인 후커가 7개 군단 중 5개 군단을 우회기동시켜 남군의 좌측을 공략함.
②리는 얼리 사단과 1개 기병여단을 프레데릭스버그 방면에 남기고 주력을 챈슬러스빌 방면으로 이동시킴.
④리와 스톤월 잭슨의 남군이 헤이즐 그로브 고지를 확보하기 위해 북군을 총공격함.
②후커가 레이놀즈 군단 1만 명을 프레데릭스버그에서 챈슬러스빌로 이동시킴.
⑤세지윅이 후커의 명령에 따라 얼리 사단을 공격함.
③남군 스톤월 잭슨의 2군단과 젭 스튜어트의 기병여단이 우회기동을 실시함.
①후커가 챈슬러스빌 방면의 병력을 후퇴시킴.
④ 세지윅의 철수 소식을 들은 후커가 전의를 상실하고 철수함.
② 리가 얼리 사단을 구하기 위해 맥로스와 앤더슨 사단 급파함.
① 남군이 요충지인 헤이즐 그로브 고지를 점령함으로써 리와 스톤월 잭슨의 군대가 연결됨.
③ 삼면에서 공격받게 된 세지윅의 6군단이 패주함.

스빌 방향에 배치됐다는 사실을 간파했다. 리는 얼리 사단과 1개 여단 1만 1,000명을 프레데릭스버그에 잔류시킨 채 남은 5만 명을 이끌고 서쪽으로 향했다. 이와 같이 남군이 당당히 맞서 오자 후커는 일단 방어 태세를 갖추는 한편, 챈슬러스빌 방향의 공격력 증대를 위해 레이놀즈 군단을 불러들였다.

1863년 5월 1일 저녁, 리는 스톤월 잭슨과 함께 모닥불 앞에서 공격 작전을 숙의했다. 무모한 정면 공격 안이나 래퍼해녹강이 있는 북군 왼쪽으로의 공격 안은 배제되었다. 결국 그들은 포토맥군의 오른쪽으로 우회하여 공격하기로 했다. 리가 우선 맥로스 사단과 앤더슨 사단 1만 3,000명만으로 눈앞의 북군 7만 명을 견제했다.

그러는 사이 스톤월 잭슨은 로즈, 콜스턴, 힐의 3개 사단 2만 8,000명의 병력과 젭 스튜어트의 기병 여단을 이끌고 숲속의 좁다란 오솔길을 따라 북군의 배후로 교묘히 이동하는 데 성공했다. 이때 프레데릭스버그, 챈슬러스빌 정면, 챈슬러스빌 배후로 삼분된 남군은 모든 위치에서 북군에 열세였으며, 만약 후커가 공세를 가한다면 각개 격파당할 수밖에 없는 처지였다.

하지만 어떤 이유에서인지 후커는 리와 잭슨이 공격해 들어오는데도 세지윅에게 프레데릭스버그를 공격하라고 명령할 뿐 지휘에 소극적인 자세였다. 이윽고 남군이 챈슬러스빌 일대의 고지인 헤이즐 그로브(Hazel Grove)를 점령하면서 리와 잭슨의 군대가 연결되어 후커의 군대는 반 포위망에 갇히게 되었다.

이때 프레데릭스버그의 얼리는 1만의 병력으로는 도저히 세지윅의 북군 3만 명을 막을 수 없었기에 리에게 급히 구원을 청했다. 이에 리는 곧바로 북군을 포위하던 5개 사단 가운데 맥로스와 앤더슨의 2개 사단을 프레데릭스버그로 보냈다. 동쪽으로 급파된 맥로스와 앤더슨은 얼리와 함께 세지윅을 반 포위망에 가두었다. 기세 좋게 전진하다가 오히려 포위당할 위기에 처한 세지윅은 그만 래퍼해녹강을 건너 철군해 버렸다. 이 소식을 들은 후커마저 전의를 잃고 철군하면서 챈슬러스빌 전투는 남군의 승리로 끝났다.

챈슬러스빌에서 리가 거느린 병력은 적군의 절반에 지나지 않았다. 하지만 그는 신속한 기동전을 펼쳐 남군을 포위하려는 북군을 챈슬러스빌과 프레데릭스버그 두 곳에서 오히려 역으로 반 포위하여 격파했다.

하지만 리는 챈슬러스빌에서 너무나 큰 손실을 입었다. 리와 찰떡궁합을 이루며 활약해온 스톤월 잭슨이 아군의 오인 사격으로 전사한 것이다. 지도를 가리키는 것만으로도 리의 의중을 읽어냈다는 스톤월 잭슨은 그렇게 사라져 갔다.

프레데릭스버그와 챈슬러스빌에서 연승한 리는 2차 북벌에 나섰다. 북부와 남부의 격차를 고려할 때 방어로 일관하며 장기전으로 돌입한다면, 그 격차는 갈수록 벌어질 뿐임을 리는 잘 알고 있었다. 펜실베이니아로 진격한 리에게는 결정적인 대승이 필요했다. 하지만 남군은 게티즈버그 전투(1863.7.1.~7.3)에서 패하며 다시 무너졌다. 리는 데이비스 대통령에게 패전의 책임을 지고 사임을 요청했다. 하지만 리보다 뛰어난 명장이 없음을 아는 데이비스는 리의 요청을 거절했다.

북부 포토맥군이 라피단강을 건너면서
리와 그랜트의 역사적 대결이 시작됐다

1864년 3월, 링컨은 할렉에 이어 율리시스 그랜트를 북군 총사령관에 임명했다. 끈기와 냉정이 장점인 그랜트는 패배에 위축되지 않으며, 승리를 위해선 아군의 희생에도 눈 깜짝하지 않았다. 요컨대 전임 사령관들과는 달리 북군의 장점인 물량 공세와 인해전술을 가장 잘 활용할 수 있는 인물이었다.

그랜트의 계획은 남군이 예비대를 전환할 수 없을 정도로 전 전선에 동시다발적인 압박을 가하는 것이었다. 이번 총공세에도 포토맥군은 역시 북군의 중심 부대였다. 하지만 그랜트는 게티즈버그의 승장이자 포토맥군 사령관인 미드가 리의 적수가 되지 못한다고 생각했다. 따라서 그랜트는 미드와 함께 움직이면서 사실상 포토맥군을 직접 지휘하기로 했다. 리와 그랜트의 대결은 이렇게 시작되었다.

링컨과 그랜트는 1864년 11월에 있을 대선 전에 반드시 전쟁을 끝내고 싶었다. 링컨이 재선에 실패하고 남부에 우호적인 인물이 연방 대통령이 되면 여태까지의 노력이 물거품이 될 공산이 컸다. 즉 북군은 선공을 펼쳐야 했다.

남북전쟁 당시 매우 많은 사상자를 낸 채터누가 전투, 1880년, 미국 국회도서관.

반면에 7만의 병력을 가진 리는 섣불리 12만의 포토맥군과 맞설 수 없었기 때문에 일단 방어를 펼치기로 했다. 이쯤에서 리는 이번 전쟁에서 남군이 북군을 이길 수 있다고는 생각하지 않았다. 그의 바람은 북군에 막대한 출혈을 강요해 북부인들에게 염전사상을 불어넣음으로써 남부의 독립을 인정받는 것이었다.

1864년 5월 4일, 포토맥군이 라피단강을 건너면서 리와 그랜트의 대결이 시작됐다. 그랜트의 목표는 자신의 군대를 리치먼드와 북버지니아군 사이로 재빨리 기동시켜 리가 어쩔 수 없이 대회전에 응하도록 유도하는 것이었다. 그랜트는 윌더니스에서 최초로 리와 충돌했지만, 이곳은 대군이 힘을 발휘할 수 없는 울창한 숲이었다.

윌더니스 전투 이후 그랜트는 동남쪽으로 기동하면서 끊임없이 리의 측면을 돌파하고자 했다. 하지만 그랜트의 심중을 꿰뚫고 있던 위대한 전술가 리는 포토맥군의 이동을 정확히 예측하면서 미리 결전의 장소로 이동하여 대비하곤 했다.

상황이 이러하니 그랜트는 공병 전문가인 리가 참호를 파고 흉벽을 쌓아 올린 난공불락의 방어지점을 향해 병력을 정면으로 무모하게 돌격시킬 수밖에 도리가 없었다. 이렇게 해서 벌어진 스팟실베니아 전투와 콜드하버 전투에 이르기까지 남군의 사상자는 3만 명, 북군의 사상자는 5만 명에 달할 정도로 양측의 희생은 엄청나게 늘어났다.

이제 정면 돌격이 무의미해졌음을 깨달은 그랜트는 제임스강을 도강하여 남부에서 리치먼드로 향하는 보급로의 요충지인 피터스버그를 공략하기로 했다. 이번만큼은 그랜트가 리를 따돌리고 피터스버그에 먼저 도착했다.

하지만 북군은 꾸물거리다 공격의 적기를 놓쳤으며, 뒤늦게 도착한 리는 서둘러 진지를 보강하면서 북군의 뒤늦은 공격을 막아냈다. 이제 더는 갈 곳이 없어진 그랜트는 피터스버그에서 장장 10개월에 걸쳐 리와 대치하게 되었다.

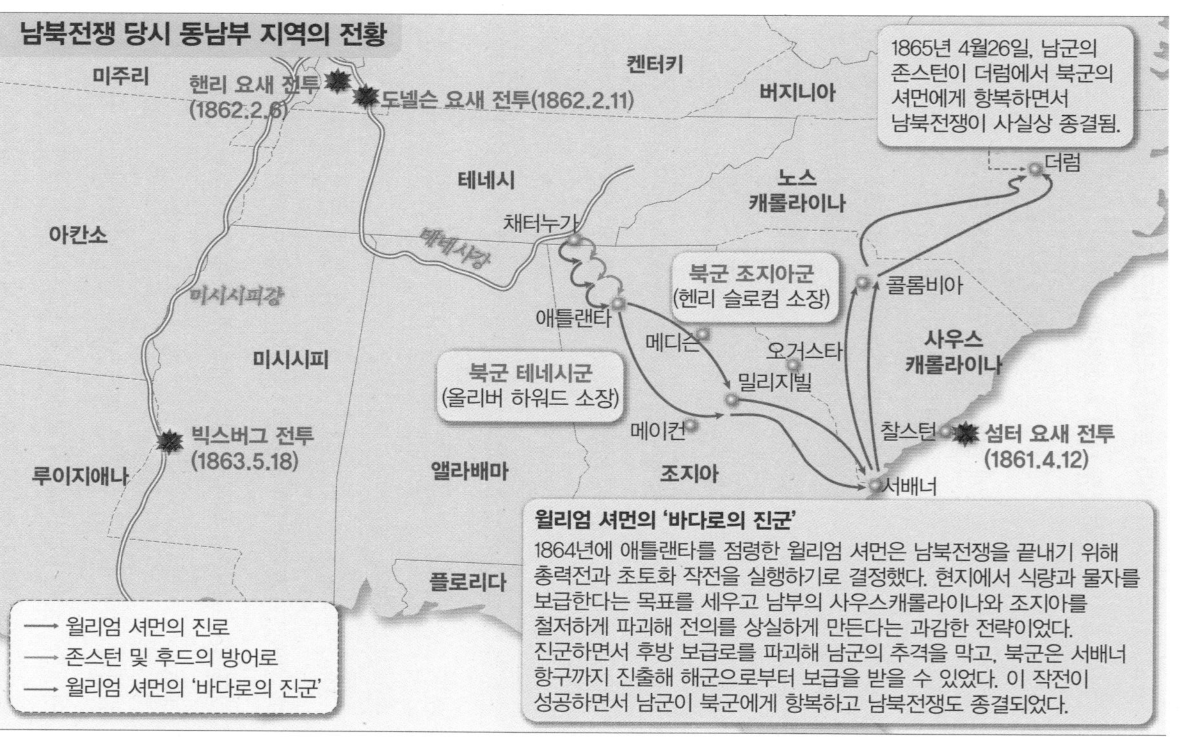

월리엄 셔먼의 '바다로의 진군'

1864년에 애틀랜타를 점령한 월리엄 셔먼은 남북전쟁을 끝내기 위해 총력전과 초토화 작전을 실행하기로 결정했다. 현지에서 식량과 물자를 보급한다는 목표를 세우고 남부의 사우스캐롤라이나와 조지아를 철저하게 파괴해 전의를 상실하게 만든다는 과감한 전략이었다. 진군하면서 후방 보급로를 파괴해 남군의 추격을 막고, 북군은 서배너 항구까지 진출해 해군으로부터 보급을 받을 수 있었다. 이 작전이 성공하면서 남군이 북군에게 항복하고 남북전쟁도 종결되었다.

마침내 리는 자신의 애마 트래블러를 타고 그랜트를 찾아가 항복문서에 서명했다

장기간의 소모전 끝에 리의 병력은 3만 5,000명으로 줄어들었다. 북군이 최후의 공격을 펼치려는 순간 이대로는 도저히 12만 5,000명의 북군에 맞설 수 없게 되자 리는 피터스버그에서 후퇴를 결정했다.

리는 노스캐롤라이나에 있는 조셉 존스턴 장군의 테네시군에 합류해 계속 저항할 생각이었다. 리는 부하들을 이끌고 서쪽으로 이동했지만, 오랫동안 헐벗고 굶주린 그의 군대는 애포머톡스에서 그랜트에게 따라잡히고 말았다. 이때 어느 한 부관은 흩어져 게릴라전을 펼치자고 했다. 하지만 북군이 잔당을 찾아 버지니아 전부를 초토화할 것을 염려한 리는 그 제안을 거절했다. 전쟁이 시작됐을 때도 그러했지만 끝날 때까지도 버지니아를 사랑하는 리의 마음이 바뀌질 않았다.

1865년 4월 9일, 마침내 리는 자신의 애마 트래블러(Traveller)를 타고 그랜트를 찾아가 항복문서에 서명했다. 그랜트는 육사 선배인 리를 맞아 정중히 대우했으며, 남군에 굴욕을 주는 행위를 일절 금했다.

다만 이때 항복한 상대는 북버지니아군이었기 때문에 아직 전쟁이 끝난 것은 아니었다. 4월 15일에 링컨이 암살당한 이후 4월 26일에는 9만 명의 테네시군을 이끌던 조셉 존스턴이 윌리엄 셔먼 장군에게 항복하면서 그토록 많은 피를 흘렸던 남북전쟁은 사실상 종결되었다.

리는 그의 데뷔전인 7일 전투에서부터 3년 후 애포머톡스에서 그랜트에게 항복할 때까지 치른 수많은 전투에서 한 번도 북군보다 병력이나 보급의 우위를 점한 적이 없었다. 하지만 비록 헐벗고 굶주렸을지라도 그를 중심으로 똘똘 뭉친 북버지니아군을 이끌고 거둔 수많은 승리를 통해 그의 리더십과 고결한 인격 그리고 위대한 전술가로서 자질을 엿볼 수 있다.

하인츠 구데리안

(생몰 1888~1954)

2차 대전 때 히틀러가 총애한 독일 전차군단 신화의 주역

전차의 모델과 기갑전술을 개발한

구데리안은 '전차의 아버지'라 불린다

구데리안(Heinz Guderian, 1888~1954)은 현대 전쟁사에서 가장 주목해야 할 인물이다. 20세기 초 전차가 아직은 낯설었을 무렵, 일찌감치 전차의 위력을 알아챈 그는 주위의 온갖 반대에도 불구하고 지대한 노력을 기울여 독일 기갑부대를 창설했다.

사실 이전에 전차를 처음 구상한 이는 영국의 스윈턴이었고, 기갑 이론을 먼저 주창한 이는 리델 하트와 풀러였다. 하지만 현대에 통용되는 전차 모델의 개발과 집단적 기갑부대 운용과 같은 전술 교리의 확립에 선도적이고 결정적 역할을 한 이는 독일의 구데리안

하인츠 빌헬름 구데리안, 1941년, 폴란드 국립 디지털아카이브.

이다. 그에 의해 과거 수천 년간 동물과 인간의 힘으로 진행되어 온 전장의 양상이 기계의 힘에 의한 것으로 탈바꿈되었으니, 구데리안은 가히 '전차의 아버지'요 '기갑전의 선구자'라 불릴 인물이다.

구데리안은 1888년 당시 독일의 제국령이었지만 지금은 폴란드 중북부에 위치한 쿨름에서 하급 장교의 맏아들로 태어났다. 어렸을 때부터 장교가 되고 싶었던 그는 1901년 소년사관학교에 입학하면서 꿈을 펼치기 시작했다. 1907년 당시는 독일령이었던 프랑스 동북부 지역의 로렌(독일명 로트링겐)에 주둔한 한 부대에 견습 사관으로 부임한 구데리안은 다음 해 소위로 임관되면서 본격적으로 군인의 길을 걸어갔다. 1913년 마르가레테 괴르네라는 사랑하는 여성과 결혼했으며, 이후 그녀는 남편의 굳건한 동반자가 되어 주었다. 하지만 그들 부부의 신혼 단꿈은 1년도 안 되어 깨지고 말았다. 1914년 7월 28일, 오스트리아가 세르비아에 선전포고를 하면서 1차 세계대전이 시작된 것이다.

1차 세계대전 기간 구데리안은 주로 통신장교와 참모장교로 근무했다. 그가 통신장교로 근무한 경험은 나중에 전차마다 무선통신 시설을 갖추게 만듦으로써 기껏해야 깃발로 신호를 주고받던 전차 부대의 원시적인 지휘 통제에 적잖은 발전을 이루게 했다. 또한 참모장교로 근무하면서 넓은 시야를 갖고 전쟁의 흐름을 파악하는 능력을 기를 수 있었다. 마지막으로 훗날 그가 기갑부대의 지휘관이 될 가장 중요한 퍼즐 조각도 맞추게 되었다. 그것은 종전 이후 구데리안이 아무런 지식도 경험도 연고도 없던 차량화 부대에 근무하게 된 경험을 가리킨다.

1934년 독일 총통에 취임한 히틀러가 구데리안이 염원하던 기갑사단을 창설

1922년부터 차량 수송부대에서 근무하게 된 구데리안은 차량에 의한 병력이동을 연구하는 사이 기동전에 눈이 뜨게 되었다. 이 과정에서 점차 현대의 기동전은 오직 장갑차량만을 통해 가능하다는 생각을 굳혀 갔다. 이때부터 구데리안은 기갑 이론의 선구자들인 영국의 풀러와 리델 하트가 저술한 논문과 책들을 읽으며 전차를 차량화부대의 중심에 놓고 군 주력으로 삼아야 한다는 그들의 전략 사상에 심취되어갔다.

많은 훈련과 연구와 실험 끝에 어느덧 구데리안은 전차에 관한 자신의 확고한 신념을 갖게 되었다. 그것은 전차 단독으로는 혹은 예전과 같이 보병부대에 딸려 있어서는 결정적 성과를 얻기 어려우며, 오히려 다른 모든 병과가 기동성을 더해 전차에 종속될 때 전차부대의 효능은 극대화된다는 것이었다.

하지만 여전히 보병 · 기병 · 포병이라는 전통의 병과에 집착하는 독일군 원로들 대부분은 구데리안의 이론을 이해하거나 지지하지 않았다. 승전국이었던 영국에서는 풀러와 리델 하트의, 프랑스에서는 드골의, 소련에서는 투카체프스키의 기갑 이론이 사장되었듯이 구데리안의 혁신적인 사고도 물거품이 될 판이었다. 이때 구데리안의 든든한 후원자가 되어 기갑부대의 창설에 날개를 달아준 이는 1933년 수상에 취임한 히틀러였다.

히틀러는 아우토반 건설과 폭스바겐 제조에 앞장선 것에서 알 수 있듯이 일찍부터 차량화부대에 관심이 많았다. 또한 두 사람은 풍부한 상상력과 창의력을 지녀 고루한 사고방식에 얽매이지 않았다는 점과, 보수적인 프로이센 귀족 출신들이 장악한 독일 군부와는 거리가 먼 평민 출신이라는 점에서도 은연중에 뜻이 통했다. 1934년, 독일 총통에 취임한 히틀러가 이듬해 재군비를 선언하면서 구데리안이 염원하던 기갑사단 3개가 창설되었다.

1936년, 히틀러는 라인란트 진주를 시작으로 연이어 시도한 군사적 모험을 성공시켰다. 그 선두에는 매번 구데리안과 그의 전차부대가 있었다. 1938년의 오스트리아 합병 당시 구데리안은 위 3개 기갑사단을 통합한 최초의 기갑군단인 16군단의 군단장으로 출정했다. 그는 몸소 최선두에 서서 독일 남부로부터 빈까지 680km를 48시간 만에 내달림으로써 사단급 기갑부대도 능히 장거리를 단시간에 주파할 수 있음을 입증했다.

독일 기갑부대가 아르덴고원을 돌파, 영국 원정대도 됭케르크를 통해 철수

독일 남부의 주데텐란트(현 체코의 영토로 20세기 초 독일인이 주로 거주하던 지역, 체코명은 수데티)에 이어 체코슬로바키아마저 합병한 히틀러는 폴란드마저 집어삼키려 했다. 이때도 역시 구데리안이 이끄는 전차부대는 독일군의 최선봉에 서서 폴란드군의 배후를 돌아 순식간에 그들을 포위망 안에 가두는 데 으뜸가는 공을 세웠다. 이처럼 구데리안이 그간 배척받던 전차 이론의 가치를 연달아 실전에서 입증하자 프랑스 전선에서 독일 기갑부대는 군단급이 아닌 야전군급으로 확대 편제되었다.

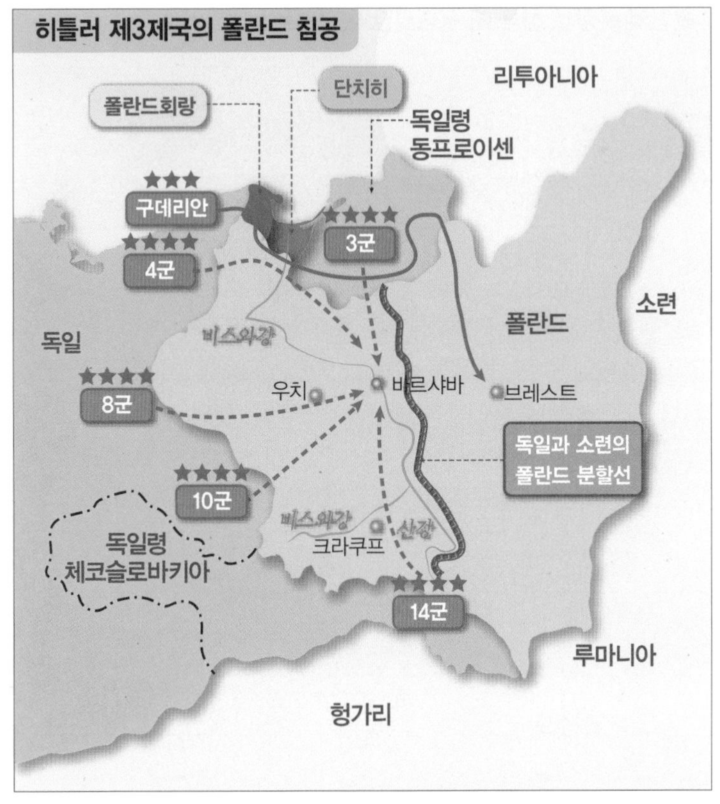

영국과 프랑스가 독일과의 전쟁에 돌입하자, 히틀러는 프랑스를 무너트릴 전략 마련에 부심했다. 독일 참모본부는 1차 대전에서와 똑같이 벨기에를 거쳐 프랑스를 우회해 공격한다는, 간편하지만 눈에 뻔히 보이는 계획을 세웠다. 이를 탐탁지 않게 여기던 히틀러는 A집단군 참모장 만슈타인이 제안한 아르덴 돌파 작전을 채택했다. 이때 만슈타인이 기갑부대가 과연 아르덴 숲을 관통하는 일이 가능

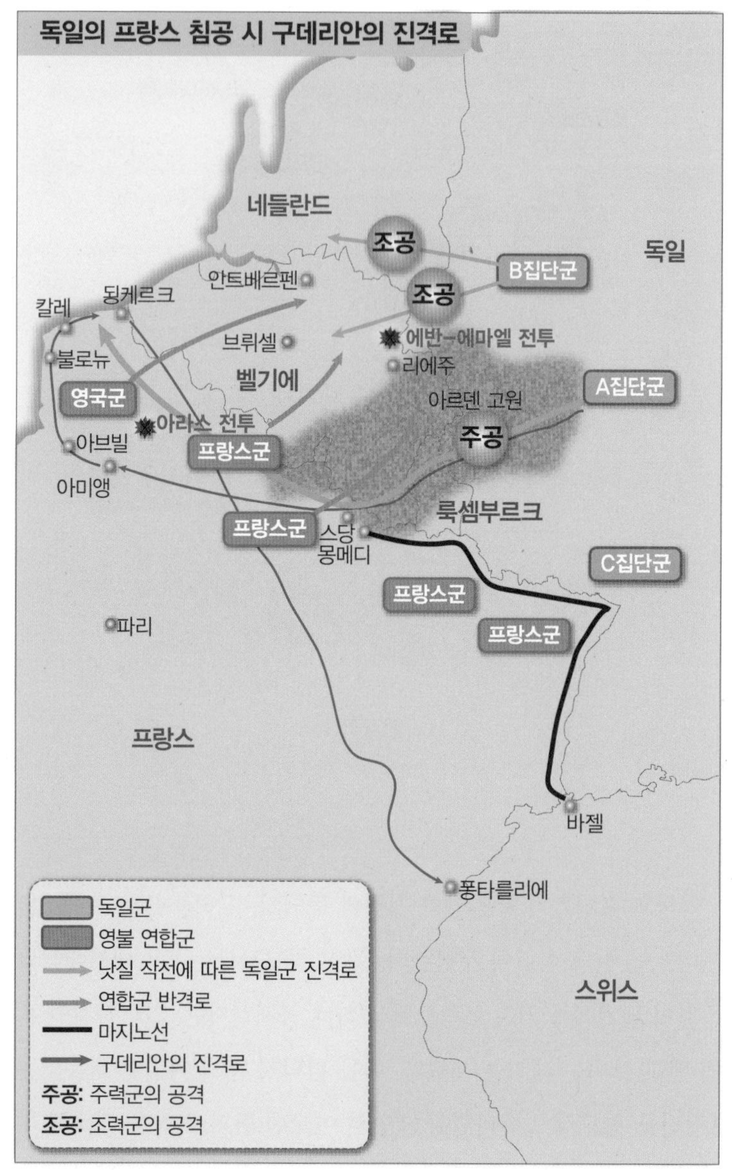

독일의 프랑스 침공 시 구데리안의 진격로
네들란드
조공
조공
B집단군
독일
안트베르펜
됭케르크
칼레
브뤼셀
에반-에마엘 전투
불로뉴
리에주
벨기에
영국군
아르덴 고원
A집단군
아라스 전투
주공
아브빌
프랑스군
아미앵
룩셈부르크
프랑스군
스당
몽메디
C집단군
프랑스군
파리
프랑스군
프랑스
바젤
퐁타를리에
스위스
독일군
영불 연합군
낫질 작전에 따른 독일군 진격로
연합군 반격로
마지노선
구데리안의 진격로
주공: 주력군의 공격
조공: 조력군의 공격

한지 조언을 구한 사람은 다름 아닌 그의 육군대학 동기인 구데리안이었다. 구데리안은 면밀한 검토 끝에 충분히 가능하다고 답변했다.

1940년 5월 10일에 시작된 대프랑스 전역에서 이번에도 독일군 선봉은 구데리안이 이끄는 19군단이었다. 그는 그동안 통과 불능 지역으로 여겨지던 아르덴고원을 순식간에 돌파했고, 스당 요새를 점령한 후 뫼즈강을 성공리에 도하했다. 계속해 서쪽으로 내달린 구데리안의 부대가 영 · 프 연합군의 배후를 차단하니, 영국 원정군은 됭케르크를 통해 철수하며 프랑스 전선에서 손을 뗐다.

이처럼 구데리안이 프랑스 전역을 가로로 두 동강 낸 이후에도 계속해서 남쪽의 마지노선을 향해 진격해 세로로도 두 동강 내자 프랑스도 항복하고 말았다. 즉 구데리안의 기갑부대는 1차 대전 당시 4년 동안 뚫리지 않았던 프랑스 방어선을 4일 만에 뚫고 6주 만에 항복을 받아낸 것이다.

키이우 공격은 모스크바를 공격할 시기를 두 달이나 늦춘 독일 패망의 전주곡이었다

1941년 6월 22일, 히틀러는 소위 '바르바로사(Barbarossa) 작전'이라 칭한 소련 정복에 착수했다. 구데리안은 이때 동부전선에 편성된 독일의 4개 기갑군 중 2기갑군을 지휘했다. 수많은 전투로 단련된 그의 기갑부대는 모스크바로 가는 길목인 민스크와 스몰렌스크를 점령하며 모스크바 점령을 눈앞에 두고 있었다.

이때 히틀러는 독일군 주력을 남쪽으로 돌려 키이우(현 우크라이나 수도)를 점령하길 원했다. 히틀러는 무엇보다도 크림반도와 도네츠 공업지대 그리고 캅카스의 유전지대가 위치한 소련 남부를 우선시했다. 심지어 히틀러가 모스크바를 레닌그라드(현 상트페테르부르크)보다도 후순위에 두었던 것은 이해하기 어려운 일이다.

이러한 히틀러의 결정에 참모총장 할더와 구데리안의 직속상관이던 보크를 비롯해 전선의 장군들 모두가 실망했다. 그들은 히틀러가 그토록 총애하는 구데리안을 통해 총통의 마음을 돌리려고까지 시도했다.

이리하여 총통 사령부가 있는 동프로이센까지 비행기로 날아간 구데리안은 히틀러를 면담했다. 구데리안은 모스크바로 먼저 진격해야 하는 정치적 · 군사적 이유를 조목조목 설명했다. 그는 특히 작전을 오래 끌었을 때 추운 날씨로 인해 모스크바 진격이 좌절될 것이라고 우려를 표명했다.

"다른 곳이 아무리 중요하게 보여도 모스크바에 비한다면 일고의 가치도 없습니다."

히틀러는 묵묵히 구데리안의 말을 끝까지 경청했지만 끝내 자기 뜻을 굽히지 않았다.

"우리 독일 장군들은 전시 경제에 대해 너무 모르는 것 같소."

이 키이우 공격 명령이야말로 히틀러가 저지른 일생 최대의 실수였지만 그때로서는 알 도리가 없었다.

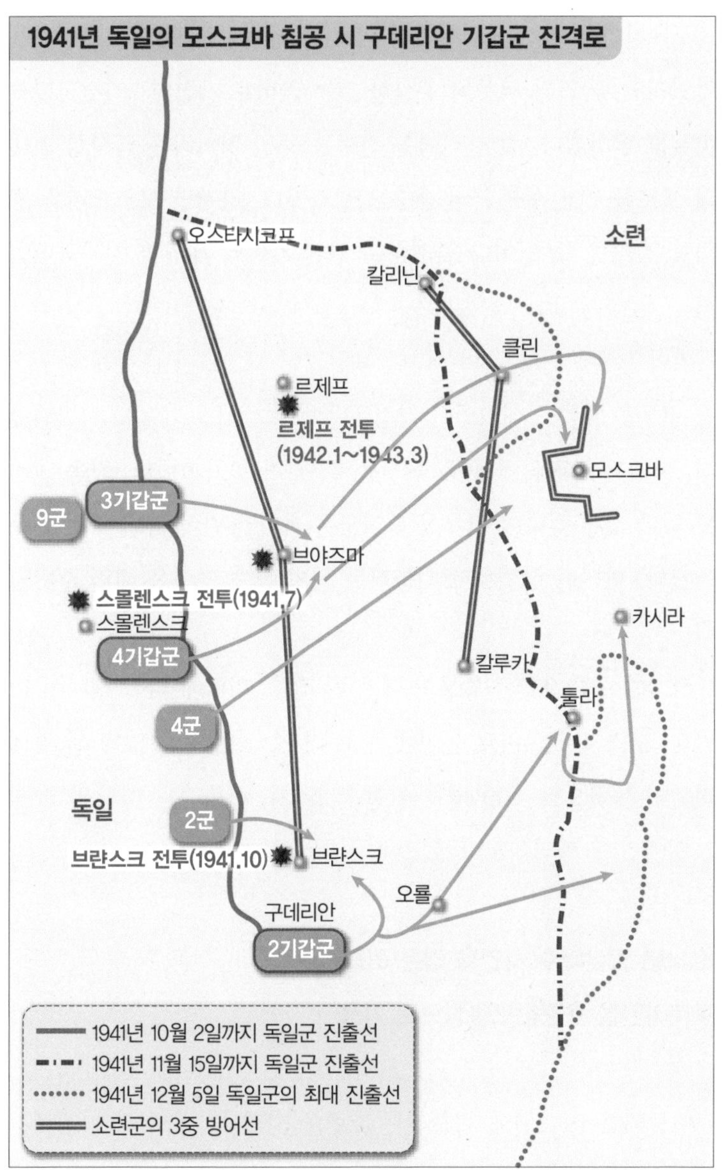
1941년 독일의 모스크바 침공 시 구데리안 기갑군 진격로
오스타시코프
소련
칼리닌
클린
르제프
르제프 전투
(1942.1~1943.3)
모스크바
3기갑군
9군
브야즈마
스몰렌스크 전투(1941.7)
스몰렌스크
카시라
4기갑군
칼루카
툴라
4군
독일
2군
브랸스크 전투(1941.10)
브랸스크
오룔
구데리안
2기갑군
1941년 10월 2일까지 독일군 진출선
1941년 11월 15일까지 독일군 진출선
1941년 12월 5일 독일군의 최대 진출선
소련군의 3중 방어선

구데리안은 역시 군인이었다. 키이우 공략이 불합리하다는 것을 알았지만, 군인의 의무에 충실한 그는 곧바로 자신의 2기갑군단을 이끌고 남하했다. 결국 키이우 전투는 66만 명이라는 역사상 최대의 포로를 얻은 독일군의 대승으로 끝났다. 하지만 모스크바를 공격할 시기를 두 달이나 늦췄다는 점에서 독일 패망의 전주곡이었다.

키이우에서 전투를 마무리한 독일군이 모스크바를 향해 총공격을 퍼부을 때쯤 구데리안이 걱정했던 대로 매서운 겨울이 시작되었다. 이제는 소련군에게 유리한 동계전투가 불가피했다. 월동 준비도 없이 소련 깊숙이 침투한 독일군은 적의 총탄이 아닌 추위에 쓰러졌다. 이러한 상황에도 히틀러는 현지 사수 명령을 내릴 뿐이었다.

하지만 구데리안은 총통의 어처구니없는 명령에 따를 생각이 없었다. 모스크바를 바로 눈앞에 두고 더 이상 버틸 수 없게 된 구데리안이 독단으로 휘하 병력을 철수시키자, 히틀러는 1941년 12월 26일에 그를 해임하고야 말았다.

1944년 암살미수 사건을 겪은 히틀러는 구데리안을 육군참모총장으로 기용

이듬해인 1942년에 히틀러는 소련을 향해 두 번째 하계 공세를 펼쳤지만 결국 스탈린그라드(현 러시아 볼가강 하류의 볼고그라드)의 전투에서 패배했다. 낙담한 히틀러는 구데리안을 재기용하기로 했다. 이제는 양과 질에서 소련군에 뒤처지는 독일 전차부대를 재편해 총괄할 수 있는 인물은 구데리안뿐이었기 때문이다. 이번에는 야전사령관이 아닌 기갑총감으로 부임한 구데리안은 전차의 생산 공정을 단순화하고, 전차병 육성에 힘을 쏟는 등 기갑부대의 정비와 확충에 진력했다.

그러나 구데리안이 복귀한 1943년의 전역 상황은 그의 바람과는 다르게 진행되었다. 구데리안의 판단에 따르면, 아직 독일군 전력이 불충분하기에 1943년은 수비에 임해야 했다. 하지만 히틀러는 1943년 초 종결된 전역에서 먹음직스럽게 돌출된 쿠르스크(현 러시아 서남부 지역)를 선제공격하고자 했다. 히틀러와 대면한 구데리안은 총통의 손을 꼭 잡고 당신의 솔직한 생각을 말해달라며 말했다.

"대체 뭘 위해 올해 소련을 공격하려는 겁니까? 세상은 독일군이 쿠르스크를 점령하든 관심이 없습니다."

그러자 히틀러는 대답했다.

"당신이 절대적으로 옳소. 나도 이번 공격을 생각하면 마음이 불편하오."

하지만 결국 히틀러는 1943년에도 소련에 선제공격을 가하기로 했다.

그해 7월에 역사상 최대 규모의 전차전으로 기록된 쿠르스크 전투에서 독일군은 최고의 명장들인 만슈타인과 모델을 투입하고도 소련군의 종심방어전략에 말려들어 패했다. 이 과정에서 구데리안

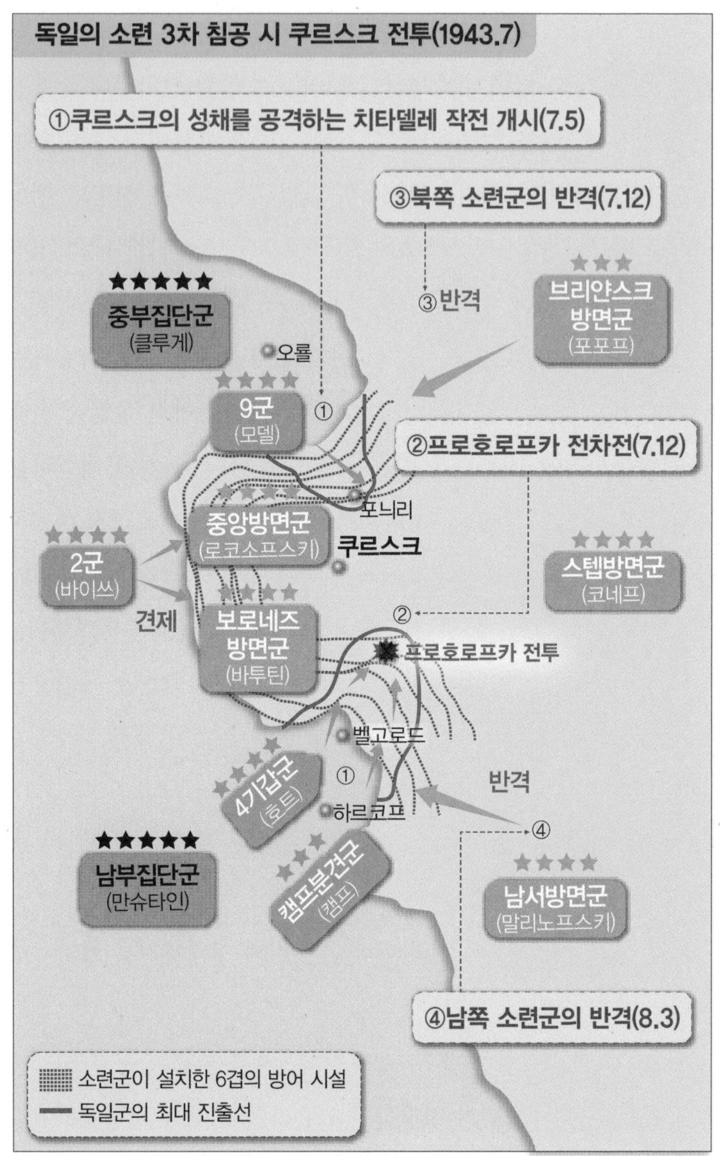
독일의 소련 3차 침공 시 쿠르스크 전투(1943.7)
①쿠르스크의 성채를 공격하는 치타델레 작전 개시(7.5)
③북쪽 소련군의 반격(7.12)
③반격
중부집단군
(클루게)
브리얀스크
방면군
(포포프)
오룔
9군
(모델)
①
②프로호로프카 전차전(7.12)
포느리
중앙방면군
(로코소프스키)
쿠르스크
2군
(바이쓰)
스텝방면군
(코네프)
견제
②
보로네즈
방면군
(바투틴)
프로호로프카 전투
벨고로드
4기갑군
(호트)
①
반격
하르코프
④
남부집단군
(만슈타인)
캠프분견군
(캠프)
남서방면군
(말리노프스키)
④남쪽 소련군의 반격(8.3)
소련군이 설치한 6겹의 방어 시설
독일군의 최대 진출선

이 그토록 재건에 공을 들였던 기갑전력은 결정적으로 붕괴하였다. 기갑전력의 소멸은 독일군이 장기로 삼는 기동전을 더 이상 펼칠 수 없음을 의미했다. 이때부터 독일군은 도망자 신세가 되어 패전을 근근이 늦출 수 있을 뿐이었다.

1944년 7월 20일, 히틀러를 향한 암살미수 사건이 발생했다. 이제 타인에 대한 의심과 불안으로 가득 찬 히틀러가 육군참모총장으로 등용한 이는 구데리안이었다. 히틀러는 구데리안을 종전 무렵까지 육군참모총장으로 기용했고, 구데리안 또한 최선을 다해 총통을 보필했다. 히틀러는 자신의 면전에서 듣기 싫은 직언을 서슴지 않는 구데리안에게 애증을 갖고 있었으며, 구데리안 또한 히틀러에게 깊은 연민과 애착을 갖고 있었음을 알 수 있다.

1945년 5월 10일, 구데리안은 미군에 항복한 후 여느 독일 고위 장성들과 마찬가지로 전범혐의로 기소된다. 구데리안이 뉘른베르크 국제군사재판에서 무죄 방면된 것은 그가 정치적 이념이나 인종적 편견 없이 오직 조국을 위해 싸웠던 순수한 군인이었음을 증명한다.

지도로 읽는다

세계사를 바꾼 전쟁의 신

초판 1쇄 인쇄 | 2023년 9월 20일
초판 1쇄 발행 | 2023년 9월 23일

지은이 | 김정준
펴낸이 | 황보태수
기획 | 박금희
편집 | 오윤
지도 일러스트 | 박해리
디자인 | 디자인 붐
교열 | 이동복
마케팅 | 유인철
인쇄 · 제본 | 한영문화사

펴낸곳 | 이다미디어
주소 | 경기도 고양시 일산동구 강석로 145, 2층 3호
전화 | 02-3142-9612
팩스 | 070-7547-5181
이메일 | idamedia77@hanmail.net
블로그 | https://blog.naver.com/idamediaaa
페이스북 | http://www.facebook.com/idamedia
인스타그램 | http://www.instagram.com/ida_media
네이버 포스트 | http://post.naver.com/idamediaaa

ISBN 979-11-6394-064-7 04900
978-89-94597-65-2(세트)